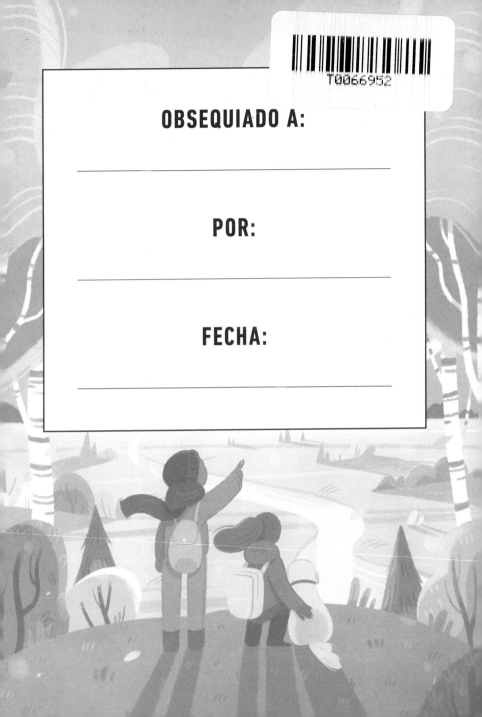

OBSEQUIADO A:

_____

POR:

_____

FECHA:

_____

JESÚS ESCUCHA

JESÚS ESCUCHA

365 ORACIONES PARA NIÑOS

SARAH YOUNG

Adaptado por Tama Fortner

Editado por Kris Bearss

Grupo Nelson
Desde 1798

Dedico Jesús escucha: 365 oraciones para niños *a cada niño que lea este libro. Oro para que Dios use las oraciones diarias de este libro con el fin de ayudarte a conocerlo mejor. Si aún no le has pedido a Jesús que perdone todos tus pecados y sea tu Salvador, espero que lo hagas muy pronto. ¡Es la decisión más importante que tomarás en tu vida! Oraré para que confíes en Jesús como tu Salvador y como tu mejor Amigo. Jesús es el Amigo que no te decepcionará nunca. A los mejores amigos les gusta conversar, y Jesús quiere que hables con Él. ¡La oración es precisamente eso!*

INTRODUCCIÓN

Jesús nos invita a abrirle nuestros corazones, a contarle todo lo que pensamos y sentimos, y todo lo que sucede en nuestras vidas. Podemos hacerle cualquier pregunta, confiarle cualquier secreto y compartir con Él cualquier alegría. Todo porque Jesús escucha cada palabra que decimos. Por eso he titulado este libro *Jesús escucha*. Porque es exactamente lo que Él hace.

En mis otros libros escribí como si Jesús te estuviera hablando a ti. Pero en este libro, cada devocional es una oración escrita como si *tú* estuvieras hablando con *Él*. Hay oraciones de paz, gozo, esperanza y, sobre todo, del amor inagotable que Jesús siente por ti. Espero que utilices estas oraciones como el comienzo de tus propias conversaciones con Él.

Cuando le abres tu corazón a Jesús, puedes confiar en que Él siempre te responderá. A veces sus respuestas serán exactamente las que esperabas. Otras veces, no. Pero sus respuestas siempre te acercarán más a Él.

Jesús escucha contiene oraciones para cada día del año. Recuerda que yo estaré orando por ti mientras tú las vas pronunciando cada día. Pero lo más importante es que recuerdes que Jesús está contigo, ¡y escucha todas tus oraciones!

Sarah Young

ENERO

«Porque Yo sé los planes que tengo para ustedes»,
declara el Señor, «planes de bienestar y no de
calamidad, para darles un futuro y una esperanza».

—Jeremías 29:11

UN NUEVO COMIENZO

Este es el día que el Señor ha hecho;
regocijémonos y alegrémonos en él.

—Salmos 118:24

Querido Jesús:

Comienza un nuevo año, y estoy muy agradecido de poder vivirlo contigo. Sé que estarás trabajando en mí y haciéndome más como tú. ¡*Harás nuevas cosas* en mi vida, y estoy impaciente por ver cuáles son! *No tengo que pensar en el pasado.* No tengo que preocuparme por los errores que cometí ni por las cosas que desearía haber hecho o dicho. ¡Hoy es un nuevo inicio!

Tu creatividad no tiene límites. Al fin y al cabo, cada día pintas un atardecer diferente. Por tanto, me pregunto qué sorpresas creativas tienes planeadas para mí.

Este es el día que has hecho. Lo has llenado cuidadosamente de muchas cosas buenas y maravillosas, grandes y pequeñas. ¡Mi corazón está repleto de razones para *regocijarme y alegrarme*!

Mientras recorro este día, estaré buscando todas las bendiciones que has escondido para mí. Cada vez que encuentre una diré: «¡Gracias Dios!». Alabarte me ayuda a permanecer cerca de ti. También me recuerda que *tú llenas mi vida de alegría*.

En tu asombroso nombre, Jesús, *Amén*

LEE POR TU CUENTA

ISAÍAS 43:18-19; SALMOS 118:24; SALMOS 16:11 (NVI)

¡TODO TUYO!

El Dios eterno es tu refugio;
por siempre te sostiene entre sus brazos.
—Deuteronomio 33:27 (NVI)

Querido Jesús:

¡Quiero ser todo tuyo! De verdad lo quiero. Pero no es fácil para mí depender de ti para todo lo que necesito. A veces parece que intento caminar sobre una cuerda floja. Cuando hago las cosas a mi manera sin hablar contigo, o cuando trato de ocuparme de los asuntos por mi cuenta, siento que todo se tambalea. ¡Es como si estuviera a punto de caerme de la cuerda floja! Pero, aunque eso ocurriera, sé que *tus brazos* serán como una red de seguridad.

Te ruego que me enseñes a seguir buscando la ayuda en ti, no en mí ni en el mundo que me rodea. Tienes la asombrosa capacidad de estar conmigo ahora y en el futuro, mostrándome el camino que debo seguir. Cuando cierro mis ojos y escucho, casi puedo oírte susurrar: «Sígueme».

Señor, *sé que nada, ni la muerte, ni la vida, ni los ángeles, ni las fuerzas espirituales, ni lo presente, ni lo futuro, ni los poderes, ni lo alto, ni lo profundo, ni ninguna otra cosa en todo el mundo podrá separarme de tu amor y presencia.*

En tu precioso nombre, Jesús, *Amén*

LEE POR TU CUENTA

DEUTERONOMIO 33:27 (NVI); PROVERBIOS 16:9; ROMANOS 8:38-39

TU AMOR NUNCA FALLA

Hace tiempo el Señor le dijo a Israel: «Yo te he amado, pueblo mío, con un amor eterno. Con amor inagotable te acerqué a mí».

—Jeremías 31:3 (NTV)

Querido Jesús:

En la Biblia me recuerdas: «*Yo te he amado con un amor eterno. Con amor inagotable te acerqué a mí*». Eso significa que ya me conocías y me amabas antes de que naciera, ¡incluso antes del inicio de la tierra y del tiempo! Esas son tus palabras, Señor, por tanto sé que son ciertas.

Aun así, habrá días duros. Puede que me sienta solo y perdido. Tal vez me pregunte qué se supone que debo hacer y por qué. Pero tú estás siempre conmigo, dispuesto a ayudarme. Y en el momento exacto, me muestras que estás a mi lado.

Tu presencia es una luz que ahuyenta la oscuridad. A veces empleas un versículo de la Biblia o una canción. En ocasiones es un amigo que dice justo lo que necesito oír. Otras veces, *me envuelves con el manto de tu justicia* y bondad, y me cantas simplemente una canción de amor sin fin. Jesús, quiero cantar contigo. Enséñame a usar mi voz para ayudar a otras personas a *salir de la oscuridad y entrar en tu maravillosa luz.*

En tu radiante y esplendoroso nombre, Jesús, *Amén*

LEE POR TU CUENTA

JEREMÍAS 31:3 (NTV); ISAÍAS 61:10; 1 PEDRO 2:9

¡ME CONOCES!

*El Señor se deleita en los que le temen, en los que
ponen su esperanza en su amor inagotable.*

—Salmos 147:11 (NTV)

Querido Jesús:

¡*Tú me conoces!* No solo sabes mi nombre o cómo soy, sino absolutamente todo de mí. Conoces mis pensamientos y mis sentimientos, y me entiendes. Hasta ves las cosas que trato de ocultar. Aun así, me amas con un *amor perfecto que nunca jamás se acaba*. Cuanto más cerca estoy de ti, más me convierto en la persona que diseñaste que fuera.

Ayúdame a ser real contigo, Jesús. Cuando converso contigo, no tengo que actuar como si tuviese todas las respuestas, ¡pues ya sabes todas mis preguntas! Tampoco es necesario que pretenda ser perfecto, porque ya conoces todos mis errores. ¡Incluso aquellos que desconozco haber cometido!

Señor, *examina mi corazón y mis pensamientos. Señala lo que te desagrade en mí*. Sé que tengo que cambiar algunas cosas, pero también estoy seguro de que me ayudarás. Por tanto, voy a abrirte mi corazón y emparparme de tu amor inagotable. Dejaré que este amor me llene hasta que rebose y se derrame en una alabanza llena de gozo. ¡Gracias por conocerme y amarme para siempre!

En tu amoroso nombre, Jesús, *Amén*

LEE POR TU CUENTA

1 CORINTIOS 13:12; SALMOS 147:11 (NTV); SALMOS 139:23-24 (NTV)

ALGO BUENO EN MEDIO
DE MIS DIFICULTADES

Hermanos míos, alégrense cuando tengan
que enfrentar diversas dificultades.

—Santiago 1:2 (PDT)

Querido Jesús:

La Biblia me dice que *todas las cosas ayudan para bien a los que te aman.* ¡Incluso de mis dificultades puedes hacer surgir algo bueno! Cada problema puede enseñarme algo si confío en que tú te ocupas de ello. Pero estoy aprendiendo que, si intento solucionar mis problemas sin ti, estos se hacen más grandes, más duros y más difíciles de manejar.

Ayúdame a no ver mis problemas como algo malo. Ayúdame a considerarlos como amigos, los que tú usarás para hacerme más como tú. La mejor forma de hacerme amigo de mis problemas es dándote gracias por ellos. No es fácil, pero es entonces cuando puedo ver las bendiciones ocultas detrás de los problemas (como conocer a nuevos amigos al tener que cambiar de escuela).

Señor, por favor, sigue entrenándome para confiar en ti con mis problemas. Cuando te hablo de ellos, imagino que los estoy entregando en tus manos. Una vez que te los he dado, *no tengo que preocuparme más por ellos.* ¡Tú lo tienes todo bajo control! Y la *paz que me das es tan grande e inmensa que no puedo comprenderla.* ¡Gracias!

En tu maravilloso nombre, Jesús, *Amén*

LEE POR TU CUENTA

SANTIAGO 1:2 (PDT); ROMANOS 8:28 (NTV); FILIPENSES 4:6-7 (NTV)

MUÉSTRAME TUS CAMINOS

*Señor, muéstrame Tus caminos, enséñame
Tus sendas. Guíame en Tu verdad.*
—Salmos 25:4-5

Querido Jesús:

Quiero aprender a *darte las gracias por todo,* incluidos mis problemas. Tan pronto como vea venir la dificultad, ese es el momento de comenzar a hablarte de ella. Comenzaré *agradeciendo* que escuches mis oraciones. Darte las gracias me ayuda a liberarme de la preocupación y el temor. ¡Los problemas no parecen ser tan grandes cuando recuerdo lo poderoso que eres! A continuación, te pediré que me muestres lo que debo hacer. Ayúdame a confiar en que *tu* manera es la mejor forma de manejar mi problema. Muéstrame si quieres que lo afronte de una vez o que lo ponga a un lado durante un tiempo y siga orando por ello.

Debo admitir que la mayoría de las cosas por las que me preocupo ni siquiera son problemas con los que debo lidiar hoy. Son cosas que *podrían* suceder mañana, la próxima semana, el próximo mes o incluso el próximo año. ¡O incluso podrían no suceder nunca! Jesús, cuando me preocupe de ese modo, te ruego que saques esos pensamientos de mi mente y los dejes en el futuro, a donde pertenecen. Muéstrame después qué quieres que haga hoy para poder vivir cerca de ti y disfrutar de *tu paz.*

En tu nombre perfecto, Jesús, *Amén*

LEE POR TU CUENTA

EFESIOS 5:20; FILIPENSES 4:6; SALMOS 25:4-5; JUAN 14:27

PUEDO SER FELIZ

*Conozco el secreto de estar feliz en todos
los momentos y circunstancias.*
—Filipenses 4:12 (PDT)

Querido Jesús:

Me encanta *adorarte*. Te *adoro porque eres santo y* bueno. Creaste este increíble mundo que me rodea y que manifiesta lo maravilloso que eres. Ver las nubes en el cielo y sentir el viento en mi cara me hace sonreír. ¡Tú eres el gran artista! Y estás obrando en mí, haciéndome agradable también por dentro. Estás retirando todo el egoísmo y el orgullo para dejar más espacio a tu Espíritu Santo. Ayúdame a colaborar contigo mientras trabajas para cambiarme. Quiero deshacerme de las cosas que te entristecen.

Sé que me estás entrenando para que confíe en ti y no en las *cosas* que tengo. Las posesiones se pueden perder. Alguien puede robarlas o romperlas. Sean muchas o solo unas pocas, tú sabes exactamente lo que necesito, y me has prometido que me lo darás. ¡A veces me concedes incluso más de lo que esperaba!

Tampoco debería confiar en lo que puedo hacer por mí mismo. Esto no siempre es lo que mejor funciona. Independientemente de lo que suceda en mi vida, *puedo ser feliz,* porque tú estás conmigo y haces lo que es mejor para mí.

En tu hermoso nombre, Jesús, *Amén*

LEE POR TU CUENTA

SALMOS 29:2; SALMOS 27:4; FILIPENSES 4:19; FILIPENSES 4:12 (PDT)

NADA ES IMPOSIBLE PARA TI

Jesús, mirándolos, les dijo: «Para los hombres eso
es imposible, pero para Dios todo es posible».
—Mateo 19:26

Querido Jesús:

Lo he estropeado todo, y ahora no puedo dejar de pensar en ello. Por favor, ayúdame a dejarlo pasar, a *olvidar lo que ocurrió y a no pensar más en esas cosas.* Puedo aprender del pasado, pero no puedo cambiarlo por mucho que lo intente. Así que pasaré tiempo contigo y *te contaré todos mis problemas.* Sé que *cuidas de mí y me proteges.* Puedo confiar en ti *en todo momento.*

Simplemente decir «Señor, confío en ti» me ayuda a recordar que estás cuidando de mí. Puedo declararlo cuando me despierto por la mañana y antes de irme a la cama por la noche. Puedo afirmarlo cada vez que algo empieza a preocuparme o me disgusta. Solo decir que confío en ti dispersa las oscuras nubes del miedo e ilumina mi día.

Siempre estás haciendo *algo nuevo* en mi vida, así que hoy estaré atento, observándote. Te ruego que abras mis ojos para que vea lo que te propones hacer. Y muéstrame todas las oportunidades que tengo de servirte.

Estoy aprendiendo que puedes hacer brillar tu luz hasta en el día más oscuro. ¡*Contigo todo es posible!*

En tu asombroso nombre, Jesús, *Amén*

LEE POR TU CUENTA

ISAÍAS 43:18–19 (PDT); SALMOS 62:8 (PDT); MATEO 19:26

TÚ ME FORTALECES

Él me llena de fortaleza y me protege por dondequiera que voy.

—Salmos 18:32 (NBV)

Querido Jesús:

Tú eres quien me fortalece. Esto significa que puedo venir ante ti tal como soy: Cuando me siento débil. Cuando he cometido errores. Cuando lo estropeo todo. No tengo que fingir que soy perfecto. Puedo contarte todo lo que he hecho mal y pedirte que me perdones. Entonces te llevas mis pecados y los envías *tan lejos de mí como el oriente está del occidente.*

Soy como una *vasija de barro* repleta de preocupaciones, errores y miedos. Pero tú utilizas todas esas cosas para hacerme sentir débil a fin de enseñarme a depender de ti. Cuando te entrego mis debilidades y luchas, me llenas de *tu poder.*

Además, viajas conmigo durante todo el día, *protegiéndome donde-quiera que voy.* Me guardas de los peligros y me recuerdas que no debo preocuparme por el futuro. Estás justo a mi lado, a cada paso que doy. Ayúdame a seguir hablándote y confiando en ti para que me muestres la mejor manera de vivir. ¡Jesús, quiero vivir para ti!

En tu nombre fuerte, Jesús, *Amén*

LEE POR TU CUENTA

SALMOS 18:32 (NBV); SALMOS 103:12; 2 CORINTIOS 4:7; 2 CORINTIOS 12:9

JUNTO A TI

No tengas miedo, pues yo estoy contigo;
no temas, pues yo soy tu Dios.

—Isaías 41:10 (DHH)

Querido Jesús:

Ayúdame a aprender a ser agradecido en los días difíciles. Porque cuando todo marcha a mi manera, es posible que no descubra nada sobre mí mismo o sobre ti. Pero en los días duros, cuando me enfrento a un reto, puedo aprender a confiar más en ti mientras me ayudas a enfrentarme a mis problemas. ¡No hay nada que no podamos manejar *juntos*! Lo sé, porque la Biblia promete que es verdad. Siempre estás conmigo y nunca me fallarás.

Cuando pienso en los días difíciles que he tenido en el pasado, puedo ver que me ayudaste en todos y cada uno de ellos. Sin embargo, cuando aparece un nuevo problema, a veces me pregunto si *esta* vez me ayudarás. Necesito arrojar por la ventana ese tipo de pensamientos y dudas. Es posible que las cosas en mi vida estén en continuo cambio, pero *tú nunca cambias*. Por *tu poder yo vivo, me muevo y existo*. Por ti puedo reír y jugar, ayudar y amar. Soy tu hijo. Y porque tú siempre estás cerca de mí, amándome y cuidándome en todo momento, puedo superar los días más duros.

En tu poderoso nombre, Jesús, *Amén*

LEE POR TU CUENTA

ISAÍAS 41:10 (DHH); SALMOS 102:27 (PDT);
FILIPENSES 4:13; HECHOS 17:27-28

ME ENCANTA
HABLAR CONTIGO

*Manténganse constantes en la oración, siempre
alerta y dando gracias a Dios.*

—Colosenses 4:2 (DHH)

Querido Jesús:

Me estás entrenando para conversar contigo, no solo una vez al día ni de vez en cuando, sino todo el tiempo. En ocasiones es con palabras, a veces con pensamientos y otras veces solo en mi corazón. Mientras más te hablo, más me gusta hacerlo.

Cuando todo está tranquilo y en silencio, es fácil encontrarte y contarte lo que hay en mi mente. Pero en otras ocasiones no es tan sencillo, cuando se amontonan los deberes, o cuando tengo ejercicios y tareas que hacer. Incluso en medio de las cosas divertidas, como salir con amigos o ir de viaje a casa de mis abuelos, puede ser más complicado encontrar un lugar tranquilo para hablar contigo. Enséñame a *buscarte* en los momentos ocupados. ¡Tú prometes que *cuando te busque realmente, te hallaré*!

¡Gracias, Jesús, por querer ser hallado! Y gracias por escuchar cuando te hablo sobre mi día y mis sentimientos. Tú nunca estás demasiado ocupado ni tienes otras cosas que hacer. Aunque mis problemas no desaparezcan por completo, me siento mejor con solo saber que te los he contado. Sé que tú te ocuparás de mí.

En tu gran nombre, Jesús, *Amén*

LEE POR TU CUENTA

COLOSENSES 4:2 (DHH); JEREMÍAS 29:13;
PROVERBIOS 3:6; GÁLATAS 5:25

LA MAYOR AVENTURA

La mente del hombre planea su camino,
pero el SEÑOR dirige sus pasos.

—Proverbios 16:9

Querido Jesús:

¡Estoy viviendo una emocionante aventura contigo! Algunos días son fáciles y divertidos. Otros días están llenos de retos y problemas que afrontar. Pero cada paso es bueno porque estoy contigo. Ayúdame a aprender todo lo que quieres enseñarme mientras viajamos juntos. Y ayúdame a estar abierto a probar cosas nuevas cuando me lo pidas.

Sé que *me darás todo lo necesario* para afrontar cualquier reto que pueda aparecer. Así que no quiero perder ni un minuto preocupándome por lo que *pueda* pasar. Eso sería como decir que no creo que me proporcionarás lo que necesite cuando me haga falta.

¡Nunca dejaré de orar y de pedirte que me guíes, Jesús! Es sumamente importante para mí tomar las mejores decisiones en nuestra aventura juntos. Tú lo sabes todo. Ves las bendiciones y los problemas que están por venir. A veces estoy ocupado *planeando* lo que quiero hacer, pero *tú eres quien dirige mis pasos*. Y confío en que tu plan siempre será el mejor.

En tu nombre sabio, Jesús, *Amén*

LEE POR TU CUENTA

FILIPENSES 4:19; DEUTERONOMIO 29:29;
1 TESALONICENSES 5:17; PROVERBIOS 16:9

UN NUEVO YO

Por lo tanto, el que está unido a Cristo es una nueva persona.
Las cosas viejas pasaron; se convirtieron en algo nuevo.

—2 Corintios 5:17 (DHH)

Querido Jesús:

¡Gracias por venir a la tierra! *Porque tú te levantaste de los muertos, yo tengo la esperanza de una nueva vida contigo, una esperanza viva.* ¡Y eso no es todo! Cuando decido seguirte, confiando en ti como mi Salvador y mi Dios, *me conviertes en una nueva persona.* Me asemejas más a ti. Hasta me adoptas en tu familia real. ¡Eso también me hace real a *mí*! Y por si no fuera suficiente, tienes *bendiciones en el cielo reservadas para mí. Nunca serán destruidas ni se estropearán. Su hermosura nunca se desgastará.*

Sin embargo, ser transformado en una nueva persona no sucede de inmediato. Estarás trabajando en mi corazón durante un tiempo, ¡toda mi vida! A veces será duro, pero sé que me estás ayudando a estar preparado para pasar la eternidad contigo.

Te ruego que me des el valor que necesito para seguirte, incluso cuando los demás no lo hagan. Y abre mis ojos para ver todas las cosas maravillosas que estás haciendo en mi vida.

En tu magnífico nombre, Jesús, *Amén*

LEE POR TU CUENTA

1 PEDRO 1:3-4; 2 CORINTIOS 5:17 (DHH); EFESIOS 4:22-24; ROMANOS 6:4

BAJO TUS ALAS

Quiero vivir en tu casa para siempre, protegido debajo de tus alas.

—Salmos 61:4 (DHH)

Querido Jesús:

Ayúdame a *confiar en ti y a no tener miedo.* ¡Hay tantas cosas fuera de mi control, tantas cosas enredadas y un poco alocadas! Me gusta más saber lo que va a suceder. Cuando mi vida parezca estar fuera de control, solo quiero correr hacia ti. ¡Y eso es lo mejor que puedo hacer! Así que, por favor, *protégeme y escóndeme bajo tus alas, como una mamá pájaro protege a sus bebés.* Sé que contigo estoy a salvo.

Cuanto más locas se vuelvan las cosas en mi vida, más fuerte necesito agarrarme a ti. En la Biblia prometes que usarás estas ocasiones para ayudarme a *cambiar y a crecer para asemejarme más a ti.* Solo muéstrame lo que debo hacer, Señor. Y ayúdame a no empeorar más los momentos difíciles *preocupándome por lo que pueda suceder mañana.* ¡Porque puede que nunca pase! Recuérdame respirar profundamente y relajarme. Al calmarme es más fácil confiar en que me ayudarás a manejar cualquier problema que se presente en mi camino... *cuando* se presente.

En tu nombre protector, Jesús, *Amén*

LEE POR TU CUENTA

ISAÍAS 12:2; SALMOS 61:2-4 (DHH); 2 CORINTIOS 3:18 (NVI); MATEO 6:34

ORACIONES
DE AGRADECIMIENTO

Oren en todo momento.

—1 Tesalonicenses 5:17 (NBV)

Querido Jesús:

Mientras tú y yo caminamos hoy juntos, enséñame a darte las gracias todo el día. Esta es una manera de poder aprender a *orar en todo momento*, como tú me pides que haga. Quiero hablarte más y más, pero reconozco que a veces me olvido. Por eso necesito seguir aprendiendo a ser agradecido por todo. Incluso mis problemas pueden ayudarme a orar más si te doy las gracias por ellos.

Cuando recuerdo darte las gracias, me acuerdo de orar por otras cosas. Agradecerte por mi desayuno me recuerda darte las gracias por mis padres, quienes lo prepararon, y por nuestra casa, donde me lo tomo. Cuanto más agradezco, más fácil es continuar hablando contigo. ¡Y si estoy ocupado dándote las gracias, no tengo tiempo de preocuparme o quejarme!

Con un corazón lleno de gratitud y agradecimiento, *puedo vivir más cerca de ti*. Te ruego que me llenes de tanto *gozo y paz* que rebosen en mi sonrisa y en alabanza a ti. ¡Me encanta estar contigo, Jesús!

En tu gozoso nombre, Jesús, *Amén*

LEE POR TU CUENTA

1 TESALONICENSES 5:16-18 (NBV); SANTIAGO 4:8; ROMANOS 15:13

¡CANTARÉ A TI!

Entren por sus puertas con canciones de agradecimiento, y a sus patios con canciones de alabanza. Agradézcanle y alaben su nombre.

—Salmos 100:4 (PDT)

Querido Jesús:

Ayúdame a vivir con tu gozo en mi corazón, aun cuando esté en dificultades. Ayúdame a ver que siempre hay algo por lo que cantar, como el hecho de que estás a mi lado cada minuto de cada día, guiándome y amándome.

A veces oro y oro por las cosas que creo que necesito. Entonces espero que respondas. Pero cuando no lo haces como yo quiero, reconozco que me entristezco y me desanimo un poco. Es fácil pensar que tal vez he hecho algo mal y por eso no estás respondiendo mis oraciones como yo esperaba. Cada vez que empiece a pensar así, ayúdame a recordar que tú siempre haces lo mejor para mí y que siempre me estás cuidando. ¡Estoy tan agradecido de poder contar contigo!

Nada ahuyenta más rápido mi tristeza que darte las gracias y cantarte alabanzas. Tu Palabra me dice que *venga a ti con canciones de agradecimiento y con alabanza,* ¡y es exactamente lo que haré!

En tu nombre confiable, Jesús, *Amén*

LEE POR TU CUENTA

ISAÍAS 40:10; 1 PEDRO 5:7; SALMOS 100:4 (PDT)

EL ABRAZO
MÁS MARAVILLOSO

Porque mi fortaleza y mi canción es el Señor
Dios, Él ha sido mi salvación.

—Isaías 12:2

Querido Jesús:

Tú me haces fuerte y haces que quiera cantar. Pero hoy no me siento muy bien. Considero las cosas importantes que se presentarán en el futuro y me dan un poco de miedo. Temo no ser capaz de manejarlas. Señor, ayúdame a enfocarme en *este* día y en que estás aquí mismo conmigo. Si esas cosas importantes se presentan, confío en que me des la fuerza para afrontarlas.

Cuando mis pensamientos divaguen por el futuro, hazme retroceder al ahora. *Preocuparme por el mañana* es señal de que no estoy confiando en ti lo suficiente. Lo siento mucho. Abre mis ojos al gozo que estás derramando hoy en mi vida. Quiero estar tan ocupado cantando tus alabanzas que no me quede tiempo para preocuparme o estar disgustado.

Al llenar mi mente de pensamientos sobre ti y sobre el cielo, la luz de tu presencia me envuelve en el abrazo más maravilloso. *Tú eres mi salvación,* y esta es la mejor razón para *confiar en ti y no tener miedo.*

En tu nombre celestial, Jesús, *Amén*

LEE POR TU CUENTA

ISAÍAS 12:2; 2 CORINTIOS 10:5; MATEO 6:34; 1 PEDRO 1:3-4

LO HARÁS TODO NUEVO

El que está sentado en el trono dijo:
«Yo hago nuevas todas las cosas».

—Apocalipsis 21:5

Querido Jesús:

Sé que siempre puedo hablar contigo y que oyes mis oraciones. ¡Pero pienso que es tan asombroso que tú también puedas hablar conmigo! Usas tu Palabra para decirme frases como: *«Yo hago nuevas todas las cosas».*

Hoy te pido que abras mis ojos y me muestres todas las cosas buenas y nuevas que estás haciendo en este mundo. Porque, sinceramente, a veces parece que estoy rodeado de cosas malas y rotas. Las noticias están repletas de historias terribles, las personas a las que amo se enferman, y algunos chicos no son nada simpáticos. Por esta razón estoy impaciente por ver cómo mantendrás tu promesa de hacer nuevas todas las cosas.

Intento seguirte y hacer que todo resulte mejor, tal como tú me pides, siendo amable, servicial y hablándole a la gente de ti. Pero no siempre funciona. Ayúdame a no desanimarme ni a desistir cuando eso ocurra. En cambio, anímame a seguir intentando dar lo mejor. Recuérdame que sigo teniendo una gran razón para sentirme feliz. Algún día volverás y lo harás todo perfecto y nuevo, ¡incluyéndome a mí!

En tu nombre glorioso, Jesús, *Amén*

LEE POR TU CUENTA

APOCALIPSIS 21:5; FILIPENSES 1:21; ROMANOS 8:22-23

UN ESCUDO DE PAZ

No se preocupen por nada; en cambio, oren por todo. Díganle a Dios lo que necesitan y denle gracias por todo lo que él ha hecho.

—Filipenses 4:6 (NTV)

Querido Jesús:

Ayúdame a estar *siempre lleno de alegría*, simplemente porque *estás cerca.* Cuanto más tiempo paso contigo, más creo que *puedo pedirte todo lo que necesito.* Señor, gracias por conocer mis necesidades y bendecirme con *tu paz. Tu asombrosa paz es tan grande y poderosa que no puedo llegar a comprenderla.* Me envuelve como un escudo, protegiendo mi corazón y mi mente del mal.

Tú prometes que tus hijos nunca están solos. Pero al diablo le gusta hacerme pensar que sí lo estoy. Intenta interponerse entre tú y yo como una nube entre la tierra y el sol. Pero así como el astro brilla en un día nublado, tú estás conmigo incluso cuando me siento solo. Ayúdame a no olvidarlo. Recuérdame que puedo luchar contra el diablo con tu Palabra, la Biblia. Esta es como una *espada viva, afilada y poderosa, y siempre está obrando.* Puedo leer tu Palabra, pensar en ella, memorizarla, incluso decirla a gritos, ¡y eso hace que el diablo salga corriendo!

Enséñame a orar cuando me sienta solo, confiando en que *estás siempre conmigo.* Saber que puedo hablar contigo en cualquier momento, en cualquier situación, me llena de gozo y paz.

En tu amado nombre, Jesús, *Amén*

LEE POR TU CUENTA

FILIPENSES 4:4-7 (NTV); HEBREOS 4:12; MATEO 28:20

MI GUÍA

La senda del justo es recta; tú, que eres íntegro, allanas su camino.

—Isaías 26:7 (NVI)

Querido Jesús:

Mientras recorremos juntos este día, ayúdame a mantener mis ojos en ti y a confiar en que tú me guías. *Enséñame cómo quieres que viva.*

A veces me siento estancado, como si en mi camino hubiera una roca gigante que no pudiera rodear. Puede tratarse de un problema, de un amigo que ha dañado mis sentimientos o de un día verdaderamente malo. La cuestión es que, si miro fijamente esa roca, es lo único que veo. Pero si mantengo mis ojos en ti, mi guía, tú me conduces por encima de la roca o me muestras cómo rodearla. O incluso tal vez la apartes del camino antes de que yo llegue hasta ella.

Eso es lo que debo recordar. Cuando se interponga una gran roca en el camino, necesito mirarte a ti en lugar de contemplar fijamente el problema. Independientemente de lo que ocurra (sin importar qué tipo de «roca» aparezca en mi día), tú estás conmigo. Eres lo bastante grande, lo bastante fuerte y sabio para ocuparte de cualquiera de los problemas que se presenten en mi camino.

En tu nombre alentador, Jesús, *Amén*

LEE POR TU CUENTA

SALMOS 16:11 (PDT); JUAN 10:14-15; ISAÍAS 26:7 (NVI); PROVERBIOS 3:26

AQUÍ Y AHORA

Guíame en Tu verdad y enséñame, porque Tú eres el
Dios de mi salvación; en Ti espero todo el día.

—Salmos 25:5

Querido Jesús:

El día de hoy se extiende delante de mí como un camino largo, retorcido. Cuando lo contemplo fijamente, empiezo a pensar en todas las cosas que tengo que hacer, necesito hacer y quiero hacer. Esto hace que me pregunte cómo voy a poder hacerlo todo. Se me oprime el pecho y casi me cuesta respirar. Pero entonces recuerdo: *Tú siempre estás conmigo.* Y aunque no pueda sentirlo, *tú sostienes mi mano* y con amabilidad *me guías* a lo largo del día. Cuando lo recuerdo, puedo relajarme y respirar más fácilmente.

La próxima vez que piense en el día que me espera, será como si una neblina se hubiera cruzado en mi camino. Solo puedo ver unos pocos pasos delante de mi nariz. Esa «niebla» es tu manera de evitar que me preocupe por el futuro.

Al ser Dios, tú puedes estar en todos los tiempos (pasado, presente y futuro) a la vez. Pero yo estoy aquí y ahora, y es donde puedo conversar contigo. Enséñame a mantener mis pensamientos en ti y en lo que está sucediendo en este momento. Gracias por caminar siempre conmigo.

En tu nombre reconfortante, Jesús, *Amén*

LEE POR TU CUENTA

SALMOS 73:23-24; SALMOS 25:4-5; 1 CORINTIOS 13:12; 2 CORINTIOS 5:7

CUANDO LAS COSAS NO VAN COMO YO QUIERO

Humíllense, pues, bajo la poderosa mano de Dios,
para que Él los exalte a su debido tiempo.
—1 Pedro 5:6

Querido Jesús:

Quiero seguir recordando, a lo largo de todo el día, que tú estás a mi lado. *Quiero* ver cómo estás obrando y oír lo que me susurras. *Quiero* hacer lo que tú deseas que haga.

Sé que tus planes son perfectos y agradezco que tengas el control. Este mundo es un lugar grande y aterrador, así que necesito a alguien grandioso y poderoso que me ayude a superarlo. Pero a veces, cuando tus planes no son los mismos que los míos, deseo un poco ser yo quien tenga el control.

En lugar de intentar fingir que no estoy molesto, puedo venir y hablar contigo acerca de lo que estoy sintiendo. Ayúdame a recordar que todo lo bueno que tengo es un regalo de tu parte, y si hay algo que *no* tengo, tú debes de tener una buena razón para ello.

La Biblia me dice que te alabe aun cuando me quites algo que me gusta: *¡El Señor me dio lo que tengo y el Señor puede quitármelo!* Enséñame a ser agradecido por las bendiciones que me das. Y ayúdame a dejar ir cualquier cosa que tú me quites, ¡sin soltarme nunca de tu mano!

En tu precioso nombre, Jesús, *Amén*

LEE POR TU CUENTA

SALMOS 139:24; 1 PEDRO 5:6; JOB 1:21 (NTV)

NO IMPORTA
LO QUE OCURRA

«Ahora están tristes, pero los volveré a ver y se pondrán felices. Nadie podrá quitarles esa felicidad».

—Juan 16:22 (PDT)

Querido Jesús:

Tu Palabra me muestra que es posible tener *miedo y también estar lleno de felicidad* al mismo tiempo. Es lo que sintieron las mujeres al visitar tu tumba después de que murieras en la cruz. Se asustaron porque la sepultura estaba vacía y un ángel se apareció de repente delante de ellas. ¡Pero también se llenaron de alegría, ya que ese ángel les dijo que tú estabas vivo! ¡Habías resucitado!

Por tanto, sé que puedo estar lleno de tu gozo aun cuando estoy preocupado, molesto o asustado, ¡porque tú estás vivo y estás conmigo todo el tiempo! No importa lo que suceda a mi alrededor, tu amor y tu presencia son míos para poder disfrutar hoy, mañana y siempre.

Ayúdame a no permitir que los problemas y las preocupaciones respecto a lo que *podría* ocurrir roben mi felicidad. Debo recordar que *nada en el mundo entero podrá separarme jamás de tu amor.*

Gracias por escuchar siempre mis pensamientos y mis sentimientos. Hablarte me recuerda que puedo confiar en que tú me cuidas. Mientras estoy aquí contigo, bendíceme con tu gozo, algo que *nadie me puede quitar.*

En tu dulce nombre, Jesús, *Amén*

LEE POR TU CUENTA

MATEO 28:8 (NVI); ROMANOS 8:38-39; JUAN 16:22 (PDT)

UN MANTO DE JUSTICIA

*Él me ha vestido de ropas de salvación, me
ha envuelto en manto de justicia.*

—Isaías 61:10

Querido Jesús:

Cuando confío en ti como mi Salvador, me envuelves en tu salvación, como un *manto de justicia* que me cubre de pies a cabeza. Yo nunca podría ser perfectamente bueno por mí mismo, por mucho que lo intente. Pero me amas tanto que compraste vestiduras de justicia y bondad para mí con tu propia sangre en la cruz. ¡Y luego me las diste para que las vistiera! ¡Un regalo completamente gratuito! Nunca podré agradecerte lo suficiente, Jesús.

Tu manto es la *vestidura de salvación.* Tu justicia me salva y me permite ser parte de tu familia real. Eso significa que debo *actuar* como si fuera parte de tu familia. Y es ahí donde tanto necesito que me ayudes. Por favor, ayúdame a ser más como tú y a hacer las cosas como quieres que las haga.

A veces es difícil para mí. En ocasiones pienso en quitarme tu manto para poder hacer lo que quiero, incluso las cosas que sé que están mal. ¡En cambio, ayúdame a quitarme todo mal pensamiento! ¡Entonces podré sentirme tan cómodo con tu manto de justicia que nunca jamás querré quitármelo!

En tu nombre real, Jesús, *Amén*

LEE POR TU CUENTA

ISAÍAS 61:10; 2 CORINTIOS 5:21; EFESIOS 4:22-24

DONDEQUIERA QUE ME LLEVES

*Pues vivimos por lo que creemos
y no por lo que vemos.*

—2 Corintios 5:7 (NTV)

Querido Jesús:

Quiero seguirte a dondequiera que me lleves. Ayúdame a seguirte con todo mi corazón, tan rápido como pueda. No sé lo que sucederá el próximo año, la semana que viene o mañana. ¡Pero *tú* sí! Así que confiaré en que me cuidarás. Creo que algunas de tus mayores bendiciones están a la vuelta de la esquina, fuera de la vista, pero aun así son muy reales. Ahora mismo no puedo ver esos buenos dones, pero sé que me están esperando. Solo he de seguir *creyendo, aunque no pueda ver* todavía esas bendiciones.

A veces siento que me llevas a una montaña muy alta. Tu mano me conduce lejos de los problemas de este mundo para que pueda pasar tiempo contigo. Cuanto más alta es la montaña que escalo, más feliz me siento de estar en tu presencia. ¡Me encanta estar contigo! Entonces, cuando me vuelves a conducir montaña abajo, de vuelta a todos los problemas, siento que estoy preparado para afrontarlos.

La luz de tu presencia sigue brillando sobre mí y me ayuda a bendecir a los demás con tu gozo.

En tu majestuoso nombre, Jesús, *Amén*

LEE POR TU CUENTA

2 CORINTIOS 5:7 (NTV); SALMOS 96:6; JUAN 8:12; SALMOS 36:9

UNA LUZ EN LA OSCURIDAD

Enciendes una lámpara para mí. El Señor,
mi Dios, ilumina mi oscuridad.

—Salmos 18:28 (NTV)

Querido Jesús:

Tú alumbras la oscuridad que me rodea, como cuando se enciende una lámpara en una habitación oscura. A veces, *cuando me canso de llevar una pesada carga* de preocupación o miedo, siento como si la lámpara se estuviera quemando. Parpadea y suelta chispas. Cuando esto suceda, ayúdame a recordar que he de clamar a ti. Puedo descansar en tu presencia mientras tú velas por mí. Sé que puedes mantener mi lámpara encendida y brillando. *Tú me haces fuerte.*

También eres mi luz. Cuando me vuelvo a ti, la luz de tu presencia brilla sobre mí. Tu belleza alumbra mi vida y me ayuda a ver las formas en las que estás obrando. Si me aparto de ti y miro hacia las tinieblas de este mundo, es fácil desanimarse y preocuparse. Pero aun con tantas dificultades en el mundo, puedo estar lleno de felicidad porque te tengo. *Tú eres la luz que brilla en las tinieblas.* No debo tener miedo.

En lugar de enfocarme en mis problemas, quiero confiar en ti con todo mi corazón. Sé que cambiarás mis momentos de oscuridad en brillante gozo, y estoy impaciente por ver cómo lo haces.

En tu hermoso nombre, Jesús, *Amén*

LEE POR TU CUENTA

SALMOS 18:28 (NTV); MATEO 11:28; SALMOS 18:1; JUAN 1:5

¡TANTAS BENDICIONES!

¡Cuán precioso, oh Dios, es tu gran amor!

—Salmos 36:7 (NVI)

Querido Jesús:

Tú eres el Dios que creó todas las pequeñas cosas, como los copos de nieve y las alas de la mariposa. Eres el Dios que hizo un universo tan enorme que no podemos contar sus estrellas. ¡Y eres el Dios que se preocupa tanto de cada detalle de mi vida que respondes a mis oraciones con mucho cuidado! Incluso te importa si me tuerzo un pie o si tengo sed.

La Biblia me dice que *nunca deje de orar*. Me siento feliz de que escuches todas mis oraciones. Estoy aprendiendo que cuanto más oro, más veo tus respuestas. Esto me ayuda a confiar más en ti.

Te alabo por tu amor, tu poder y tu fuerza sin límites. Nunca he de preocuparme porque te quedes sin alguna cosa. Puedo pedirte lo que necesite y esperar tu ayuda con alegría. ¡A menudo me das más de lo que pido!

Estoy comenzado a ver cómo los momentos difíciles de mi vida pueden ser bendiciones. Me enseñan a continuar y seguir confiando en ti. Así que te abro mi corazón y mis manos, preparado para recibir todas las bendiciones que tienes para darme. ¡Gracias, Señor!

En tu gran nombre, Jesús, *Amén*

LEE POR TU CUENTA

1 TESALONICENSES 5:17; SALMOS 36:7-8 (NVI); SALMOS 132:15

A SALVO CONTIGO

«Mi Padre, que me las ha dado [a mis ovejas], es más grande que todos; y de la mano del Padre nadie las puede arrebatar».

—Juan 10:29 (NVI)

Querido Jesús:

Ayúdame a recordar lo seguro que estoy contigo. La Biblia me dice que siempre estás conmigo. Nunca me dejas, esté feliz o triste, o incluso enfadado. Y cuando confío en ti como mi Salvador, borras todos mis pecados. Por esa razón viniste y moriste en la cruz, y luego resucitaste para que yo pudiera tener una forma de ir al cielo. Cuando creo en ti, *nada* puede impedir que vaya allí. ¡En el cielo te veré *cara a cara*, y seré muchísimo más feliz de lo que nunca fui!

Incluso en este mundo, nunca tengo que separarme de ti. No puedo verte con mis ojos; sin embargo, por fe, sé y creo que estás aquí mismo conmigo. Prometes caminar a mi lado durante toda mi vida, en todo el recorrido al cielo. Esto me da mucha paz. No obstante, a veces me siento atemorizado, preocupado o solo. En esos momentos, te ruego que me recuerdes que tú no te has ido a ningún lugar; sigues a mi lado. Solo recordar tu cercanía me ayuda a eliminar esos sentimientos que me disgustan. Enséñame a seguir buscando todas las maneras en las que me muestras que estás cuidando de mí.

En tu maravilloso nombre, Jesús, *Amén*

LEE POR TU CUENTA

JUAN 10:28-29 (NVI); 2 CORINTIOS 5:1;
1 CORINTIOS 13:12 (NVI); SALMOS 29:11

CONFIARÉ EN TI

«En quietud y confianza está su poder».

—Isaías 30:15

Querido Jesús:

Ya estoy cansado, ¡y el día apenas ha comenzado! Sigo pensando en los problemas que *puedo* tener. E intento averiguar cómo escapar de las dificultades que aún no han sucedido. ¡Es agotador! Señor, ayúdame a dejar de actuar así. Ayúdame a *hallar descanso* confiando en ti. Cuando pienso demasiado en el futuro, me olvido de que *tú estás conmigo donde-quiera que vaya*. Y no importa lo que ocurra, *nunca me dejarás*.

Debo admitir que a veces ensayo mis problemas. Es casi como practicar para ser parte de una obra. Sigo dándole vueltas a los mismos problemas en mis pensamientos, viviéndolos una y otra vez. ¡Es absurdo! Se supone que solo debería experimentar el problema una vez: cuando realmente suceda. Por favor, ayúdame a dejar de ensayar mis dificultades.

En lugar de pensar tanto en mis problemas, quiero venir a ti y rela-jarme en tu amorosa presencia. Te pido que me des fuerzas para hacer lo que me pidas en este día. Tú prometiste *hacerme fuerte* cuando te siga tranquilamente, así que *confío en que* lo harás.

En tu fiable nombre, Jesús, *Amén*

LEE POR TU CUENTA

MATEO 11:28-30; JOSUÉ 1:5, 9; ISAÍAS 30:15

TODO ES POSIBLE

Mirándolos Jesús, dijo: «Para los hombres es imposible, pero no para Dios, porque todas las cosas son posibles para Dios».
—Marcos 10:27

Querido Jesús:

¡Contigo todo es posible! Esta poderosa promesa me anima cuando me siento atrapado en un problema. Me estás enseñando a *vivir por lo que creo sobre ti y tu poder, no solo por lo que puedo ver con mis propios ojos.* Así que aun cuando parezca que los malos ganan a veces o que un problema es demasiado grande para que se solucione, esperaré y observaré tu buena forma de hacer las cosas.

Esperar en ti es algo en lo que debo mejorar. Estoy agradecido de poder ver tantas cosas maravillosas con mis ojos. Pero es fácil para mí quedarme atrapado en lo que estoy viendo y olvidarme de ti. Señor, lo siento. Ayúdame a enfocarme en tus promesas. Enséñame a considerar este mundo y a los demás de la forma que tú lo haces.

Cuando viviste como hombre en la tierra, *tus milagros demostraron que eres el Hijo de Dios.* ¡Estoy muy agradecido de que hoy sigas haciendo milagros! Por favor, lléname de tu gozo mientras observo y consigo ver las formas maravillosas en las que estás obrando en este mundo.

En tu poderoso nombre, Jesús, *Amén*

LEE POR TU CUENTA

MARCOS 10:27; 2 CORINTIOS 5:7; MIQUEAS 7:7; JUAN 2:11 (PDT)

TUS PLANES

Muchos son los planes en el corazón del hombre,
mas el consejo del Señor permanecerá.
—Proverbios 19:21

Querido Jesús:

¡Me alegra tanto saber que eres mi amigo y me amas! Sin embargo, sé que también eres *Señor de señores y Rey de reyes*. ¡Además, eres soberano de todo!

Ya tengo algunos planes para hoy, pero ayúdame a estar preparado para cambiarlos a fin de que se correspondan con *tus* planes. Confío en que tus ideas son mejores que las mías. Por favor, muéstrame qué quieres que haga ahora mismo.

Puedo perder mucho tiempo pensando en lo que podría pasar o lo que podría necesitar para hacer algo en el futuro. En lugar de ello, ayúdame a enfocarme en la tarea que tengo por delante y en ti, el único que está aquí junto a mí. Saca todos esos otros pensamientos de mi cabeza. Sin ellos de por medio, hay más espacio en mi mente para pensar en ti.

Cuando termine la tarea que estoy llevando a cabo ahora mismo, te pediré que me muestres cuál es la siguiente. Confiaré en ti para guiarme por el camino perfecto en mi vida, *un camino lleno de tu paz.* Gracias, Señor, por *darme fuerzas y por bendecirme con paz.*

En tu exaltado nombre, Jesús, *Amén*

LEE POR TU CUENTA

APOCALIPSIS 17:14; PROVERBIOS 19:21; LUCAS 1:79 (NTV); SALMOS 29:11

FEBRERO

Jesús les habló otra vez, diciendo: «Yo soy la Luz del mundo; el que me sigue no andará en tinieblas, sino que tendrá la Luz de la vida».

—Juan 8:12

EN ESTE LUGAR

Yo estoy contigo. Te protegeré por dondequiera que vayas.

—Génesis 28:15 (NVI)

Querido Jesús:

Tu presencia es como una luz, y quiero que brille en cada parte de mi vida para poder ver las cosas como tú las ves. Ayúdame a recordar que estás conmigo en cada situación a la que me enfrento.

Pienso en Jacob, el de la Biblia. Huyó a causa de su hermano Esaú, que estaba enfadado con él por robarle la bendición de su padre. Solo en el desierto, se tumbó a dormir sobre una piedra como única almohada. Pero soñó con el cielo y los ángeles, y tu promesa de estar siempre con él. Cuando despertó, Jacob dijo: «*Ciertamente el Señor está en este lugar y yo no lo sabía*». Gracias porque el descubrimiento de Jacob no solo fue para él. ¡Es verdad también para mí! Estás dondequiera que yo vaya.

Ayúdame a descubrir todas las formas en las que estás conmigo, sin importar dónde ni lo que ocurra. Si empiezo a sentirme lejos de ti, abre mis ojos para ver que estás conmigo en este lugar. Jesús, te alabo porque *nada en todo el mundo será capaz de separarme de tu amor y tu presencia.*

En tu magnífico nombre, Jesús, *Amén*

LEE POR TU CUENTA

GÉNESIS 28:11-16; ROMANOS 8:39

DESPIERTO O DORMIDO

A la sombra de tus alas canto de alegría, porque tú eres mi ayuda.

—Salmos 63:7 (NVI)

Querido Jesús:

Sé que estás vivo y obrando en mi vida. *Derramas tu amor sobre mí cada día, y cada noche canto tu canción.* ¡Estoy muy agradecido de que estés a cargo de todo!

Tu amor me bendice de tantas maneras que no puedo contarlas todas. Sin embargo, estaré atento a tus bendiciones, solo para ver cuántas puedo hallar durante el día. Y te daré las gracias por cada una de ellas. Ayúdame a no *desanimarme* o rendirme cuando paso por situaciones complicadas. En su lugar, ayúdame a ver que forman parte de vivir en este mundo, y que este necesita más de *ti.*

Tus cánticos me llenan de gozo a lo largo de toda la noche también. Sé que estás velando mi sueño. Si tengo problemas para dormir, puedo *hablarte* y disfrutar simplemente de tu compañía. Me siento maravillosa- mente a salvo y cerca de ti *al recordarte mientras estoy acostado.*

Cuando estoy despierto, estás conmigo. Cuando estoy dormido, estás conmigo. ¡Tú eres el Dios de toda mi vida!

En tu bendito nombre, Jesús, *Amén*

LEE POR TU CUENTA

SALMOS 42:8 (NTV); 2 CORINTIOS 4:16-17 (NVI);
SALMOS 27:8 (NTV); SALMOS 63:6-7 (NVI)

ME DAS PAZ

El Señor le da fuerza a su pueblo; el Señor lo bendice con paz.

—Salmos 29:11 (NTV)

Querido Jesús:

Existen cosas que no puedo hacer, y hay ocasiones en las que no sé cómo actuar. Te ruego que me des tu paz cuando sea débil. No permitas que mi imaginación empeore las cosas. Ayúdame a ver mi vida tal como es. Recuérdame que tú eres Señor sobre todo, incluido aquello que me preocupa hoy. En lugar de agotarme tratando de planear mi día entero, puedo darte las gracias por este día y confiar en que me guíes a través de él.

La Biblia me dice que no solo estás conmigo sino también *para mí*, animándome. ¡Eso significa que nunca tengo que enfrentarme a nada solo! Cuando me siento preocupado, es porque me enfoco en los problemas y me olvido de ti. La respuesta consiste en *dejar de observar los problemas que puedo ver para poder fijarme en lo que no puedo ver: ¡a ti!* Sé que puedes llevarme en este día y en cada día con seguridad.

Cuando vivo en el resplandor de tu presencia, tu paz brilla sobre mí y dejo de pensar en todas las cosas que no puedo hacer. Has prometido que esta senda por la que caminamos juntos se dirige al cielo. Esa maravillosa promesa me ayuda a ser fuerte hoy.

En tu reconfortante nombre, Jesús, *Amén*

LEE POR TU CUENTA

ROMANOS 8:31; 2 CORINTIOS 4:18 (NTV);
NÚMEROS 6:24-26; SALMOS 29:11 (NTV)

LA ARMADURA RESPLANDECIENTE

Por eso, dejen de lado sus actos oscuros como si se quitaran ropa sucia, y pónganse la armadura resplandeciente de la vida recta.

—Romanos 13:12 (NTV)

Querido Jesús:

Ayúdame a despojarme de las cosas malas que hago, como si *estuviera quitándome la ropa sucia,* y a *vestirme con la armadura resplandeciente de la vida recta.* Cuando dejo de hacer lo malo y hago lo correcto, es como llevar puesta tu brillante armadura. Envolverme en tu luz protege mi corazón de la oscuridad de este mundo.

Tú eres la luz que resplandece en mi camino y me ayuda a ver adónde ir. Me encanta caminar a tu lado, vivir cerca de ti sabiendo que tú estás conmigo. Así como me pongo la ropa cada mañana, necesito *vestirme de ti* todos los días. Eso significa pedirte que me protejas, me guíes y me ayudes a tomar buenas decisiones. A veces sigo tomando malas decisiones. Señor, perdóname, por favor. Recuérdame que puedes perdonar cada uno de mis pecados, porque moriste en la cruz por mí. Tu perdón me ayuda a caminar en tu luz.

La Biblia promete que *si confieso mis pecados,* si te cuento todo acerca de ellos, *tú me perdonarás.* Sé que *puedo confiar en guardarás esa promesa y limpiarás todas las cosas malas que he hecho.* ¡Gracias, Salvador mío!

En tu nombre bueno y amable, Jesús, *Amén*

LEE POR TU CUENTA

ROMANOS 13:12 (NTV); 1 JUAN 1:7; ROMANOS 13:14; 1 JUAN 1:9

VIVIR EN TU LUZ

*Pero yo siempre estoy contigo, pues tú me
sostienes de la mano derecha.*

—Salmos 73:23 (NVI)

Querido Jesús:

Algunas de las cosas de esta tierra me hacen feliz durante un tiempo. Pero solo contigo puedo hallar el gozo que dura para siempre. Derramas tantas bendiciones en mi vida que son como gotas de lluvia; ni siquiera puedo contarlas todas. Cuanto más cerca estoy de ti, más veo tus bendiciones y más agradecido estoy. ¡Esto me proporciona incluso más gozo!

Sin embargo, algunos días se llenan de tristeza y es difícil recordar cómo es sentir alegría. Entonces necesito *buscarte* más que nunca. En lugar de permitir que mis problemas o mis sentimientos me arrastren, puedo animarme con esta verdad bíblica: *Siempre estás conmigo. Tú sostienes mi mano. Me guías y me das buen consejo. Y después me conducirás al cielo.* Estas palabras de verdad me dirigen mientras viajo a través de este mundo. Ayúdame a recordad que tú eres *la verdad.* También eres *el camino,* así que necesito seguirte. *La luz de tu presencia* está siempre conmigo, alumbrando el camino que tengo frente a mí.

En tu resplandeciente nombre, Jesús, *Amén*

LEE POR TU CUENTA

SALMOS 105:4 (NTV); SALMOS 73:23-24 (NVI);
JUAN 14:6; SALMOS 89:15 (NVI)

CADA MAÑANA

¡Me llené de alegría en el Señor mi Dios!
—Isaías 61:10 (NTV)

Querido Jesús:

Tu amor nunca se acaba. Tus misericordias nunca cesan. Son nuevas cada mañana. Quiero creer estas reconfortantes palabras, pero ahora mismo estoy pasando un tiempo complicado. ¡Muchas cosas van mal! Es como si los problemas no tuvieran un final. Sin embargo, creo que estás aquí, preparado para guiarme a lo largo de este día. Tu amor y tu presencia me ayudan a continuar.

Es fácil confiar en ti cuando todo va como yo quiero. Pero es más difícil hacerlo cuando aparecen los problemas. Ayúdame a recordar que tu poder es siempre mayor que mi dificultad. Tú cuidas de mí y has prometido que nunca me dejarás.

Cuando me visto, me gusta recordar que tú me das las ropas más maravillosas, *vestidos de salvación.* Me envuelves con un *manto de justicia* que muestra que te pertenezco y voy camino al cielo.

Señor, no tienes que hacer estas cosas. Pero eliges hacerlas porque me amas. El mayor regalo que podría recibir es el que tú me das, el increíble regalo de *la vida eterna* contigo en el cielo.

En tu glorioso nombre, Jesús, *Amén*

LEE POR TU CUENTA

LAMENTACIONES 3:22-23 (NTV); ISAÍAS 61:10 (NTV); JUAN 3:16

¡JESÚS, MI GOZO!

El Señor mismo marchará al frente de ti y estará contigo; nunca te dejará ni te abandonará. No temas ni te desanimes.

—Deuteronomio 31:8 (NVI)

Querido Jesús:

¡Tú eres mi gozo! Me gusta pronunciar estas palabras, dejar que retumben por mi cerebro y después se sumerjan profundamente en mi corazón. Eres el amigo que *jamás me dejará.* Esa promesa es una fuente inagotable de gozo para mí. Pensar en esta maravillosa verdad me ayuda a ver que cada día es un buen día.

Ningún día es real y completamente malo desde que tú estás en él. Por supuesto, tengo algunos días complicados y llenos de problemas, pero sé que *estás siempre conmigo sosteniendo mi mano.* Hay algo bueno en este día, y en cada día. ¡Y ese algo eres *tú!*

Tu amor es muy precioso y siempre puedo contar con él. Tu amor promete protegerme como la mamá pájaro protege a sus bebés *bajo sus alas.* Cuando mi mundo no parezca muy feliz, condúceme *al río de tu gozo.* ¡Quiero tomar un gran sorbo largo! No importa lo que ocurra a mi alrededor; en los buenos momentos *y* en los malos, ¡tú eres mi gozo!

En tu gozoso nombre, Jesús, *Amén*

LEE POR TU CUENTA

DEUTERONOMIO 31:8 (NVI); SALMOS 73:23; SALMOS 36:7-8 (DHH)

¡RESCATADO!

Pues antes ustedes estaban llenos de oscuridad, pero ahora tienen la luz que proviene del Señor. Por lo tanto, ¡vivan como gente de luz!

—Efesios 5:8 (NTV)

Querido Jesús:

Me rescataste porque te deleitas en mí. Derramaste tu amor sobre mí simplemente porque soy tuyo, no porque yo haya hecho una gran cosa. Me rescataste cuando era *un esclavo del pecado* y *me llevaste a tu amplio lugar seguro* de salvación.

No puedo ser perfecto ni siquiera cuando me esfuerzo al máximo por ser bueno. De modo que me salvaste y me envolviste en tu propia bondad perfecta. Ayúdame a vestir estas *ropas de salvación* con alegría. Debido a tu amor, puedo *vivir como un hijo lleno de tu luz,* a salvo y seguro en tu bondad.

La salvación es el regalo más maravilloso y precioso que podría obtener, ¡y nunca dejaré de darte las gracias por ello! Cuando me despierte, diré: «¡Gracias por adoptarme en tu familia real!». Y antes de irme a dormir, exclamaré: «¡Gracias por perdonar mis pecados!».

¡Señor, quiero vivir de tal forma que ayude a los demás a verte como el Dios amoroso que otorga la maravillosa vida eterna!

En tu nombre salvador, Jesús, *Amén*

LEE POR TU CUENTA

SALMOS 18:19 (NTV); JUAN 8:34; ISAÍAS 61:10; EFESIOS 5:8 (NTV)

TÚ ERES MI FORTALEZA

Así que mi Dios les proveerá de todo lo que necesiten, conforme a las gloriosas riquezas que tiene en Cristo Jesús.

—Filipenses 4:19 (NVI)

Querido Jesús:

¡Tú eres quien *me da fortaleza*! Sabes que no soy lo suficientemente fuerte para manejar cada problema. Pero utilizas mi debilidad para enseñarme a confiar en ti. Cuando no soy capaz de hacer algo por mí mismo, recuerdo que te necesito; y entonces me sujeto aún más fuerte a tu promesa de *darme todo lo que necesito*.

En los días en los que esté realmente cansado y sin nada de energía, ayúdame a buscarte a ti. A veces me das una gran inyección de energía para acabar rápida y fácilmente lo que estoy haciendo. Otras veces, solo me das las fuerzas suficientes para un próximo paso y después otro. Debo seguir acudiendo a ti para más fuerzas. Y todo el tiempo estás susurrándome: «Te amo».

Quiero seguir oyendo tus susurros; por tanto, necesito confiar en que estás haciendo lo mejor para mi vida. Creo que estás llenando este día (y todos los días) con tus bendiciones. ¡Lo creo, Señor! ¡Pero ayúdame a confiar más y más en ti!

En tu poderoso nombre, Jesús, *Amén*

LEE POR TU CUENTA

HABACUC 3:19; FILIPENSES 4:19 (NVI); SALMOS 96:6-7

LLENO DE GOZO

*Me darás a conocer la senda de la vida; en
Tu presencia hay plenitud de gozo.*
—Salmos 16:11

Querido Jesús:

Tu Palabra promete que *en tu presencia hay plenitud de gozo*. Por tanto, mientras me siento ahora aquí contigo, pienso en quién eres, en lo poderoso y maravilloso que eres. Y te alabo por la manera en la que nunca dejas de amarme. *¡Nada en toda la creación podrá ser capaz de separarme de tu amor!* Nuestra relación comenzó en el momento en que decidí confiar en ti como mi Salvador y durará por siempre. Ayúdame a saber y recordar en todo momento que soy tu hijo amado. ¡Es lo que realmente soy!

Incluso con todos los problemas de este mundo, me has mostrado que puedo hallar gozo poque *siempre estás conmigo*. Al pasar tiempo contigo cada día, aprendo a *deleitarme en quién eres*. Cuando estoy contigo puedo relajarme por completo.

Mientras más fuerte crece mi amor por ti, quiero ayudar a otros a aprender a amarte también. Te ruego que permitas que tu amor brille esplendorosamente a través de mí para alumbrar la vida de otras personas. Señor, *enséñame la senda de la vida* a fin de que pueda mostrar tu amor a otros.

En tu amado nombre, Jesús, *Amén*

LEE POR TU CUENTA

SALMOS 16:11; ROMANOS 8:39 (NTV); MATEO 28:20; SALMOS 37:4 (NTV)

LA PAZ MÁS GRANDE

Así Dios les dará su paz, que es más grande
de lo que el hombre puede entender.
—Filipenses 4:7 (DHH)

Querido Jesús:

Realmente quiero descansar en tu paz. Al sentarme aquí contigo, puedo sentir tu luz brillando sobre mí y bendiciéndome con *una paz tan grande que no la puedo entender.* En lugar de tratar de resolver todo por mí mismo, pasaré un momento aquí contigo. Tú ya sabes y entiendes todo lo que está sucediendo en mi vida. Así que contaré contigo para que cuides de mí. Me encanta este tiempo que pasamos juntos. Así me diseñaste: para vivir cerca de ti.

Cuando estoy rodeado de otras personas, a menudo trato de ser quien ellos quieren que sea. A veces eso significa fingir ser alguien que no soy. Cuanto más intento agradar a otros, más me canso y más lejos pareces estar. Es como si mi corazón se secara dentro de mí, en lugar de fluir con el *agua viva* de tu Espíritu. No es así como deseas que yo sea.

Ayúdame a seguir hablándote, independientemente de lo ocupado que pueda estar. Y te ruego que me des las palabras correctas para que también otros puedan vivir cerca de ti.

En tu nombre apacible, Jesús, *Amén*

LEE POR TU CUENTA

FILIPENSES 4:6-7 (DHH); JUAN 7:38; EFESIOS 5:18-20

CREADO POR TI

Dios creó al hombre a imagen Suya, a imagen de
Dios lo creó; varón y hembra los creó.

—Génesis 1:27

Querido Jesús:

La Biblia me dice que *me creaste a tu propia imagen*. *Me hiciste un poco menor que los ángeles, y me coronaste de gloria.* ¡Así que, por favor, ayúdame a recordar cuán precioso soy para ti!

Me hiciste con un cerebro increíble. Puedo utilizarlo para hablar, pensar, crear cosas, tomar decisiones y mucho más. Creaste a las personas para *gobernar sobre los peces del mar y sobre los pájaros del cielo y toda cosa viviente que se mueve en la tierra*. Sin embargo, de todas esas cosas vivas, solo las personas son hechas a tu imagen. Eso hace que cada momento de mi vida sea importante.

Mi mayor propósito es alabarte y disfrutar estando contigo, ahora y para siempre. Cuando elijo seguirte, *me coronas de gloria para que pueda brillar con tu gloria*. Ayúdame a iluminar este mundo oscuro y a guiar a los demás hacia ti.

Gracias por crearme con la capacidad de amarte. ¡El gozo que me das aquí en la tierra es solo un minúsculo ejemplo de lo asombroso que será el cielo!

En tu nombre asombroso, Jesús, *Amén*

LEE POR TU CUENTA

GÉNESIS 1:27-28; SALMOS 8:5; 2 CORINTIOS 3:18

TU VERDADERA PAZ

Tú les das paz a los que se mantienen pensando
en ti, porque en ti han puesto su confianza.

—Isaías 26:3 (PDT)

Querido Jesús:

Tú eres el *Señor de paz*. Cuando algo me preocupa o me atemoriza, aunque solo sea un poco, necesito *venir ante ti* y hablarte de ello. Así que hoy vengo con valentía a tu presencia con esta oración, como me invita a hacer tu Palabra. Te *pido por todo lo que necesito*, y *te doy las gracias* por todas las formas en que cuidas de mí.

Muchas veces son los problemas de mi vida los que me enseñan a confiar más en ti. Y aunque los problemas no son lo que más me gusta, te agradezco por las lecciones que aprendo de ellos.

Confiar en ti me brinda muchas bendiciones, y una de las mayores es tu paz. Tu Palabra me dice que *das verdadera paz a aquellos que han puesto en ti su confianza.*

El mundo se equivoca. Afirma que la paz viene de la fama, la riqueza o la popularidad. Pero tu paz no depende de ninguna de esas cosas. No importa lo que tenga o no tenga, soy rico cuando tengo tu paz. ¡Gracias por este maravilloso regalo!

En tu fiable nombre, Jesús, *Amén*

LEE POR TU CUENTA

2 TESALONICENSES 3:16; MATEO 11:28; FILIPENSES 4:6; ISAÍAS 26:3 (PDT)

SOSTIENES MI MANO

Él no permitirá que tropieces; el que te cuida no se dormirá.

—Salmos 121:3 (NTV)

Querido Jesús:

¡Eres la respuesta perfecta cuando me siento solo! *Porque tú eres el Señor mi Dios. Tú sostienes mi mano derecha. Y me dices: «No tengas miedo. Yo te ayudaré».* A veces me gusta cerrar mi mano, como si estuviera agarrado de *tu* mano. Cuando estoy triste, o solo, o con miedo, necesito sentir más que nunca esa cercanía a ti.

Gracias por escuchar cuando te hablo de mis sentimientos y mis problemas. Ya sabes todo sobre ellos, pero me siento realmente bien cuando te cuento todas mis dificultades. Al pasar tiempo contigo, absorbo la luz de tu presencia, y me doy cuenta de lo seguro que estoy contigo. *Tú estás conmigo* cada segundo de mi vida. ¡Nunca estoy solo!

Cuanto más tiempo paso contigo, más puedo ver mi vida del modo que tú la ves. A veces eso me ayuda a escribir mis oraciones. Me encanta poder mirar atrás y ver cómo las respondiste. Escribir las oraciones también me ayuda a entregarte mis problemas, a dejarlos en tus fuertes manos. Gracias por *cuidar siempre de mí.*

En tu nombre poderoso, Jesús, *Amén*

LEE POR TU CUENTA

ISAÍAS 41:13 (NVI); MATEO 28:20; SALMOS 27:4; SALMOS 121:3 (NTV)

NO HAY NECESIDAD DE TEMER

Aun cuando yo pase por el valle más oscuro,
no temeré, porque tú estás a mi lado.
—Salmos 23:4 (NTV)

Querido Jesús:

Me encanta que le susurres a mi corazón: «Te estoy cuidando». A veces me siento solo y con temor de que algo malo me esté aguardando. Cuando me siento así, necesito detenerme y recordar que *tú te preocupas por mí.* ¡Estás cuidando de mí! Esa es la promesa que me has hecho. Me reconforta y me ayuda a sentirme más cerca de ti. Cuando me siento y descanso en tu presencia, dejo de intentar averiguar todas las respuestas.

Ayúdame a recordar que siempre estás vigilándome, aun cuando mi vida me deja preguntándome qué hacer. Estoy muy agradecido de que comprendas todo sobre mí y por lo que estoy pasando. Puedo confiar en que tienes las respuestas perfectas para hoy y para todos mis mañanas. Esto me hace sonreír y me da esperanza.

Cuando comience a sentir miedo, recuérdame que *tú estás conmigo.* Tú prometes que *nunca me dejarás ni te olvidarás de mí.* Y mucho más que eso, *irás delante de mí a dondequiera que vaya.*

Incluso si *voy caminando por el valle más oscuro* de dificultad, continuaré repitiéndome tus palabras: *No temeré, porque tú estás a mi lado.*

En tu nombre vigilante, Jesús, *Amén*

LEE POR TU CUENTA

1 PEDRO 5:7; DEUTERONOMIO 31:8; SALMOS 23:4 (NTV)

TRABAJANDO CONTIGO

*Trabajen de buena gana en todo lo que hagan, como
si fuera para el Señor y no para la gente.*

—Colosenses 3:23 (NTV)

Querido Jesús:

Me estás enseñando que cada momento de mi vida tiene un propósito. Vivimos *aquí* y *ahora*. No en el pasado ni en el futuro. Debido a que vivo en el presente, este es también el momento en el que me encuentro contigo, mi eterno Salvador. ¡Cada minuto de cada día está vivo con tu maravillosa presencia! Ayúdame a mantenerte en el centro de mis pensamientos, disfrutando de tu presencia conmigo aquí y ahora.

Lamento haber dejado pasar el tiempo. A veces he perdido horas, porque realmente no estaba prestando atención. O porque estaba preocupado por lo que podría ocurrir en el futuro. O porque estaba demasiado ocupado deseando estar en otro lugar, haciendo otra cosa. ¡Por favor, abre mis ojos a las maravillas de *este* día! Necesito empezar a ver todo lo que hago, desde mis tareas hasta quedar con mis amigos o ayudar a mi familia, como un modo de *trabajar para ti.* Trabajar codo a codo contigo hará más fácil el trabajo y me ayudará a disfrutar de lo que hago.

Cuanto más te hablo, menos preocupado estoy. Y eso me proporciona más tiempo para seguirte mientras *me guías* por *caminos de paz.*

En tu nombre guiador, Jesús, *Amén*

LEE POR TU CUENTA

LUCAS 12:25-26; COLOSENSES 3:23 (NTV); JUAN 10:10; LUCAS 1:79 (NTV)

JESÚS, TÚ ERES EL ÚNICO

Alma mía, espera en silencio solamente en
Dios, pues de Él viene mi esperanza.
—Salmos 62:5

Querido Jesús:

Eres la respuesta a todo lo que quiero y necesito. La Biblia afirma que *eres el Alfa y la Omega, el principio y el fin. Eres el Todopoderoso, el que es, que siempre era y que aún está por venir.* Eres aquel que mi corazón buscaba. Existe mucha maldad y perversidad en este mundo, pero *tú me llamas de las tinieblas a tu luz maravillosa.* Eres como un escudo alrededor de mí. Me cuidas y me mantienes a salvo.

¡Jesús, me bendices con tantas cosas: mis mascotas, mi familia, mi iglesia, mis amigos! Gracias por todas y cada una de ellas. Deseo disfrutar de tus bendiciones, pero también quiero recordar que tú eres la mayor bendición de todas. Ayúdame a no aferrarme a las cosas tan fuerte como para olvidarme de ti.

Eres el dador de *todo regalo bueno y perfecto*, pero el mejor presente que jamás podría obtener eres *tú*. Tu presencia conmigo es lo que necesito más que ninguna otra cosa, y lo que jamás puedo perder. ¡Eso me hace tan feliz que querría cantar y gritar!

En tu nombre perfecto, Jesús, *Amén*

LEE POR TU CUENTA

SALMOS 62:5; APOCALIPSIS 1:8 (NTV); 1 PEDRO 2:9 (NBV); SANTIAGO 1:17 (NTV)

UN RAMO DE BENDICIONES

Alegría pusiste en mi corazón.

—Salmos 4:7

Querido Jesús:

Cuando me siento en silencio ante ti, te ruego que llenes mi corazón y mi mente de agradecimiento. Me encanta pasar tiempo contigo, dándote las gracias por todo lo que has hecho en mi vida. Pensar en ti y en tu amor inagotable me hace feliz y me tranquiliza. Sobre todo cuando recuerdo que *nada de lo que está en lo alto, ni en lo profundo, ni ninguna otra cosa en este mundo me podrá separar de tu amor.* Al recordar esto, construyo un cimiento bajo mis pies, una base de gratitud. Y ese fundamento permanecerá fuerte en *cualquier* tormenta, *como la casa del hombre sabio que construyó sobre la roca.*

Vas sembrando tesoros delante de mí para que me los encuentre a lo largo del día, solo porque deseas añadir alegría a mi vida. Yo los buscaré y los iré juntando como un manojo de flores silvestres. Entonces, al final del día, tendré un ramo de bendiciones tuyas. Y te las ofreceré, Señor, alabándote por cada una de ellas.

Ayúdame a relajarme en tu amorosa presencia cuando sea el momento de *acostarme en mi cama para dormir.* Te ruego que me llenes de tu paz y permitas que los pensamientos de agradecimiento suenen en mi mente como una canción de cuna.

En tu nombre reconfortante, Jesús, *Amén*

LEE POR TU CUENTA

ROMANOS 8:38-39; MATEO 7:24-25; 1 CORINTIOS 3:11; SALMOS 4:7-8

¡SOY LIBRE!

*Por lo tanto, ya no hay condenación para los
que pertenecen a Cristo Jesús.*

—Romanos 8:1 (NTV)

Querido Jesús:

Nunca podré agradecerte lo suficiente el que hayas muerto por mí en la cruz. Cuando decidí seguirte, pagaste por todos mis pecados, los pasados y los futuros. *¡Ya no soy condenado porque te pertenezco!* Y eso me da una razón de gozo cada día de mi vida.

Desde que Adán y Eva te desobedecieron en el jardín del Edén, el mundo se ha llenado de pecado. Pero viniste a ofrecernos un camino para salir de este terrible problema. ¡El evangelio, tus buenas nuevas, es la mejor noticia que una persona podría imaginar! Hiciste algo más que pagar el precio por mis pecados. Tomaste mi pecado, *te convertiste en pecado por mí* y me diste tu propia justicia perfecta.

Me liberaste del pecado y la muerte. Eso no significa que pueda hacer lo que quiera y luego decir simplemente: «No importa. Jesús me perdonará». Sino que significa que soy un *hijo de Dios* para siempre, amado y precioso. ¡Es quien realmente soy! Y esto quiere decir que cada momento de mi vida te importa. ¡Gracias por amarme tanto!

En tu nombre precioso, Jesús, *Amén*

LEE POR TU CUENTA

ROMANOS 8:1-2 (NTV); GÉNESIS 3:6; 2 CORINTIOS 5:21; JUAN 1:11-12

AMOR COMO UN OCÉANO

*Y pido que [...] puedan comprender, junto con todos los creyentes,
cuán ancho y largo, alto y profundo es el amor de Cristo.*

—Efesios 3:17-18 (NVI)

Querido Jesús:

*Lléname de tu amor por la mañana. Después cantaré y toda mi vida se
regocijará.* Es fácil buscar la felicidad en el mundo, las amistades o las cosas
que tengo. Pero incluso las cosas buenas no son nada comparadas *contigo*.
Así que vengo ante ti y te pido que llenes todos los lugares vacíos dentro
de mí con tu infinito amor.

Es maravilloso pensar en *lo ancho, lo largo, lo alto y lo profundo* que
es tu amor. ¡Es como un océano, tan profundo que nunca podría llegar al
fondo!

Las personas y las cosas de este mundo cambian, pero sé que siempre puedo estar seguro de ti. Eso me alegra y me ayuda a afrontar mi día
sin preocuparme. Sé que habrá problemas y que las cosas no siempre
serán fáciles. Así es la vida en este mundo roto. Pero puedo contar contigo
para que *me guíes* y me ayudes a hacer lo correcto. Señor, confío en que
me guiarás a lo largo de cada día de mi vida, ¡todo el camino hacia el cielo!

En tu nombre maravilloso, Jesús, *Amén*

LEE POR TU CUENTA

SALMOS 90:14 (NBV); EFESIOS 3:17-18 (NVI);
FILIPENSES 4:13; SALMOS 73:24

EL SEÑOR DE PAZ

«La paz les dejo, Mi paz les doy».
—Juan 14:27

Querido Jesús:

Tú eres el *Señor de paz. Me das paz en todo momento y en todos los sentidos.* Existe un agujero enorme dentro de mí que solo tú puedes llenar. No puede llenarse con amigos, juegos, ropas o incluso familia. ¡Lo he intentado! Y el agujero es demasiado grande como para fingir que no existe. Necesito tu paz y tu presencia en cada momento y en toda situación. Pero recordar que te necesito es solo la mitad de la batalla. La otra mitad es creer que tú puedes *darme todo lo que necesito,* y que lo harás.

Antes de que fueras a la cruz, prometiste tu paz a todo el que escogiera seguirte. Dejaste claro que esta paz es un regalo. Y lo ofreciste a todo el que confía en ti. Puedo recibir este regalo al admitir que de verdad quiero y necesito tu paz en mi vida.

Por favor ayúdame a esperar pacientemente que me bendigas con tu presencia. Para mostrarte que estoy esperando, levanto mis manos a ti, abiertas y preparadas para recibir tu regalo. Y te digo: «Jesús, recibo tu paz».

En tu nombre consolador, Jesús, *Amén*

LEE POR TU CUENTA

2 TESALONICENSES 3:16 (ntv); FILIPENSES 4:19; JUAN 14:27

COMO MONEDAS DE FE

El día en que temo, yo en Ti confío.

—Salmos 56:3

Querido Jesús:

Te ruego que me guíes durante este día, paso a paso. Sostendré tu mano y confiaré en que tú me mostrarás el camino por el que caminar. No sé lo que podría pasar en el futuro, pero tú sí. Y *aunque no puedo verte, creeré* que estás despejando el camino delante de mí.

Cada vez que decido confiar en ti, es como depositar una moneda de fe en mi alcancía. Conforme se agregan esas monedas, mi fe crece. Entonces, cuando llega un problema, puedo contemplar todas esas monedas de fe y ver cómo has cuidado de mí en el pasado. Esto me ayuda a saber que cuidarás de mí también en este problema. ¡De hecho, estoy aprendiendo que cuando confío en ti de este modo, me ayudas a confiar más aún en ti!

Necesito practicar *contarte* cuánto confío en ti. Porque, aunque te lo cuente en el silencio de mi corazón, susurrando, gritando o cantándolo en una canción, decir: «Jesús, confío en ti» me ayuda a no tener miedo. Además, me mantiene cerca de ti, donde puedo relajarme y disfrutar de tu apacible presencia.

En tu nombre guiador, Jesús, *Amén*

LEE POR TU CUENTA

2 CORINTIOS 5:7; SALMOS 56:3-4; MATEO 6:20; ISAÍAS 26:3

UN NUEVO MODO
DE PENSAR

*Dejen que Dios los transforme en personas nuevas al cambiarles
la manera de pensar. Entonces aprenderán a conocer la voluntad
de Dios para ustedes, la cual es buena, agradable y perfecta.*

—Romanos 12:2 (NTV)

Querido Jesús:

Ayúdame a seguirte a dondequiera que me lleves, con alegría, no con un corazón de queja ni una actitud mandona. No quiero esforzarme en hacerlo a mi modo, perdiéndome las cosas buenas que tienes planeadas para mí. Por el contrario, quiero relajarme contigo mientras *me cambias y me das un nuevo modo de pensar.*

Enséñame a estar *quieto* en tu presencia. Jesús, ayúdame a confiar en ti lo suficiente para dejar ir lo que *yo* quiero, a fin de escoger las cosas que *tú* tienes para mí.

A veces no obtengo lo que esperaba, porque trato con todas mis fuerzas de que ocurra *ahora mismo.* Ayúdame a creer y saber que tu tiempo es mejor. En lugar de esforzarme para que las cosas ocurran cuando y como yo quiera, es necesario que me tome un descanso de mis intentos y pase tiempo conversando contigo. Después de descansar en tu presencia, puedo pedirte que me muestres el próximo paso que debo dar.

Tú me haces esta promesa: «*Te haré sabio. Te mostraré dónde ir. Te guiaré y cuidaré de ti*». ¡Estoy feliz de poder contar con tu ayuda!

En tu amoroso nombre, Jesús, *Amén*

LEE POR TU CUENTA

ROMANOS 12:2 (NTV); SALMOS 46:10 (NBV); 1 CRÓNICAS 16:11; SALMOS 32:8

MÁS GRANDE DE LO QUE PODRÍA CONOCER

Si nos amamos unos a otros, Dios permanece en nosotros y Su amor se perfecciona en nosotros.

—1 Juan 4:12

Querido Jesús:

¡Tu amor es *más grande de lo que yo podría conocer*! Estoy aprendiendo que existe una gran diferencia entre solo saber acerca de ti y conocerte realmente. Quiero contar con más que simples datos como que «naciste en Belén» y que «tu madre fue María». Quiero llegar a conocerte de verdad y experimentar lo que significa disfrutar de tu presencia. Esta es una de las formas más grandes en que tu Espíritu Santo me ayuda. Él viene a vivir dentro de mí cuando confío en ti como mi Salvador. *El Espíritu puede darme el poder de comprender cuán ancho, largo, alto y profundo es tu amor.*

Veo que cuanto más espacio hago para ti en mi corazón, más amor derramas en mí. Puedo hacer un espacio adicional en mi corazón al pasar tiempo contigo y conocer tu Palabra. También necesito seguir conversando contigo; esto me mantiene cerca de ti y me da gozo.

Señor, te ruego que derrames tanto de tu amor en mí que rebose y se derrame sobre las personas que me rodean. Amar a los demás es lo que *completa tu amor en mí.*

En tu amoroso nombre, Jesús, *Amén*

LEE POR TU CUENTA

EFESIOS 3:16-19 (DHH); 1 TESALONICENSES 5:17; 1 JUAN 4:12

COMENZARÉ
EL DÍA CONTIGO

Ten presente al Señor en todo lo que hagas,
y él te llevará por el camino recto.

—Proverbios 3:6 (DHH)

Querido Jesús:

Te ruego que me envuelvas en tu presencia y tu paz. Ayúdame a relajarme contigo y olvidarme de mis preocupaciones. Recuérdame que eres *Emmanuel, Dios con nosotros.* ¡Tú estás conmigo! Parece que todo está en continuo cambio en este mundo. Por eso es tan reconfortante saber que *tú eres el mismo ayer, hoy y por siempre.*

A veces me centro tanto en las cosas que están justo frente a mí, como el próximo examen, la comida con mis amigos, o lo que la gente está haciendo *online*, que me olvido de ti. Pero estoy aprendiendo que el mejor modo de vida es vivir cada momento del día contigo.

Para hacerlo, es necesario pasar tiempo a solas contigo cada mañana. Eso me ayuda a recordar que de verdad tú estás aquí conmigo. Me gusta comenzar el día leyendo tu Palabra y pidiéndote que me guíes, paso a paso, a lo largo de mi jornada. Entonces, conforme vaya ocupándome con las actividades del día, sabré que estoy preparado porque he pasado tiempo contigo.

Me agarraré de tu mano y dependeré de ti todo el día y toda la noche. Sé que irás delante de mí y prepararás el camino que quieres que yo siga. ¡Gracias, Jesús!

En tu nombre confiable, Jesús, *Amén*

LEE POR TU CUENTA

MATEO 1:23; HEBREOS 13:8; PROVERBIOS 3:6 (DHH)

CON TODO MI CORAZÓN

Yo confío en el gran amor de Dios eternamente y para siempre.

—Salmos 52:8 (NVI)

Querido Jesús:

Ayúdame a confiar tanto en ti que pueda olvidarme de mis problemas y relajarme en tu presencia. Para ser sincero, no me resulta fácil. A veces me siento como un bombero, siempre preparado para saltar y correr a la próxima emergencia. Tu Palabra me dice que mi cuerpo está *hecho de una forma asombrosa y maravillosa*. Puedo entrar en acción cuando sea necesario. También está hecho para calmarme y descansar cuando la emergencia haya terminado. Sin embargo, es difícil que me relaje y descanse de verdad por tanta locura que existe en este mundo.

Te ruego que me ayudes a recordar que tú siempre estás conmigo. Sé que puedo depender de ti, Jesús. Puedo *contarte todos mis problemas* y confiar en que me ayudarás a superar cada uno de ellos.

Me estás enseñando a *confiar en ti con todo mi corazón.* ¡Gracias por ello! Cuando aprendo a relajarme en la luz de tu amor, tu paz brilla en mi corazón y mi mente. Comienzo a ver todas las maneras en que estás cuidando de mí. Y *tu amor inagotable* se sumerge en lo profundo de mi corazón.

En tu nombre sanador, Jesús, *Amén*

LEE POR TU CUENTA

SALMOS 139:14; SALMOS 62:8 (PDT); PROVERBIOS 3:5; SALMOS 52:8 (NVI)

JESÚS, MI AMIGO

Los he llamado amigos, porque les he dado a
conocer todo lo que he oído de Mi Padre.
—Juan 15:15

Querido Jesús:

No solo eres mi Señor y Rey, sino también mi mejor amigo. Quiero caminar de tu mano cada día de mi vida. Ayúdame a afrontar cualquier cosa que aparezca hoy en mi camino, las cosas buenas y las no tan buenas, los problemas y las aventuras. Necesitaré seguir confiando y apoyándome en ti a cada paso del camino.

Ni un segundo se desperdicia cuando se comparte contigo. Puedes crear algo bueno incluso del peor día. Puedes traer gozo cuando estoy triste y darme paz en los momentos difíciles. ¡No hay nadie como tú, Señor!

Tu amistad conmigo es muy realista. Me ayudas y estás siempre conmigo. Al mismo tiempo, esta amistad está llena de tu gloria celestial. Vivir contigo a mi lado significa vivir en dos mundos a la vez. Uno es el mundo que puedo ver. El otro es el mundo celestial, que todavía no puedo contemplar, pero sé que es real. Gracias por ayudarme a ser consciente de *ti* incluso cuando voy caminando por el comedor, cuando juego en el parque, dondequiera que voy. Como tu Palabra me dice, *¡fui creado de una manera asombrosa y maravillosa!*

En tu nombre asombroso, Jesús, *Amén*

LEE POR TU CUENTA

JUAN 15:15; ISAÍAS 61:3; 2 CORINTIOS 6:10; SALMOS 139:14

TE ALABARÉ

Qué afortunados son, SEÑOR, los que saben alabarte
con alegría. Ellos andan a la luz de tu presencia.

—Salmos 89:15 (PDT)

Querido Jesús:

Ayúdame a *vivir a la luz de tu presencia, alabando tu bondad y cantando a tu nombre con alegría.* No quiero guardar mis alabanzas en silencio. Quiero compartirlas con el mundo, gritando, aclamando y aplaudiendo. Estoy lleno de gozo porque tú eres mi Salvador y mi Pastor, mi Señor y mi Dios, mi Rey y mi Amigo para siempre. Me amas con *un amor que nunca se agotará* y que nunca me abandonará.

Cuando decido seguirte, quitas mis pecados y me das tu perfecta santidad. ¡Gracias, Jesús! Aún tengo que luchar contra el pecado e intentar hacer lo correcto. Pero estás aquí para ayudarme y perdonarme cuando lo estropee todo.

Tan pronto como me convierto en tu hijo, *tu sangre me limpia de todo pecado.* Cuanto más me acerco a ti, más puedo ver cuánto necesito tu perdón. La luz de tu presencia me ayuda a ver en qué aspectos tengo que cambiar. También me ayuda a ser capaz de amar a los demás.

Señor, me encanta caminar contigo. Tu presencia es como una luz brillante y resplandeciente que aleja la oscuridad.

En tu nombre esplendoroso, Jesús, *Amén*

LEE POR TU CUENTA

SALMOS 89:15-16 (PDT); SALMOS 31:16 (NVI); ROMANOS 3:22; 1 JUAN 1:7

ENSÉÑAME A RECORDAR

*Recuerden sus poderosos milagros, recuerden sus
obras maravillosas y sus sabias decisiones.*

—1 Crónicas 16:12 (NBV)

Querido Jesús:

Oro con mucho fervor por algunas cosas y luego espero con entusiasmo tu respuesta. Si me das lo que pido, estoy en realidad feliz y rápidamente te doy las gracias. Pero en lugar de permanecer en mi agradecimiento, sigo adelante y comienzo a pedirte lo próximo que quiero. Señor, sé que no es bueno estar agradecido durante solo uno o dos minutos. Ayúdame a aprender a *permanecer* agradecido y alegre.

Ayúdame también a desarrollar el hábito de recordar tus maravillosas respuestas a mis oraciones. Un modo de hacerlo es hablándoles a los demás de las bendiciones que me das. Otra forma es escribiendo tus respuestas en un lugar en el que las vea cada día, como en el espejo de mi baño o en una nota al lado de mi cama.

Te ruego que me enseñes a *recordar todas las cosas maravillosas que has hecho* y a darte las gracias por ellas. Me has mostrado que ser agradecido es una doble bendición: la primera cuando miro hacia atrás y veo cómo respondiste a mi oración, y la segunda cuando te cuento lo feliz que me siento.

En tu nombre gozoso Jesús, *Amén*

LEE POR TU CUENTA

SALMOS 95:2; 1 CORINTIOS 15:57; 1 CRÓNICAS 16:12 (NBV)

MARZO

Jesús le dijo: «Yo soy el camino, la verdad y la vida; nadie viene al Padre sino por Mí».

—Juan 14:6

UN GOZO ETERNO

Ustedes no han visto jamás a Jesús, pero aun así lo aman.
Aunque ahora no lo pueden ver, creen en él y están llenos de un
gozo maravilloso que no puede ser expresado con palabras.
—1 Pedro 1:8 (PDT)

Querido Jesús:

Tu Palabra me dice que *todos los tesoros de la sabiduría y el conocimiento están escondidos en ti.* Eso significa que lo sabes todo. Tu sabiduría no tiene fin. También quiere decir que no tienen final los tesoros que puedo hallar al amarte.

El gozo es uno de esos tesoros. Es como una cascada que me baña y se desborda sobre mi vida. ¡Así que estoy abriendo mi corazón, mente y espíritu tanto como puedo para recibir todo el gozo que tienes para mí!

El gozo no depende de que todo vaya bien. Puedo estar alegre en momentos buenos y malos. No importa lo que suceda, *la luz de tu presencia* continúa brillando sobre mí. Al confiar en ti y mirarte en busca de respuestas, tu luz brilla incluso a través de las nubes de dificultad más oscuras. Esta maravillosa luz me ayuda a ver las bendiciones y me llena de gozo.

Jesús, gracias por *las bendiciones que estás guardando para mí en el cielo. Estas bendiciones no se pueden destruir ni deteriorar. Nunca perderán su belleza.* Porque *creo en ti,* estoy lleno de un gozo grande y glorioso que no *se puede explicar.* ¡Es mío, ahora y siempre!

En tu gozoso nombre, Jesús, *Amén*

LEE POR TU CUENTA

COLOSENSES 2:3; SALMOS 89:15 (PDT); 1 PEDRO 1:3-4, 8 (PDT)

CUANDO ME DESPIERTO

Al despertar aún estoy contigo.

—Salmos 139:18

Querido Jesús:

Cada mañana me despiertas y me enseñas a escucharte. Gracias por recordarme siempre. Por la noche, puedo irme directo a dormir sin ninguna preocupación, porque sé que tú nunca duermes. Cuidas de mí toda la noche. Luego, *cuando me despierto, aún estás conmigo.* Mientras me estiro y bostezo, me vuelvo más consciente de tu presencia. Desenredas mis pensamientos dormidos como yo deshago los enredos de mi pelo. Siento tu amor y *me acerco más a ti.* Alimento mi alma con el desayuno de tu Palabra.

Nuestras mañanas juntos me hacen sonreír y me dan la fuerza que necesito para el día que comienza. Cada vez que leo la Biblia, me enseñas lo que significa y cómo utilizarla en mi vida. Te ruego que me muestres qué quieres que haga hoy. Cuando camino contigo e intento hacer tu voluntad, sé que tú me darás todo lo que necesito para manejar cualquier cosa que suceda hoy.

Señor, enséñame cómo *confiar en ti en todo momento*, sin importar lo que ocurra.

En tu nombre confiable, Jesús, *Amén*

LEE POR TU CUENTA

ISAÍAS 50:4; SALMOS 139:17-18; SANTIAGO 4:8; SALMOS 62:8 (NTV)

75

ME LLAMAS
POR MI NOMBRE

El Señor que te creó te dice: «No temas, que yo te he libertado; yo te llamé por tu nombre, tú eres mío.
—Isaías 43:1 (DHH)

Querido Jesús:

Me encanta oírte cuando me dices: *«Yo te llamé por tu nombre, tú eres mío»*. Te pertenezco, sin importar lo solo que me pueda sentir a veces. Gracias por salvarme al morir por mis pecados. Y gracias por la forma atenta y cuidadosa en que obras en mi vida. Trabajas a través de mis experiencias, conoces mis pensamientos y guías mis pasos. Hablas tus palabras en mi corazón y mi mente.

Millones y millones de personas te siguen, pero yo nunca soy uno más del montón para ti. Me conoces por mi nombre. La Biblia afirma que soy tan precioso para ti que *has escrito mi nombre en las palmas de tus manos. ¡Nada podrá separarme jamás de tu amorosa presencia!*

Cuando los problemas se arremolinen a mi alrededor, y me sienta tembloroso y asustado, ayúdame a no enfocarme en las cosas que van mal. En su lugar, ayúdame a centrarme en ti. Puedo hacerlo susurrando simplemente: «Jesús, tú estás conmigo». Estas palabras me consuelan y me recuerdan lo que es verdad. Aunque este mundo está lleno de dificultades, ¡sé que tú estás conmigo y tienes el control!

En tu nombre fuerte, Jesús, *Amén*

LEE POR TU CUENTA

ISAÍAS 43:1 (DHH); ISAÍAS 49:16 (NTV); ROMANOS 8:38-39

PROTEGIDO

Dios es nuestro refugio y nuestra fuerza; siempre está
dispuesto a ayudar en tiempos de dificultad.

—Salmos 46:1 (NTV)

Querido Jesús:

Sé que estás conmigo. Por favor, ayúdame a no preocuparme ni tener miedo. Cuando estoy disgustado, me encanta oír tus palabras: «¡*Cálmate, tranquilízate!*». Me has prometido que pase lo que pase, *no me dejarás ni me abandonarás.* Cuando permito que esta promesa se sumerja en mi mente y en mi corazón, me llena de paz y esperanza.

Existen muchas malas noticias en este mundo. Parece que están en todas partes; y las noticias pasan constantemente de una cosa terrible a la siguiente. Pero en lugar de prestarle atención a todo lo que está mal, voy a prestarte atención a *ti*. Tú siempre eres bueno, y esta es una verdad que nunca cambia.

Quiero llenar mi mente y mi corazón de tu Palabra, porque es tu verdad la que me ayuda a permanecer en el camino correcto. La Biblia me dice que *no debo tener miedo, ni siquiera si la tierra tiembla o los montes caen al mar.* No sé lo que sucederá mañana, pero sé que estaré contigo. *Sostienes mi mano y me guías* a cada paso del camino. ¡Gracias, Señor!

En tu nombre maravilloso, Jesús, *Amén*

LEE POR TU CUENTA

MARCOS 4:39; DEUTERONOMIO 31:6; SALMOS 46:1-2; SALMOS 73:23-24

AL CONTROL

*Me has mostrado el camino de la vida y me
llenarás con la alegría de tu presencia.*

—Hechos 2:28 (NTV)

Querido Jesús:

Quiero aprender a estar contento aun cuando las cosas no salgan como yo quiero. A veces fuerzo las cosas para que se hagan como yo deseo, pero eso no funciona muy bien. No importa lo mucho que lo intente, al menos una cosa irá mal cada día. Podría ser algo pequeño, como un día con el pelo alborotado. O podría ser algo grande, como un amigo que se pone muy enfermo.

Sé que no eres un genio mágico que va por ahí concediendo mis deseos. ¡Tú eres el Señor! Y siempre haces lo que es mejor para mí. Por favor, ayúdame a confiar en ti en todo momento, salgan las cosas como yo quiero o no.

Cuando trato de controlarlo todo, normalmente acabo frustrado y disgustado. Es una simple pérdida de tiempo. En cambio, enséñame a estar agradecido por todas las formas en las que me ayudas y a confiar en que seguirás ayudándome.

Quiero relajarme y recordar que tú tienes el control. ¡Estoy tan agradecido de que siempre estés cerca! Tu Palabra me dice que *me llenarás con la alegría de tu presencia.* ¡Y eso no es todo! ¡*Tu rostro brilla de gozo por mí,* y tú haces brillar tu gozo en mí!

En tu nombre radiante y brillante, Jesús, *Amén*

LEE POR TU CUENTA

SALMOS 62:8; PROVERBIOS 23:18 (NTV); HECHOS 2:28 (NTV); NÚMEROS 6:25 (NBV)

VIENES A ENCONTRARTE CONMIGO

Llénanos de tu fiel amor cada mañana y nosotros siempre nos alegraremos y cantaremos.
—Salmos 90:14 (PDT)

Querido Jesús:

Te ruego que *me llenes de tu amor*. Mi mejor momento para empezar a orar es por la mañana, justo después de despertarme. Hablar contigo me prepara para afrontar el día. Tu amor inagotable me indica que soy precioso e importante para ti, ¡y creo que eso es verdad! Saber que soy eternamente amado me hace fuerte y me da el valor para hacer cosas difíciles.

Estar contigo *me alegra y hace que* quiera *cantar*. Tú eres el *Rey de reyes y Señor de señores,* ¡y sin embargo vienes aquí, a mi habitación, a encontrarte conmigo! ¡Y eso no es todo! Cuando confío en ti como mi Salvador, mi nombre está *escrito en el libro de la vida del Cordero.* ¡Eso significa que tengo la oportunidad de pasar la eternidad contigo!

Por tanto, deseo tomarme tiempo para disfrutar estando en tu presencia, leyendo la Biblia, orando y alabándote con mis palabras y canciones. ¡Estoy muy agradecido de que *nada en todo el mundo podrá separarme jamás de tu amor!*

En tu nombre glorioso, Jesús, *Amén*

LEE POR TU CUENTA

SALMOS 90:14 (PDT); APOCALIPSIS 19:16 (NTV);
APOCALIPSIS 21:27; ROMANOS 8:39

NECESITO DECIRTE

Entonces, ¿por qué desalentarse? ¿Por qué estar
desanimado y triste? ¡Espera en Dios! ¡Aún lo alabaré
de nuevo! ¡Él es mi Salvador y mi Dios!

—Salmos 42:5 (NBV)

Querido Jesús:

Necesito hablarte de algunas cosas que me han estado disgustando. Soy consciente de que ya lo sabes todo al respecto, pero contártelo me ayuda a sentirme mejor.

Cuando me siento desanimado y casi a punto de rendirme, es especialmente importante pasar tiempo *acordándome de ti*. Tú eres *mi Señor y mi Dios*, mi Salvador y mi Pastor, y el Amigo que *nunca me dejará*. Tan solo pensar en estas cosas maravillosas me anima e ilumina mi día.

Estoy muy agradecido de que conozcas todo acerca de mí y de mi vida, incluido cada pensamiento y sentimiento. ¡Todo lo que tiene que ver conmigo es importante para ti! Cuando me siente contigo en tu amorosa presencia, ayúdame a recordar todas las formas en las que cuidas de mí, dándome exactamente lo que necesito. Intentaré agradecerte por cada bendición que recuerde.

Hablarte me ayuda a ver las cosas con mayor claridad, así que puedo darme cuenta de lo que es importante y lo que no. Jesús, al pasar tiempo contigo me bendices, me animas y me consuelas. *Seguiré alabándote* por todas las formas en las que me ayudas.

En tu poderoso nombre, Jesús, *Amén*

LEE POR TU CUENTA

SALMOS 42:6; JUAN 20:28; DEUTERONOMIO 31:8; SALMOS 42:5 (NBV)

TU CAMINO PERFECTO

El camino de Dios es perfecto. Todas las promesas
del Señor demuestran ser verdaderas.

—Salmos 18:30 (NTV)

Querido Jesús:

Las cosas no están yendo de la forma que esperaba. Estoy intentando confiar en ti y recordar que solo deseas cosas buenas para mí. Te ruego que me ayudes, Señor.

Tú eres luz y en ti no hay tinieblas. Ni una mota. Así que buscaré tu luz en esta oscura situación. Quiero seguirte a dondequiera que me lleves. Pero estoy aprendiendo que a veces eso significa dejar ir planes o sueños que son realmente importantes para mí. Cuando esto sucede, necesito recordar y creer que *tu camino es perfecto.* Aun cuando sea tan difícil para mí.

Eres un escudo para todos los que te buscan a fin de protegerse. Cuando me sienta decepcionado o atemorizado, te ruego que me hagas recordar que me acerque a ti. Ayúdame a no olvidar que tú eres mi lugar seguro. Sé que no quitas todos los problemas de mi vida, pero me estás preparando para lidiar con ellos.

Por favor, ayúdame a *vivir en el camino que quieres que viva,* confiando alegremente en ti. Entonces *estaré tan contento como si hubiera comido los mejores alimentos. ¡Mis labios cantarán, y mi boca te alabará!*

En tu nombre perfecto, Jesús, *Amén*

LEE POR TU CUENTA

1 JUAN 1:5; SALMOS 18:30 (NTV); 1 CORINTIOS 7:17 (PDT);
SALMOS 63:5 (NTV)

ME CONSUELAS

¡Que tu amor me sirva de consuelo, conforme
a la promesa que me hiciste!

—Salmos 119:76 (DHH)

Querido Jesús:

He estado pensando en el futuro, sobre todas las cosas que no sé. Y está empezando a molestarme. El miedo y el desánimo se infiltrarán y me acompañarán todo el día si se los permito. Por favor, recuérdame que *tú vas delante de mí* a dondequiera que vaya. Y *siempre estás conmigo, sosteniendo mi mano.*

Tú no vives en el tiempo como yo. Yo solo puedo estar aquí, en este momento. Pero tú puedes estar aquí *y* en el futuro. Estás en el camino delante de mí, saludándome y animándome a mantener mis ojos en ti. Ayúdame a agarrarme fuertemente de tu mano y atravesar estos problemas y temores oscuros. La luz de *tu amor inagotable* brilla en la oscuridad, consolándome y guiándome.

Puedo estar confiado porque *tú estás conmigo* ahora, y ya estás preparando las cosas para mí en el futuro. Si escucho con atención, puedo oírte llamándome desde el camino más adelante. Susurras palabras de valor, esperanza y ánimo: «*No temas, porque Yo estoy contigo. No te desalientes, porque Yo soy tu Dios. Te fortaleceré, ciertamente te ayudaré*».

En tu poderoso nombre, Jesús, *Amén*

LEE POR TU CUENTA

DEUTERONOMIO 31:8; SALMOS 73:23; SALMOS 119:76 (DHH); ISAÍAS 41:10

LA FUERZA QUE NECESITO

Busquen fortaleza en el SEÑOR; recurran siempre a su ayuda.
—Salmos 105:4 (PDT)

Querido Jesús:

Están ocurriendo cosas bastante duras en el mundo, y a veces en *mi* mundo. No quiero permitir que esas cosas me atemoricen. Te ruego que sigas recordándome que cuanto más difícil sea mi día, más poder y fuerzas me envías.

Solía pensar que me das la misma cantidad de fuerzas y poder cada día. Pero eso no es cierto. Cuando necesito más poder del habitual, me das la ayuda adicional. Sin embargo, a veces aún me despierto y me pregunto si soy lo suficientemente fuerte como para afrontar todos mis problemas. Entonces recuerdo que tú estás conmigo y que no tengo que afrontarlos solo.

Tú ya sabes lo que sucederá cada día de mi vida. Así que conoces exactamente cuánta fuerza y poder necesitaré. La cantidad de fuerza que me das depende de dos cosas: lo difícil que sea mi día y cuánto confíe en ti para vivirlo. ¡Señor, ayúdame a confiar más en ti!

Enséñame a considerar los días difíciles como una oportunidad para recibir más de tu poder. En lugar de preocuparme o entrar en pánico, que pueda mirarte a ti para todo lo que necesite. La Biblia me dice que me ayudarás a *ser fuerte mientras viva.*

En tu nombre fuerte, Jesús, *Amén*

LEE POR TU CUENTA

2 CORINTIOS 12:9; SALMOS 105:4 (PDT); DEUTERONOMIO 33:25 (PDT)

ESPERANZA VERDADERA

*«Acepten mi enseñanza y aprendan de mí que soy paciente
y humilde. Conmigo encontrarán descanso».*
—Mateo 11:29 (PDT)

Querido Jesús:

Mis pensamientos saltan de una cosa a otra. Es muy difícil que se queden quietos. Pero tu Palabra me dice que *me quede quieto y conozca que tú eres Dios.* Cuando me siento *en silencio* en tu presencia, mi corazón puede oírte decir: *«Ven a mí y yo te haré descansar».*

Necesito tomarme un tiempo para centrar mis pensamientos en ti. Una forma de poder hacerlo es susurrar tu nombre y esperar después en tu presencia. Tú me ayudas a *encontrar descanso en ti,* y *me das esperanza.*

La verdadera esperanza solo viene de ti, Jesús. Se encuentra en todas tus promesas; promesas de estar conmigo, escucharme, ayudarme, y darme tu gozo y tu paz. Sin embargo, hay un sinfín de lugares en los que encontrar falsa esperanza. Las publicidades que veo y oigo son lo peor. Siempre me están diciendo que necesito esta cosa o aquella para ser feliz. Ayúdame a ver a través de esas mentiras. Te ruego que me protejas de creer cosas que no son ciertas. Estoy aprendiendo que la mejor forma de escapar a las mentiras es pasar tiempo pensando en ti. Solo en tu apacible presencia puedo hallar verdadera esperanza y descanso.

En tu nombre reconfortante, Jesús, *Amén*

LEE POR TU CUENTA

SALMOS 46:10; SALMOS 62:5; MATEO 11:28-29 (PDT); SALMOS 42:5 (DHH)

CADA RESPUESTA
QUE NECESITO

Quiero que tengan la plena confianza de que entienden el misterioso plan de Dios, que es Cristo mismo. En él están escondidos todos los tesoros de la sabiduría y el conocimiento.

—Colosenses 2:2-3 (NTV)

Querido Jesús:

A veces me siento como si me arrastraran en diez direcciones diferentes, todas al mismo tiempo. Los amigos quieren esto, mi familia quiere aquello, y yo realmente quiero hacer algo distinto. Corro de una cosa a la siguiente tratando de hacer feliz a todo el mundo. Pero, aunque me esfuerce mucho, nadie acaba contento.

Cuando todos estén tirando de mí, por favor, recuérdame que debo detenerme, respirar profundamente y volver a ti. Ayúdame a enfocarme en esta verdad: *todos los tesoros de la sabiduría y el conocimiento están guardados en ti.* Eso significa que puedo encontrar cada respuesta que necesito en *ti.*

Cuando hago de ti lo más importante en mi vida, *mi primer amor,* me proteges de ser arrastrado en todas esas direcciones diferentes. Me estás enseñando a traerte de nuevo mis pensamientos errantes. Aún necesito trabajar en ello. ¡Señor, gracias por no rendirte nunca conmigo!

Estoy tratando de obedecer tus mandamientos para poder vivir más cerca de ti. Pero a menudo sigo estropeando las cosas. ¡Gracias por cubrir mis pecados con *tus ropas de salvación* y *tu manto de justicia!*

En tu santo nombre, Jesús, *Amén*

LEE POR TU CUENTA

COLOSENSES 2:2-3 (NTV); APOCALIPSIS 2:4; ISAÍAS 61:10

MEJOR QUE NINGÚN MAPA

«Mi presencia irá contigo, y Yo te daré descanso»,
le contestó el SEÑOR.

—Éxodo 33:14

Querido Jesús:

Te ruego que me ayudes a estar preparado para todo lo que me ocurrirá hoy. Pienso que sé algunas de las cosas que van a suceder, pero tú conoces cada pequeño detalle. Desearía poder ver un mapa que mostrara cada vuelta y recoveco en mi camino a lo largo de este día. Me sentiría mejor si pudiera ver lo que me espera y lo que hay al doblar cada esquina. Pero me estás enseñando que la mejor manera de prepararme para cualquier cosa a la que me enfrente es pasar tiempo contigo.

Aunque no sé qué me aguarda en el camino de hoy, confío en que *tú* sí. Me darás todo lo que necesito para este viaje. Y lo mejor de todo, ¡prometes caminar conmigo cada paso del camino! Estoy aprendiendo a seguir hablándote durante todo el día. Con solo susurrar tu nombre, mis pensamientos se redirigen hacia ti.

Señor, gracias por estar siempre a mi lado. ¡Tú eres mejor de lo que podría ser cualquier mapa!

En tu nombre delicioso, Jesús, *Amén*

LEE POR TU CUENTA

ÉXODO 33:14; JUAN 15:4-5; FILIPENSES 4:4

UN CORDÓN DE ESPERANZA

Le pido a Dios, fuente de esperanza, que los llene completamente de alegría y paz, porque confían en él.
—Romanos 15:13 (NTV)

Querido Jesús:

Me estás enseñando que tu esperanza es mucho más que un deseo o un sueño. Tu esperanza es una promesa. Es como un cordón dorado, una especie de cuerda segura, que me conecta con el cielo. Este cordón me ayuda a mantener la cabeza en alto incluso cuando estoy afrontando dificultades o cuando otros se ríen de mi fe. Sé que tú nunca te alejarás de mi lado y jamás soltarás mi mano. Pero sin ese cordón de esperanza, bajo a veces la cabeza y empiezo a arrastrar los pies. Tu esperanza levanta mi cabeza para que pueda verte a ti y ver todas las bendiciones que has colocado a mi alrededor.

Señor, gracias por estar siempre conmigo. ¡Estoy emocionado porque este camino que estamos recorriendo juntos me va dirigiendo al cielo! Cuando pienso en lo maravilloso que será el cielo, dejo de preocuparme por los problemas de hoy. Y dejo de inquietarme por los baches del camino a los que podría enfrentarme mañana. Por favor, enséñame a guardar estos dos pensamientos en mi mente: tú siempre estás conmigo y me das la esperanza (la promesa) del cielo.

En tu maravilloso nombre, Jesús, *Amén*

LEE POR TU CUENTA

ROMANOS 12:12; 1 TESALONICENSES 5:8;
HEBREOS 6:19-20; ROMANOS 15:13 (NTV)

EN TU LUZ

Pero si vivimos en la luz, así como él está en la luz,
tenemos comunión unos con otros, y la sangre de su
Hijo Jesucristo nos limpia de todo pecado.
—1 Juan 1:7 (NVI)

Querido Jesús:

Tu Palabra promete que *si vivo en la luz contigo*, cerca de ti e intentando seguirte, entonces *tu sangre me limpiará de todo pecado*. Así que traigo mis pecados a ti. Te los confieso, Señor. Y te pido que me perdones y me ayudes a no cometerlos de nuevo.

Sé que no soy perfecto. Pero cuando confío en ti como mi Salvador, tú me cubres con tu perfecta bondad y justicia. Es tu regalo para mí. Moriste en la cruz para poder envolverme en tu hermoso *manto de justicia*. Este me permite acercarme a ti y estar en tu santa presencia sin tener miedo.

Estoy aprendiendo que *vivir en la luz de tu presencia* me bendice de muchas maneras. Las cosas buenas son mejores y las malas son más fáciles de manejar cuando las comparto contigo. Soy capaz de amar más a los demás y de *tener comunión* y amistad con ellos. También es más fácil tomar buenas decisiones, porque tu luz me muestra el camino.

Señor, enséñame a *regocijarme en tu nombre todo el tiempo*. ¡Ayúdame a aprender a disfrutar de tu presencia y *alabar* más y más *tu justicia*!

En tu gran nombre, Jesús, *Amén*

LEE POR TU CUENTA

1 JUAN 1:7 (NVI); ISAÍAS 61:10; SALMOS 89:15-16 (PDT)

SEGURO EN LAS TORMENTAS

Confíen siempre en Dios, cuéntenle todos sus problemas.

—Salmos 62:8 (PDT)

Querido Jesús:

Cuando todo va a mi manera es fácil comenzar a pensar que soy yo el que tiene el control de mi vida. Necesito dejar de pensar así. Porque cuanto más creo que soy yo quien controla, más intento *hacerlo* en realidad. Y olvido que tú eres el Señor sobre todas las cosas.

Quieres que disfrute de los días buenos en mi vida, los días en los que no hay problemas a la vista. Esos son un regalo de tu parte. Pero no debería esperar que todos los días fueran así. En el mundo existen problemas. A veces son pequeños, pero otras veces son grandes tormentas con un montón de dificultades. Si trato de tomar el control y solucionarlo todo por mí mismo, es probable que empeore las cosas.

Ayúdame a *confiar en ti en todo tiempo, Señor. Quiero contarte todos mis problemas y confiar en que tú me proteges.* Gracias por utilizar los momentos difíciles para recordarme que yo no tengo el control, sino tú. Cuando los problemas aparezcan en mi camino, puedo acudir a ti en busca de ayuda. *Conocerte* y confiar en que eres tú quien controlas todo me mantiene a salvo en las tormentas de la vida.

En tu nombre confiable, Jesús, *Amén*

LEE POR TU CUENTA

SANTIAGO 4:13-14; SALMOS 62:8 (PDT); JUAN 17:3

MÁS Y MÁS

Jesús le dijo: «Yo soy la resurrección y la vida. El que cree en mí vivirá aun después de haber muerto».

—Juan 11:25 (NTV)

Querido Jesús:

Tú afirmaste: «*Yo soy la resurrección y la vida. El que cree en mí vivirá aun después de haber muerto*». Eso es lo que le dijiste a Marta. Ella era la hermana de Lázaro; él llevaba muerto cuatro días cuando le declaraste esto. Y ella te creyó. *Luego gritaste: «¡Lázaro, sal!»*. ¡Y él salió de su tumba!

La Biblia me indica que *tú eres el camino. Y que tú eres la verdad y la vida.* Me gusta pensar en lo que esto significa. Tú eres todo lo que podría necesitar para mi vida en la tierra y mi vida en el cielo contigo. *Todos los tesoros de la sabiduría y el conocimiento están escondidos en ti.* Creer esa verdad hace mi vida mucho más simple. ¡Eso significa que *tú* eres mi tesoro y la respuesta a todos mis problemas!

Me das gozo en los días buenos y en los complicados. Haces que los tiempos difíciles sean más fáciles de llevar y que los buenos momentos sean aún mejores. Así que *vengo a ti*, Jesús, tal como soy. Quiero aprender a compartir más y más de mi vida contigo. Estoy muy agradecido de que caminemos juntos cada día. ¡Tú eres *el camino*, aquel que me guía paso a paso en todo el recorrido hasta el cielo!

En tu nombre majestuoso, Jesús, *Amén*

LEE POR TU CUENTA

JUAN 11:25, 43-44 (NTV); JUAN 14:6; COLOSENSES 2:2-3 (NTV); MATEO 11:28

SIEMPRE OBRANDO

*Yo estaba hablando de cosas que no entiendo, cosas
tan maravillosas que no las puedo comprender.*

—Job 42:3 (DHH)

Querido Jesús:

¡Me encanta saber que te preocupas por mí! Cuando paso tiempo contigo, puedo sentir la calidez de tu amor y sentirme seguro en tu presencia. Eso facilita mucho más el poder confiar en que tú tienes el control de cada detalle de mi vida. La Biblia afirma que *todas las cosas obran para bien de los que te aman y para los que son llamados conforme a tu propósito.*

A veces, este mundo parece muy confuso. A las personas buenas les ocurren cosas malas, y esto no tiene sentido alguno para mí. Las cosas buenas les suceden a las personas que no son tan buenas, incluso a la gente mala, y eso tampoco parece justo. Pero cuando veo el mundo así, estoy olvidando una verdad maravillosa: tú siempre estás obrando para bien. Es posible que yo no lo vea o entienda, pero puedo confiar en que tú sabes lo que estás haciendo.

Si pudiera *ver* realmente lo cerca que estás y todas las cosas que haces por mí, me asombraría. Jamás dudaría de cuánto te preocupas por mí. Tu Palabra me enseña a *vivir por lo que creo, no solo por lo que puedo ver con mis ojos.* Jesús, te ruego que me ayudes a hacerlo.

En tu nombre maravilloso, Jesús, *Amén*

LEE POR TU CUENTA

ROMANOS 8:28; JOB 42:3 (DHH); 1 PEDRO 5:7; 2 CORINTIOS 5:7

PASO A PASO

Pues él mandará que sus ángeles te cuiden
por dondequiera que vayas.
—Salmos 91:11 (DHH)

Querido Jesús:

Ayúdame a seguirte paso a paso. Eso es todo lo que me pides. De hecho, estoy aprendiendo que caminar paso a paso es la única manera de caminar por este mundo. Sin embargo, me meto en problemas cuando empiezo a mirar el futuro. Las cosas que *podrían* suceder comienzan a parecer grandes montañas, y me pregunto cómo las escalaré alguna vez. Entonces, por estar demasiado ocupado mirando esas montañas de «¿y si?», hoy tropiezo con una «piedrecita de problema».

Al ayudarme a ponerme en pie, te hablo sobre las grandes y aterradoras montañas que hay más adelante. En ese momento me recuerdas que tú eres mi guía y me amas. Podrías conducirme por un camino que me alejara de esas enormes montañas; o podría haber una forma más fácil de atravesarlas, una manera que aún no puedo ver. Aunque me diriges por un camino empinado, tú prometes darme todo lo que necesito para esa difícil escalada. Incluso les *dices a tus ángeles que cuiden de mí dondequiera que vaya*.

Enséñame a *vivir por lo que creo, no solo por lo que puedo ver*. Ayúdame a confiar en ti para que allanes el camino que tengo por delante y me muestres la ruta correcta.

En tu nombre amoroso, Jesús, *Amén*

LEE POR TU CUENTA

SALMOS 18:29; SALMOS 91:11-12 (DHH); 2 CORINTIOS 5:7

PERMANECE FUERTE

*Por esa razón, vístanse con toda la armadura de Dios. Así
soportarán con firmeza cuando llegue el día del ataque de Satanás
y después de haber luchado mucho todavía podrán resistir.*

—Efesios 6:13 (PDT)

Querido Jesús:

Tu Palabra me dice que *haces mis pies como los de una cierva, que no
tropieza. Me ayudas a estar firme en las montañas altas.* Señor, creaste al
ciervo con la capacidad de escalar fácilmente las montañas empinadas y
permanecer en pie sobre ellas sin miedo. Cuando elijo seguirte y confiar
en ti como Salvador, haces que yo también pueda permanecer en pie sin
temor. Mis «montañas» podrían ser un problema enorme, una preocupación o un temor. Pero cuando me enfrento a una de ellas, sé que puedo
acudir a ti en busca de fuerza y valor.

Debo recordar que vivo en un mundo en el que el diablo nunca deja de
luchar. A él le encanta arrojarme toda clase de problemas y tentaciones.
Ayúdame a *estar alerta* y listo para la batalla en todo momento, día y noche.
Recuérdame *ponerme toda la armadura* de tu amor, la cual me protege.
Independientemente de lo que ocurra, quiero *ser capaz de soportar con
firmeza y después de haber luchado mucho todavía poder resistir* .

Ayúdame a no olvidar jamás que tú siempre estás conmigo en la
batalla, luchando a mi lado y dándome las fuerzas que necesito. Mi deber
es confiar en ti y *permanecer fuerte*, estar en pie. ¡Tú me conducirás a la
victoria!

En tu poderoso nombre, Jesús, *Amén*

LEE POR TU CUENTA

2 SAMUEL 22:34; HABACUC 3:19; 1 PEDRO 5:8 (NTV); EFESIOS 6:13 (PDT)

TÚ ME LEVANTAS

Pero cuando vio el fuerte viento y las olas, se aterrorizó
y comenzó a hundirse. «¡Sálvame, Señor!», gritó.

—Mateo 14:30 (NTV)

Querido Jesús:

Tu rostro está brillando sobre mí, y siento *una paz tan grande que no puedo comprenderla.* Existen problemas a mi alrededor. Algunos son míos y otros pertenecen a los demás. Pero me das paz cuando me encuentro cara a cara contigo en oración.

Mientras me concentre en ti, tu paz permanecerá conmigo. Pero si me fijo demasiado tiempo en mis problemas, me preocupo e incluso tengo miedo. A veces me siento como Pedro cuando caminaba sobre las aguas. Pudo estar sobre ellas hasta que dejó de mirarte a ti y vio las olas. Entonces *se aterrorizó y comenzó a hundirse.* Cada vez que siento que me estoy hundiendo en mis problemas, puedo clamar: *«¡Sálvame, Señor!»,* como hizo Pedro, ¡y tú me levantarás!

Todo cambia en este mundo, y algunos de esos cambios dan miedo. Ayúdame a *mantener mis ojos en ti,* porque tú nunca cambias. Siempre eres bueno y estás listo para ayudarme. No existe problema que no puedas manejar.

Me has estado mostrando que al futuro le gusta saltar dentro de mis pensamientos y decir «¡Bú!». Intenta asustarme. Pero puedo reírme del futuro, porque permanezco cerca de ti.

En tu nombre lleno de poder, Jesús, *Amén*

LEE POR TU CUENTA

FILIPENSES 4:7; MATEO 14:29-30 (NTV); HEBREOS 12:2; HEBREOS 13:8

TAN ASOMBROSO

«Que el amado del Señor repose seguro en
él, porque lo protege todo el día».
—Deuteronomio 33:12 (NVI)

Querido Jesús:

¡A veces me asusto y me molesto tanto por las cosas que suceden en mi vida! Entonces te oigo susurrar en mi corazón: «Relájate, hijo mío. Estoy cuidando de ti. Yo controlo todo». Me gusta pensar en esas palabras una y otra vez. Limpian la preocupación y el temor, asegurándome que tu amor por mí es inagotable.

Pierdo mucho tiempo tratando de averiguar el futuro. Pero tú ya estás allí preparándome el camino. Además, estás esparciendo bendiciones para mí a fin de que las encuentre hoy a lo largo de mi camino. Señor, abre mis ojos para que pueda ver todas las sorpresas maravillosas, las cosas que solo *tú* podrías haber planeado para mí. Te ruego que sigas recordándome que soy tuyo, que me amas y que siempre quieres lo mejor para mí.

¡Tu amor me hace tan feliz! Eres el Rey del universo, y estás *planeando cosas buenas para mí.* ¡Eso resulta tan asombroso! Puede que yo no sepa lo que va a ocurrir en el futuro, pero sé quién soy: *aquel que amas.* Y cuando camino contigo, *llenas mi corazón de gozo* y mi mente de paz.

En tu nombre precioso, Jesús, *Amén*

LEE POR TU CUENTA

JEREMÍAS 29:11; DEUTERONOMIO 33:12 (NVI); SALMOS 16:11

MÁS COMO TÚ

Pues todo lo puedo hacer por medio de
Cristo, quien me da las fuerzas.

—Filipenses 4:13 (NTV)

Querido Jesús:

Tu Palabra me dice que *puedo tener gozo en mis dificultades.* Eso se debe a que *las dificultades producen paciencia. Y la paciencia produce carácter, y el carácter produce esperanza.* Así que mis problemas y mi dolor pueden convertirse realmente en bendiciones debido al modo en que me cambian y me ayudan a crecer. Sin embargo, esto no sucede porque sí. Solo cuando permito que me ayudes a través de esos problemas y ese dolor puedo encontrar las bendiciones y el gozo.

Tampoco ocurre inmediatamente. A veces lleva un largo tiempo. Pero estás utilizando las historias y las promesas de la Biblia para enseñarme a esperar en ti y tu tiempo perfecto. Mientras confío en ti, aprendo a ser paciente. Me encanta observar el modo en que obras a través de las dificultades de mi vida, usando esos momentos complicados para hacerme más como tú. Sé que estás preparándome para vivir eternamente contigo en el cielo, ¡donde todo será perfecto!

¡Cuanto más llego a ser como tú, más *sé* que te pertenezco! Solo estar cerca de ti me ayuda a manejar los problemas que aparecen, ¡porque puedo confiar en que tú y yo podemos resolverlos juntos!

En tu nombre maravilloso, Jesús, *Amén*

LEE POR TU CUENTA

ROMANOS 5:3-4 (NTV); JUAN 14:16-17; FILIPENSES 4:13 (NTV)

EL PODEROSO

Aunque estoy rodeado de dificultades, tú me protegerás [...]
Extiendes tu mano, y el poder de tu mano derecha me salva.

—Salmos 138:7 (NTV)

Querido Jesús:

Incluso cuando me rodeen las dificultades, tú me protegerás. Así que no dejaré que esa dificultad me asuste. En lugar de eso, recordaré que tú eres *el Poderoso*. ¡Estás conmigo, y eres más grande que todos los problemas del mundo! La Biblia promete que *me salvarás con tu poder.* Si me aferro con fuerza a tu mano, puedo caminar con valentía incluso a través de los tiempos más difíciles.

Gracias, Señor, por ayudarme a atravesar los momentos duros. Y más que eso, gracias por usarlos con el fin de hacerme más fuerte. Aun así, a veces me sigo cansando incluso cuando me estás ayudando. En esos días agotadores, te ruego que me recuerdes que aún estás conmigo.

Los tiempos difíciles son parte de vivir en este mundo, y todos tienen luchas. El mejor modo de recordar que tú estás conmigo es seguir hablándote. Me gusta contarte todo sobre mis pensamientos y sentimientos, y sobre lo que sucede en mi vida. Cada vez que vengo a ti, *me das fuerzas y me bendices con tu paz.*

En tu nombre fuerte, Jesús, *Amén*

LEE POR TU CUENTA

SALMOS 138:7 (NTV); SOFONÍAS 3:17 (DHH); 1 PEDRO 5:9; SALMOS 29:11

NO ME SOLTARÁS

«Porque yo soy el Señor tu Dios, que sostiene tu mano derecha».
—Isaías 41:13 (NVI)

Querido Jesús:

¡Me siento tan agotado! Mis problemas y luchas parecen ser más de lo que puedo manejar. Pero tú ya lo sabes todo al respecto y eso me reconforta, porque significa que ya sabes cómo ayudarme.

A pesar de que tú lo sabes todo, es bueno *hablarte acerca de mis problemas.* No tengo que fingir que no estoy preocupado o molesto. Puedo ser sincero y real contigo... *y conmigo mismo.* Contarte mis problemas me acerca a ti. Ayúdame a descansar contigo por un momento. Sé que estoy seguro aquí, en tu presencia. Puedo confiar en que tú me comprendes por completo y me amas *con un amor que durará eternamente.*

Mientras paso tiempo contigo, me haces más fuerte y me muestras qué hacer después. Gracias por no dejarme nunca. Gracias por sujetarme fuerte. Saber que no me soltarás de la mano me da el valor necesario para continuar. Cuando camino por este sendero pedregoso contigo, puedo oírte diciéndome: *«No temas. Yo te ayudaré».*

En tu nombre fiel, Jesús, *Amén*

LEE POR TU CUENTA

SALMOS 62:8 (PDT); JEREMÍAS 31:3; SALMOS 46:10; ISAÍAS 41:13 (NVI)

NO PIERDAS NI UN MINUTO

No se preocupen por el día de mañana, porque el mañana traerá sus propias preocupaciones. Cada día tiene ya sus propios problemas.

—Mateo 6:34 (PDT)

Querido Jesús:

El hecho más importante de mi vida es que tú siempre estás conmigo y siempre cuidas de mí. Mis padres, mis amigos y la gente a la que quiero me acompañan a veces. Pero ellos no pueden estar aquí cada segundo del día y la noche. Sin embargo, *tú* sí puedes, porque eres mayor que el tiempo y el espacio. ¡Puedes estar en todos los sitios y en todo momento a la vez!

¡Eso significa que no tengo que *preocuparme por el mañana* porque tú ya estás allí! Mi futuro está a salvo en tus manos. Así que cuando se empiece a infiltrar un poco de inquietud, ayúdame a oírte decir: «Hijo mío, *no te preocupes*».

Señor, quiero vivir este día plenamente. Eso significa que quiero ver todo lo que hay que ver y hacer todo lo que hay que hacer. En lugar de perder tiempo pensando en el mañana, puedo confiar en que tú estás a cargo del futuro.

El día de hoy es un regalo tuyo. Ayúdame a vivirlo con gozo, *en toda su plenitud,* olvidándome del ayer y sin correr hacia el mañana. ¡Cuando me enfoco en tu presencia conmigo, puedo caminar con alegría a lo largo de todo mi día!

En tu preciado nombre, Jesús, *Amén*

LEE POR TU CUENTA

PROVERBIOS 3:5-6; MATEO 6:34 (PDT); JUAN 10:10

SOLUCIONANDO PROBLEMAS

Yo te haré saber y te enseñaré el camino en que debes andar; te aconsejaré con Mis ojos puestos en ti.
—Salmos 32:8

Querido Jesús:

Estoy aprendiendo que siempre tendré algún problema. Es imposible escapar de ellos, porque las dificultades son solo una parte de la vida en este mundo roto. No obstante, reconozco que cada vez que aparece un problema, comienzo a intentar solucionarlo. Este es un hábito que me frustra y me aleja de ti.

Por supuesto, existen problemas de los que me puedo ocupar, como estudiar más para subir mis notas o limpiar el desastre que causé en mi habitación. Pero hay otros problemas en los que necesito tu ayuda, y algunos en los cuales solo necesito confiar en que tú te encargarás de ellos.

Recuérdame hablarte de cada problema, pedirte que me muestres qué quieres que haga. Podría ser algo que puedo solucionar por mí mismo, como limpiar ese gran desastre de mi habitación. O quizás algo que puedo solucionar con tu ayuda, como decir «Lo siento» cuando he herido los sentimientos de algún amigo. O podría ser un problema mayor a través del cual me dices que no me preocupe, porque tú lo solucionarás a tu manera perfecta.

Cuando me enfoco en ti, cada problema, por grande que sea, se desvanece en la luz de tu maravillosa presencia.

En tu nombre radiante, Jesús, *Amén*

LEE POR TU CUENTA

SALMOS 32:8; LUCAS 10:41-42; FILIPENSES 3:20; JUAN 14:2-3

VER CON MI CORAZÓN

Pero si esperamos lo que no vemos, con paciencia lo aguardamos.
—Romanos 8:25

Querido Jesús:

Me has dado cinco sentidos increíbles: vista, oído, gusto, tacto y olfato. Los utilizo para experimentar el mundo que me rodea. Pero el sentido del que más disfruto es la vista. ¡El mundo que tú creaste es tan hermoso! Me encanta verlo todo, desde las mariposas de color amarillo brillante hasta los altos árboles y las nubes del cielo. Sin embargo, los mayores regalos que me has dado son las cosas que no puedo ver con mis ojos. Solo puedo verlas con los «ojos» de mi corazón, con esperanza. Estas son cosas asombrosas como tu rostro y la esperanza del cielo.

Aunque no puedo ver tu rostro con mis ojos, sé que estás conmigo porque así lo prometiste. Tampoco puedo ver el cielo; *aún no.* Pero un día lo contemplaré porque se lo has prometido a todo el que *cree en ti.* Por esa razón moriste en la cruz y resucitaste de nuevo, para que pudiéramos vivir contigo eternamente y compartir tu gloria. Y tú siempre cumples tus promesas.

Enséñame a ver todas las bendiciones que me das en este mundo. Y enséñame a «ver» con mi corazón y *esperar pacientemente* todas las bendiciones que me darás en el cielo.

En tu gran nombre, Jesús, *Amén*

LEE POR TU CUENTA

ROMANOS 8:25; JUAN 3:16; JUAN 17:22; HEBREOS 11:1

LA ALABANZA
Y LOS PROBLEMAS

Te haré mi ofrenda de agradecimiento; invocaré el nombre del SEÑOR.

—Salmos 116:17 (PDT)

Querido Jesús:

Algunas cosas me están molestando, Señor. Algunos problemas. Y si te soy sincero, lo que me apetece hacer en realidad es lamentarme y quejarme por ellos. Solo quiero refunfuñar por mis dificultades y preguntar: «Jesús, ¿por qué estás permitiendo que me pasen todas estas cosas?». Pero he aprendido que no me siento mejor cuando comienzo a quejarme por la forma en que me estás tratando. Me enojo más y siento pena de mí. Por tanto, te pido que me ayudes a darte las gracias y alabarte, aun con estas dificultades. Sé que suena un poco disparatado. ¿Quién alaba en medio de los problemas? Pero me he dado cuenta de que cuando estoy ocupado alabándote es imposible que me lamente, me queje o me enoje contigo.

Es difícil para mí comenzar a alabar cuando estoy tan sumido en mis luchas. Pero una vez que empiezo a darte las gracias y a adorarte por todas las bendiciones de mi vida, mi corazón empieza a cambiar. Recuerdo que estás conmigo, que siempre me estás ayudando y que eres más grande que cualquier problema al que me pueda enfrentar. ¡Señor, *estar contigo me llena de gozo!*

En tu nombre gozoso, Jesús, *Amén*

LEE POR TU CUENTA

SALMOS 116:17 (PDT); FILIPENSES 4:4-7; SALMOS 16:11

CONSUELO CUANDO LO NECESITO

Él nos consuela en todas nuestras dificultades para que nosotros podamos consolar a otros. Cuando otros pasen por dificultades, podremos ofrecerles el mismo consuelo que Dios nos ha dado a nosotros.

—2 Corintios 1:4 (NTV)

Querido Jesús:

Tu amor nunca falla. Siempre me consuela. A menudo me enfrento a *algún tipo de dificultad* porque *este mundo* está roto. Tengo muchas personas y cosas para consolarme: mi familia y amigos, mi mascota, mis juguetes favoritos. Ellos pueden consolarme *algunas* veces. Pero solo existe algo que está conmigo *todo* el tiempo y que nunca jamás falla: ¡tu amor!

Tu amor por mí es perfecto, a pesar de que yo no lo soy en absoluto. Tu provisión de amor por mí es inagotable. Nunca se acabará ni escaseará. Pero tu amor no es solo *algo* que me ayuda a sentirme mejor. ¡Eres tú! ¡Tú eres amor! De modo que *nada en todo el mundo podrá separarme jamás de tu amorosa presencia.*

Ayúdame a recordar quién soy realmente. Soy tu hijo amado. Sé que puedo venir a ti en busca de consuelo cada vez que lo necesite, porque me amas demasiado. No obstante, tu maravilloso amor no solo es para mí; también es para otros. Ayúdame a mostrarles a mis amigos y mi familia cuánto los amas *consolándolos cuando tengan dificultades, del mismo modo que tú me consuelas a mí.*

En tu nombre consolador, Jesús, *Amén*

LEE POR TU CUENTA

SALMOS 119:76 (NVI); JUAN 16:33; ROMANOS 8:38-39; 2 CORINTIOS 1:3-4 (NTV)

MI GOZO

«Alégrense porque sus nombres están escritos en el cielo».
—Lucas 10:20 (NTV)

Querido Jesús:

Sé que *mi nombre está escrito en el cielo, en el libro de la vida*, porque confío en ti como mi Salvador. Eso significa que puedo tener gozo sin importar lo que suceda a mi alrededor. Cuando creo que eres el único Hijo de Dios, quien murió y resucitó de nuevo, *soy justificado contigo*. Todos mis pecados son lavados y compartes *tu gloria* conmigo. ¡Pero eso no es todo! *He resucitado contigo y me he sentado a tu lado en los cielos.*

Todo aquel que es hijo tuyo puede tener gozo en los momentos buenos, en los momentos difíciles y en el intermedio. Así que vengo ante ti esta mañana con mi corazón y mis manos abiertas, rogando: «Jesús, dame tu gozo, por favor». Mientras espero aquí contigo, la luz de tu presencia brilla sobre mí. Se sumerge en mi corazón y mi alma. Eso me da las fuerzas que necesito y me prepara para hoy.

Si mi gozo empieza a agotarse, siempre puedo venir a ti en busca de más. Tienes un suministro inagotable, ¡siempre hay más que suficiente para mí!

En tu nombre gozoso, Jesús, *Amén*

LEE POR TU CUENTA

LUCAS 10:20 (NTV); APOCALIPSIS 21:27; ROMANOS 8:30; EFESIOS 2:6

ABRIL

Porque por gracia ustedes han sido salvados por medio de la fe, y esto no procede de ustedes, sino que es don de Dios.

—Efesios 2:8

FELIZ DE NECESITARTE

Te alabo, oh Señor; enséñame tus decretos.

—Salmos 119:12 (NTV)

Querido Jesús:

Estoy creciendo y aprendiendo a hacer cosas por mí mismo. Eso es algo genial para algunas cosas, como atarme los zapatos, montar en bici y hacer mis tareas. Pero... ¿y para hallar mi propio gozo? ¿O para hallar mi camino hacia el cielo? Jamás seré capaz de hacer esas cosas sin ti, Señor. ¡Nadie puede! *Te* necesito.

Lo cierto es que tú me creaste para que te necesitara en todo momento y sentirme feliz por ello. Ayúdame a tener esta actitud para que pueda acercarme más a ti en mi corazón, mis pensamientos y mis oraciones. Cuando me acerco a ti y tú te aproximas a mí, nuestra amistad se fortalece más y más. La Biblia me indica que *esté siempre gozoso.* Eso solo puede ocurrir cuando vivo cerca de ti.

Tu Palabra también me dice que *nunca deje de orar.* Tú oyes mis oraciones y te preocupas por todo lo que digo. Orar es el modo de decirte cuánto te necesito. Además, puedo pedirte que utilices la Biblia para enseñarme y cambiarme. Estas cosas me mantienen cerca de ti y de tu gozo. Cuando aprendo a encontrar mi *deleite en ti,* mi gozo se convierte en una forma de alabarte.

En tu nombre maravilloso, Jesús, *Amén*

LEE POR TU CUENTA

1 TESALONICENSES 5:16-17 (NTV); DEUTERONOMIO 31:8;
SALMOS 119:11-12 (NTV); SALMOS 37:4 (NVI)

DESARROLLAR LOS MÚSCULOS DE LA CONFIANZA

Resistan, pues, al diablo y huirá de ustedes.
—Santiago 4:7

Querido Jesús:

Ayúdame a *confiar en ti y no tener miedo*. Estás enseñándome que mis dificultades son como hacer ejercicio. Del mismo modo que saltar una y otra vez fortalece mi corazón y los músculos de mis piernas, confiar en ti con mis problemas una y otra vez fortalece mis músculos de la confianza.

Batallas feroces me rodean, batallas invisibles entre el bien y el mal. Y el temor es una de las formas favoritas del diablo para atacarme. En el momento en que empiezo a sentir miedo, la mejor manera de luchar contra él es decirte que confío en ti. Puedo decirlo en mis pensamientos o en un susurro, o gritarlo fuerte, pero realmente necesito decir: «Jesús, confío en ti».

La Biblia me indica que si *resisto al diablo, él huirá de mí*. Puedo resistirlo corriendo hacia ti. Cuando te alabo y te canto, *tu rostro brilla sobre mí y me das tu paz*.

Ayúdame a recordar que cuando confío en ti como mi Salvador, tú limpias mis pecados. Porque moriste por mí en la cruz, *no soy juzgado culpable*. Así que *confiaré en ti y no tendré miedo*. Tú eres mi fuerza y mi canción.

En tu nombre salvador, Jesús, *Amén*

LEE POR TU CUENTA

ISAÍAS 12:2 (NTV); SANTIAGO 4:7;
NÚMEROS 6:24-26 (NVI); ROMANOS 8:1 (NTV)

PUEDO ENTREGARTE MIS PREOCUPACIONES

Confíen a Dios todas sus preocupaciones, porque él cuida de ustedes.
—1 Pedro 5:7 (PDT)

Querido Jesús:

¡Cargar por todas partes con mis preocupaciones me está agotando! Son tan pesadas que siento que estoy llevando una mochila llena de rocas. Mi espalda y mis hombros no son suficientemente fuertes para sostener tanto peso. Mi corazón y mi alma tampoco son bastante fuertes para llevar un montón de preocupaciones. Por eso me dices que *te entregue mis preocupaciones a ti*, y prometes que *cuidarás de mí*. ¡Menudo alivio! Se siente muy bien depositar estas preocupaciones en tus manos.

A veces no me doy cuenta de que las estoy llevando conmigo hasta que pesan tanto que casi no me puedo mover. ¡Es entonces cuando necesito realmente hablar contigo! Ayúdame a ver mis preocupaciones como tú las ves. Muéstrame si es un problema que necesito arreglar, como pedir disculpas por haber dicho algo hiriente. Si no es un problema mío, por favor, muéstramelo también. Tal vez sea algo que necesito dejar ir, como la preocupación por que puedan cancelar mi partido a causa de la lluvia.

Me hace feliz que prometas *usar tus maravillosas riquezas para darme todo lo que necesito*. Gracias por cuidar tan bien de mí, Jesús.

En tu precioso nombre, Jesús, *Amén*

LEE POR TU CUENTA

SALMOS 55:22; ISAÍAS 9:6; 1 PEDRO 5:7 (PDT); FILIPENSES 4:19

TU LUZ BRILLANTE Y RESPLANDECIENTE

Y ya no habrá más noche, y no tendrán necesidad de luz de lámpara ni de luz del sol, porque el Señor Dios los iluminará.

—Apocalipsis 22:5

Querido Jesús:

Hay mucha oscuridad en este mundo, mucha maldad y mezquindad. Pero una vez que escojo seguirte, *jamás tendré que vivir en tinieblas.* Porque estás aquí conmigo, yo *tengo la luz que da vida.* Y tu luz ahuyenta la oscuridad.

No estoy seguro de lo que podría suceder mañana o el día siguiente. A veces desearía saberlo para poder estar preparado. ¡Pero lo cierto es que conocerte a *ti* es suficiente! Has prometido cuidarme hoy, mañana y cada día. Tú eres Dios, así que puedes estar en el futuro *y* aquí conmigo al mismo tiempo. Solo necesito confiar en ti y seguirte paso a paso, mientras haces resplandecer tu luz en mi camino.

Algún día estaré contigo en el cielo y tu luz habrá ahuyentado cada partícula de oscuridad. Seré capaz de verlo todo con claridad, ¡incluso a ti! *Ya no habrá más noche, y no tendré necesidad de luz de lámpara ni de la luz del sol. ¡Tú me darás luz, más brillante y mejor de lo que pudiera imaginar!*

En tu brillante y resplandeciente nombre, Jesús, *Amén*

LEE POR TU CUENTA

JUAN 8:12; PROVERBIOS 4:18; APOCALIPSIS 22:5

MIRAR A JESÚS

Fijemos la mirada en Jesús, el iniciador y perfeccionador de nuestra fe.

—Hebreos 12:2 (NVI)

Querido Jesús:

Ayúdame a *no cansarme o dejar de intentar* hacer lo que es correcto y bueno. Cuando lucho con problemas que no desaparecen, es fácil cansarse y rendirse. Ese tipo de problemas me desgastan. Pero no es bueno que me siente sin más y cavile en mis dificultades. ¡Eso puede convertirse *rápidamente* en una fiesta de autocompasión!

Todo parece peor cuando estoy cansado. Es entonces cuando existe mayor probabilidad de que deje de intentarlo. Pero luego me recuerdas que estás cerca y puedo *acudir a ti* en busca de ayuda. Sé que pagaste un precio terrible para poder ser mi Salvador. *Sufriste la muerte en la cruz.* Cuando pienso en cómo experimentaste tanto dolor y sufrimiento por mí, encuentro nuevas fuerzas para afrontar mis problemas.

Estoy aprendiendo que alabarte es una maravillosa forma de sentirme más fuerte. Cuando te alabo, tu luz brilla sobre mí incluso cuando tengo un montón de problemas. Ayúdame a vivir cerca de ti para que pueda ser un espejo y reflejar tu luz a los demás. Señor, gracias por *cambiarme para que sea cada vez más como tú.*

En tu hermoso nombre, Jesús, *Amén*

LEE POR TU CUENTA

HEBREOS 12:2-3 (NVI); 2 CORINTIOS 5:7; 2 CORINTIOS 3:18

EN CADA SITUACIÓN

Pon tu vida en las manos del Señor; confía
en él, y él vendrá en tu ayuda.
—Salmos 37:5 (DHH)

Querido Jesús:

Quiero confiar tanto en ti que no trate de forzar las cosas para que salgan como yo quiero. A veces necesito tomarme un descanso de hacer planes y descansar en la luz de tu amor eterno.

Tu luz nunca se desvanece ni se atenúa, pero no siempre la veo. Por lo general se debe a que estoy demasiado ocupado pensando en el futuro. Planeo a quién ver, qué decir y qué hacer después. En lugar de hacer todos estos planes, debería estar confiando en ti y preguntarte cuáles son los tuyos. Ayúdame a aprender a vivir en el presente, no en el futuro. Quiero apoyarme en ti para que me guíes de *este* momento al próximo, y al siguiente, y al siguiente. No debo tener miedo de mi debilidad ni de las cosas que no puedo hacer, porque tú estás conmigo. ¡*Tú* puedes hacer cualquier cosa!

Estás entrenándome para que *acuda siempre a ti en busca de ayuda*, incluso cuando pienso que puedo encargarme yo mismo. No quiero dividir mi vida en dos partes: las cosas que puedo hacer y las cosas en las que necesito tu ayuda. Estás enseñándome a depender de ti en *cada* situación. ¡Cuando confío en ti, puedo olvidarme de mis preocupaciones y disfrutar del día contigo!

En tu amoroso nombre, Jesús, *Amén*

LEE POR TU CUENTA

SALMOS 37:5 (DHH); FILIPENSES 4:19; SALMOS 105:4; FILIPENSES 4:13

NO ES PROBLEMA

Si Dios está por nosotros, ¿quién estará contra nosotros?
—Romanos 8:31

Querido Jesús:

Desearía no tener ni un solo problema en mi vida. Pero sé que eso no ocurrirá. De hecho, antes de que fueras a la cruz, les dijiste a tus seguidores: *«En este mundo van a sufrir»*. Sin embargo, en el cielo ya no habrá más problemas, ¡nunca más! Y cuando confío en ti como mi Salvador, reservas un sitio en el cielo solo para mí. Ese es un gozo que nadie podrá quitarme jamás. Ayúdame a esperar con paciencia la perfección del cielo. Porque intentar hacerlo todo perfecto aquí en la tierra, sencillamente no funciona.

Señor, te ruego que me recuerdes comenzar cada día conversando contigo. Te pido que me des las fuerzas y la sabiduría que necesito para enfrentarme a lo que está por delante en mi camino. Esa es la mejor manera de afrontar cada día: *contigo* a mi lado. Si sigo acudiendo a ti durante todo el día cuando aparezcan los problemas, me mostrarás que en realidad no son tan solo *mis* problemas. Son problemas que tú y yo manejaremos juntos. ¡Ayúdame a recordar que estás de mi parte y que *tú ya has vencido al mundo*!

En tu nombre poderoso, Jesús, *Amén*

LEE POR TU CUENTA

JUAN 16:33 (NBV); SALMOS 73:23; FILIPENSES 4:13; ROMANOS 8:31

SEGUIR BRILLANDO

Brillarán [...] como estrellas en un mundo de oscuridad.

—Filipenses 2:15 (PDT)

Querido Jesús:

    Tú eres la luz que brilla en las tinieblas. Las tinieblas no tienen poder sobre tu luz, ¡y nunca lo tendrán! Pero cuando los problemas se amontonan a mi alrededor, a veces es difícil ver tu luz. Comienzo a olvidar que siempre estás cerca de mí. Cuando sienta que la oscuridad me está rodeando, recuérdame detenerlo todo y *contarte todos mis problemas.* Mientras te hablo, por favor, muéstrame qué hacer.

    No importa cuánta maldad vea en el mundo que me rodea, tu luz continúa brillando, fuerte y resplandeciente. Es muchísimos billones de veces más poderosa que cualquier oscuridad. Y cuando te sigo, tu luz brilla *sobre* mí y también *dentro* de mí.

    Hay gente *perversa y malvada por todas partes.* Eso significa que tengo muchas oportunidades para *brillar como una estrella en este mundo oscuro.* Sin embargo, antes de poder brillar, necesito pasar tiempo contigo, absorbiendo tu luz. Por favor, Jesús, *cámbiame para que sea más como tú.* Cometo muchos errores, pero más que cualquier otra cosa quiero vivir de un modo que *muestre tu luz y tu gloria.* Te ruego que me ayudes a hacerlo.

En tu nombre maravilloso, Jesús, *Amén*

LEE POR TU CUENTA

JUAN 1:5; SALMOS 62:8 (PDT); FILIPENSES 2:14-15 (PDT); 2 CORINTIOS 3:18

POCO A POCO

«Estas cosas les he hablado para que en Mí tengan paz».
—Juan 16:33

Querido Jesús:

Ayúdame a aprender a estar alegre incluso cuando las dificultades me estén derribando. Para ello, necesitaré pasar contigo el tiempo suficiente. Porque a pesar de que parece que los problemas y las preocupaciones están en todas partes de este mundo, tú eres *aquel que ha derrotado y vencido al mundo.* Solo tu luz y tu amor pueden darme el poder para enfrentarme a todos esos problemas con *buen ánimo,* con gozo y, quizás, hasta con una sonrisa.

Cuando me siento contigo, descansando en tu presencia, haces brillar tu paz en mi corazón y mi mente. Poco a poco, las preocupaciones y los problemas van saliendo de mis pensamientos y entras tú.

Pronto empiezo a ver mis dificultades del modo en que *tú* las ves. Me doy cuenta de que algunas cosas no son importantes y simplemente puedo dejarlas ir. Y para las cosas que *son* importantes, sé que puedo confiar en que tú me ayudarás con ellas. Descansar aquí contigo en oración me bendice con *un gozo que nadie podrá quitarme.*

En tu nombre lleno de gozo, Jesús, *Amén*

LEE POR TU CUENTA

JUAN 16:33; SALMOS 42:5; JUAN 16:22

PRUEBA Y VE

Prueben y vean que el SEÑOR es bueno; ¡qué
alegría para los que se refugian en él!
—Salmos 34:8 (NTV)

Querido Jesús:

Tu Palabra me invita a *probar y ver que eres bueno*. Cuando te sigo, la vida es más dulce y mejor. No está libre de problemas, pero es buena.

Estoy muy agradecido de que *seas el Dios que me ve*. También me estás entrenando para buscarte. Ayúdame a recordar que tú estás aquí conmigo y estás obrando en cada momento de mi vida. Cuando tu amor fluye en mí, puedo compartirte con aquellos que me rodean, ayudándolos a ver lo cerca que estás y cómo te preocupas por ellos.

A veces tus bendiciones llegan de formas misteriosas. Podrían comenzar como una dificultad, como cambiar de escuela. Pero después me traen una bendición, como un nuevo amigo. No siempre entiendo lo que estás haciendo, pero estoy aprendiendo a *confiar* en que estás ocupado haciendo algo bueno. ¡Así que voy a mantenerme cerca de ti!

Gracias por regalarme tu paz. Eso fue lo primero que les diste a tus seguidores después de que moriste y resucitaste. Ellos estaban molestos y asustados, así que calmaste sus temores con tu paz. Tú haces lo mismo por mí cuando estoy molesto y asustado. Por favor, bloquea todas las voces que me dicen que debería estar preocupado y ayúdame a escucharte solo a ti. Me encanta oírte decir: «¡La paz sea contigo!».

En tu nombre de paz, Jesús, *Amén*

LEE POR TU CUENTA

SALMOS 34:8 (NTV); GÉNESIS 16:13-14 (NTV);
JUAN 20:19 (NTV); COLOSENSES 3:15

¡CREO!

Están obteniendo la meta de su fe, que es su salvación.

—1 Pedro 1:9 (NVI)

Querido Jesús:

No puedo verte con mis ojos, pero *creo en ti.* ¡Eres más real que las cosas que puedo ver! Más real que los árboles, mi habitación y este libro, porque eres infinito y eterno. No importa lo que esté sucediendo en mi vida, tú eres la Roca que nunca cambia, con la que puedo contar. *Puedo correr hacia ti siempre en busca de seguridad.*

¡Creer en ti va acompañado de muchas bendiciones! Por supuesto, la mayor bendición es *la salvación eterna de mi alma* del pecado. ¡Ese es un regalo de valor incalculable! Creer en ti también hace mi vida mucho mejor ahora mismo. Sé quién soy: tu hijo. Y sé a quién pertenezco: ¡a ti! Me ayudas a encontrar mi camino a través de este mundo quebrantado y pecador. Derramas la esperanza del cielo en mi corazón. Escuchas mis oraciones *y* las respondes.

Señor, estás creando más y más espacio en mi corazón para el gozo. Quiero hacer más sitio para *ti* en mi vida. Pasar tiempo contigo me ayuda a conocerte mejor. ¡Y cuanto mejor te conozco, más *me llenas de un gozo tan grande que no puedo explicar*!

En tu nombre, que es mayor que todos los demás nombres, Jesús, *Amén*

LEE POR TU CUENTA

1 PEDRO 1:8-9 (NVI); SALMOS 18:2 (NTV); ROMANOS 8:25

APRENDER A CONFIAR

Bendito es el hombre que confía en el Señor,
cuya confianza es el Señor.

—Jeremías 17:7

Querido Jesús:

La Biblia me indica que *la persona que confía en ti será bendecida.* Por tanto, te ruego que me ayudes a confiar en ti en cada cosa de mi vida, las grandes y las pequeñas. Sé que en tu reino no hay accidentes. *En todo lo que ocurre, estás obrando para el bien de los que te aman.*

Pierdo muchísimo tiempo tratando de descifrar las cosas para poder comprenderlas mejor. Pero lo que realmente necesito es pasar tiempo confiando en ti y dándote las gracias. Nada se desperdicia cuando estoy cerca de ti. Incluso reciclas mis errores y los conviertes en algo bueno, como ayudarme a alentar a otros que han cometido el mismo error. Eso es lo que hace tu gracia por *aquellos a los que amas.* La gracia toma mis desastres y los transforma en cosas buenas.

Incluso antes de empezar a confiar en ti, ya estabas haciendo brillar tu luz en mi vida. Y *comenzaste a levantarme del lodo cenagoso* de mis errores. *Pusiste mis pies sobre una roca y me plantaste en terreno firme.* Me ayudaste a saber hacer lo correcto.

Gracias por *llamarme de la oscuridad* de este mundo para poder vivir *en tu luz maravillosa.* ¡Sé que puedo confiar en ti en cada detalle de mi vida!

En tu asombroso nombre, Jesús, *Amén*

LEE POR TU CUENTA

JEREMÍAS 17:7; ROMANOS 8:28; SALMOS 40:2; 1 PEDRO 2:9 (NTV)

TÚ ERES SEÑOR

Confíen a Dios todas sus preocupaciones,
porque él cuida de ustedes.
—1 Pedro 5:7 (PDT)

Querido Jesús:

Cuando las cosas en mi vida no salen como a mí me gustaría, ayúdame a aceptarlas de inmediato. Soñar con la manera en que desearía que hubieran sido las cosas es una pérdida de tiempo. Y he visto que sentir lástima por mí puede convertirse rápidamente en un sentimiento de enfado. Cuando empiece a sentirme molesto, ayúdame a recordar que tú eres Señor sobre todos los acontecimientos de mi vida. Debo *humillarme bajo el poder de tu mano* y *entregarte todas mis preocupaciones*. Gracias por todas las maneras en que estás trabajando para ayudarme, aun cuando no comprendo lo que estás haciendo.

Jesús, *tú eres el camino, la verdad y la vida.* Me das todo lo que necesito para esta vida y para vivir eternamente contigo. No quiero que las cosas que están sucediendo en este mundo desvíen mi atención de ti. El desafío consiste en *mantener mis ojos en ti,* sin importar lo que ocurra a mi alrededor.

Por favor, enséñame la manera en que quieres que viva. Cuando eres el centro de mi pensamiento, comienzo a ver las cosas del modo en que tú las ves. Eso me ayuda a caminar más cerca de ti, y *estar contigo me llena de gozo.*

En tu nombre perfecto, Jesús, *Amén*

LEE POR TU CUENTA

1 PEDRO 5:6-7 (PDT); JUAN 14:6; HEBREOS 12:2; SALMOS 16:11

¡EL DIOS PODEROSO!

Pero yo, Señor, confío en ti; yo he dicho: «¡Tú eres
mi Dios!». Mi vida está en tus manos.

—Salmos 31:14-15 (DHH)

Querido Jesús:

Vengo a ti en oración porque *me siento cansado,* como si *llevara una carga pesada.* Quiero descansar aquí en tu presencia. *Te* necesito, Jesús, y necesito tu paz.

Cuando todo va bien en mi vida, a veces me olvido de cuánto te necesito. Luego, tan pronto como las cosas comienzan a ir mal, me preocupo y me molesto. Pero eso me recuerda que te necesito, y acudo a ti en busca de tu paz. Sin embargo, no siempre puedo recibirla de forma inmediata. En primer lugar, tengo que calmarme y dejar de estar molesto. ¡Sería mucho mejor si estuviera cerca de ti en todo momento!

Te ruego que me ayudes a recordar que tú, el *Príncipe de Paz,* ¡también eres el *Dios poderoso! Te ha sido dado todo poder en el cielo y en la tierra.* No existe un momento en el que no pueda acudir a ti y contarte mis problemas. Pero necesito venir a ti humildemente, recordando lo grande y sabio que eres. En lugar de molestarme o exigirte que hagas las cosas a mi manera, puedo orar como hizo el rey David: *Señor, confío en ti. Tú eres mi Dios. Mi vida está en tus manos.*

En tu nombre poderoso, Jesús, *Amén*

LEE POR TU CUENTA

MATEO 11:28; ISAÍAS 9:6; MATEO 28:18; SALMOS 31:14-15 (DHH)

ESPERA, CONFÍA, TEN ESPERANZA

«No se turbe su corazón; crean en Dios, crean también en Mí».

—Juan 14:1

Querido Jesús:

Mientras leo tu Palabra, voy aprendiendo que esperar, confiar y tener esperanza está todo conectado. Son como tres trozos de cuerda entrelazados para hacer una cuerda más grande y fuerte. Creo que la confianza debería ser la parte más importante, porque la Biblia nos enseña sobre ella una y otra vez. Esperar y tener esperanza están entrelazados con la parte de la confianza. Y los tres trozos juntos forman una cuerda fuerte que me conecta a ti. Por favor, ¡ayúdame a sujetarme fuerte a esta cuerda!

Ser paciente mientras estoy esperando que obres muestra que realmente confío en ti. A veces he dicho: «Confío en ti» y luego he intentado forzar las cosas para que salgan como quiero. Pero eso solo demuestra que *no estaba* confiando en ti. ¡Ayúdame a confiar en ti de una forma real y verdadera!

La esperanza consiste en recordarme a mí mismo que, independientemente de lo complicadas que sean las cosas aquí en la tierra, tengo tu promesa del cielo que me alienta. Puedo confiar en que la cumplirás y eso me hace feliz.

Pero esperar y tener esperanza no solo tienen que ver con «algún día en el cielo». Una vez que te pido que entres en mi corazón, ya te pertenezco. Puedo esperar y tener esperanza mientras confío en que *hoy* también harás lo mejor para mi vida, sabiendo que cuidas bien de mí.

En tu nombre santo, Jesús, *Amén*

LEE POR TU CUENTA

JUAN 14:1; SALMOS 56:3-4; SALMOS 27:14; 1 JUAN 3:3

UN AMOR QUE DURA PARA SIEMPRE

Mira con bondad a este siervo tuyo, y sálvame, por tu amor.
—Salmos 31:16 (DHH)

Querido Jesús:

Si anoto el tanto ganador, me amas. Si suspendo un examen importante, me amas. Si hago algo genial, me amas. Si meto la pata y me caigo de bruces, me sigues amando. Me amas pase lo que pase. ¡Gracias!

Sin embargo, Señor, a veces me pregunto: ¿estoy haciendo suficientes cosas buenas para que sigas amándome? Por favor, recuérdame que tu amor no depende de lo que yo haga. *Me amas con un amor que durará para siempre.* No tengo que trabajar por él ni preocuparme por perderlo. *¡Me has conquistado con tu manto de justicia* y bondad por toda la eternidad! ¡Eso quiere decir que nada cambiará tu amor por mí!

También me estás mostrando que no soy muy bueno juzgándome a mí mismo. Cuando trato de hacer algo correctamente y no sale muy bien, siento como si lo hubiera echado todo a perder. Pero tú estás contento y satisfecho conmigo porque lo intenté.

En lugar de preocuparme por si las cosas que estoy haciendo son suficientemente buenas, ayúdame a enfocarme en *tu amor*. Este nunca falla y dura para siempre. ¡Eso es algo por lo que estar realmente entusiasmado!

En tu precioso nombre, Jesús, *Amén*

LEE POR TU CUENTA

JEREMÍAS 31:3; ISAÍAS 61:10; SALMOS 31:16 (DHH)

¡MEJOR QUE CUALQUIER ILUSIÓN!

Por el poder de Dios que obra en nosotros, él puede hacer
mucho más de lo que jamás podríamos pedir o imaginar.
—Efesios 3:20 (PDT)

Querido Jesús:

Me estás enseñando que la preocupación es como una señal intermitente. Me indica que me estoy olvidando de ti. Así que la mejor manera de mantenerme fuera de la zona de preocupación es conversar contigo. Hablarte en oración me recuerda que estás aquí justo a mi lado. Sé que puedo *entregarte todas mis preocupaciones, porque tú cuidas de mí.*

Cuando ore, te ruego que me recuerdes que yo no debo ser el único que hable. Quiero que mis oraciones sean una conversación contigo. Yo hablo mientras tú escuchas, *y* leo la Biblia y escucho mientras tú hablas.

Gracias por mostrarme lo que debería hacer cuando la preocupación intenta infiltrarse. En primer lugar, necesito dejar de pensar en lo que podría ocurrir o no en el futuro. ¡Entonces es cuando crecen realmente las malas hierbas de la preocupación! En segundo lugar, es importante que recuerde que tú has prometido estar conmigo en todo momento. Por tanto, cuando haga planes, necesito incluirte. Estás aquí conmigo ahora y también lo estarás en el futuro.

Es fácil ilusionarme con lo que *yo* quiero que pase, pero sé que *tus* planes son perfectos. ¡Estoy aprendiendo a confiar en que lo que tú quieres que ocurra, que es mucho mejor que cualquier otra ilusión!

En tu hermoso nombre, Jesús, *Amén*

LEE POR TU CUENTA

LUCAS 12:22-25; 1 PEDRO 5:7; EFESIOS 3:20-21 (PDT)

CAPTURAR TODOS LOS PENSAMIENTOS

Así podemos capturar todos los pensamientos y hacer que obedezcan a Cristo.
—2 Corintios 10:5 (PDT)

Querido Jesús:

Cuando me creaste, me diste la maravillosa capacidad de *elegir* en qué pensar. Esa es una señal de haber sido *creado a tu imagen*. Así que te ruego que me ayudes a elegir pensar en ti.

Hay veces en las que mis pensamientos se estancan en las preocupaciones y los miedos. ¡Esos pensamientos pueden crecer más y más hasta ser mayores que mis pensamientos sobre ti! Pero me estás enseñando a echar fuera de mi mente esas preocupaciones diciendo: «¡Confío en ti, Jesús!». Luego me recuerdas que lo tienes todo bajo control y estás cuidando de mí.

Señor, lo sabes todo de mí. ¡Conoces cada uno de mis pensamientos! Puedo ocultárselos a los demás, pero no a ti. Así que te ruego que me ayudes a guardar mis pensamientos, dejando solo aquellos que te honren. Enséñame a *capturar todo pensamiento* que pasa por mi mente y a entregártelo a ti. Si alguno no te agrada, ayúdame a lanzarlo fuera de mi mente.

Mientras me siento contigo, la luz de tu presencia desvanece los oscuros pensamientos de preocupación. Y tú mantienes tu promesa de *dar perfecta paz a todo el que confía en ti.*

En tu nombre reconfortante, Jesús, *Amén*

LEE POR TU CUENTA

GÉNESIS 1:27; 2 CORINTIOS 10:5 (PDT); SALMOS 112:7; ISAÍAS 26:3 (NTV)

NADA QUE TEMER

Por medio de la fe en Jesucristo, Dios hace
justos a todos los que creen.
—Romanos 3:22 (DHH)

Querido Jesús:

¡Me encanta que me conozcas por completo! *Has examinado mi corazón y sabes todo sobre mí. Sabes cuándo me siento o me levanto. Y conoces todos mis pensamientos.* Ves todo lo que hago y pienso. Incluso mis pensamientos y sentimientos secretos son fáciles de ver para ti. Si *todos* pudieran conocer mis pensamientos secretos, ¡sería aterrador! Pero confío en ti con respecto a ellos, porque yo soy tu hijo amado. Cuando *creo en ti,* no tengo nada que temer, porque tú me cubres con tu propia bondad y justicia. ¡Me haces miembro de tu familia real por siempre jamás!

Cada vez que me sienta solo o con miedo, por favor, recuérdame hablar contigo. Tu presencia que va conmigo es lo que ahuyenta mi soledad y temor. Sé que siempre escuchas mis oraciones, incluso las que solo pienso en mi corazón. Pero a veces me ayuda decirlas en voz alta. Nunca tengo que explicarte lo que está sucediendo, porque me comprendes y entiendes las cosas por las que estoy pasando. Así que puedo comenzar de inmediato y pedirte que me ayudes. Una vez que he hablado contigo, me gusta pasar tiempo de descanso a tu lado, sabiendo que tú también te alegras de estar junto a mí, así como yo me gozo de estar contigo.

En la realeza de tu nombre, Jesús, *Amén*

LEE POR TU CUENTA

SALMOS 139:1-3 (NTV); 1 CORINTIOS 13:12 (NTV);
ROMANOS 3:22 (DHH); SALMOS 21:6

TÚ PELEAS POR MÍ

*Permitir que el Espíritu les controle la mente
lleva a la vida y a la paz.*
—Romanos 8:6 (NTV)

Querido Jesús:

Tú pelearás por mí. Eso afirma la Biblia. Solo necesito *estar quieto* y en calma, confiando en que cuidarás de mí.

Sigo intentando hacer las cosas bien y solucionar mis problemas yo mismo. ¡Pero a veces las cosas parecen empeorar haga lo que haga! Y algunos de mis problemas son demasiado grandes para mí. Toda esta lucha me cansa mucho. Sin embargo, tú no quieres que esté *cansado*. Estoy aprendiendo que quieres que deje de intentar arreglarlo todo por mi cuenta. Eso no me resulta fácil. Muchas veces sigo intentándolo más y más. Pero eso significa que estoy contando conmigo en lugar de contar contigo. ¡Lo siento, Señor! Ayúdame a *estar quieto y conocer que tú eres Dios*, recordando que *tú* tienes el poder real para solucionar las cosas.

Señor Jesús, tú eres quien me mantiene a salvo. Te pido que sigas obrando en mí y transformándome. Te ruego que calmes mi espíritu con la paz de tu Espíritu Santo. Ayúdame a *descansar en la sombre de tu presencia todopoderosa* mientras peleas por mí.

En tu nombre poderoso, Jesús, *Amén*

LEE POR TU CUENTA

ÉXODO 14:14; SALMOS 46:10; ROMANOS 8:6 (NTV); SALMOS 91:1 (NTV)

¡NO ME RENDIRÉ!

Confía en el Señor con todo tu corazón, y no te
apoyes en tu propio entendimiento.

—Proverbios 3:5

Querido Jesús:

Vengo a ti hoy porque necesito descanso. ¡Hay tantas cosas sucediendo ahora mismo! Algunas han sido muy buenas y otras no tanto. Pero ahora estoy cansado y exhausto. Solía enfadarme conmigo por sentirme cansado. Sin embargo, me estás enseñando que estar cansado no siempre es algo malo. En realidad, puede ser una bendición cuando me recuerda que debo depender de ti.

Te ruego que no me permitas olvidar cómo puedes hacer que *todo coopere con tu buen plan para mí,* incluso las cosas que desearía que no hubieran ocurrido. ¡Te he visto hacerlo una y otra vez! Cuando vengo a ti, sé que me guiarás a través de este día, paso a paso y minuto a minuto. Mi trabajo consiste en seguir acudiendo a ti, pidiéndote que me guíes en cada decisión que deba tomar.

Desearía que fuera tan fácil como suena. El diablo está siempre tratando de engañarme y desviar mi atención de ti. Le gusta hacer que las cosas malas parezcan buenas y las buenas, malas. A él le encantaría que renunciara a ti. ¡Pero no me rendiré! En cambio, voy a *confiar en ti con todo mi corazón* y te seguiré aun cuando no comprenda realmente lo que estás haciendo. Y *continuaré alabándote* por todas las maneras en las que me ayudas cada día.

En tu asombroso nombre, Jesús, *Amén*

LEE POR TU CUENTA

ROMANOS 8:28; PROVERBIOS 3:5; SALMOS 42:5

PUEDO ELEGIR

Bueno es el Señor para los que en Él esperan,
para el alma que le busca.

—Lamentaciones 3:25

Querido Jesús:

Ayúdame *a ser fuerte y valiente* hoy. Me has estado mostrando que puedo elegir ser fuerte y valiente incluso cuando me siento un poco débil y asustado. Puedo hacerlo eligiendo hacia dónde mirar. Si me fijo en mis problemas y en lo que *puedo* hacer para solucionarlos, no me siento valiente en absoluto; mi valentía se derrite. Pero si miro hacia *ti* en busca de respuestas, confiando en que me guías a través de los momentos difíciles, ¡me siento fuerte!

Necesito recordar que *estarás conmigo dondequiera que yo vaya.* ¡Saber que estás conmigo marca toda la diferencia! Es mucho más fácil ser valiente cuando recuerdo que estás *a mi lado* y estás peleando por mí.

Aun cuando todo parece estar saliendo mal, puedo seguir confiando en ti. Con tu suministro eterno de creatividad y poder, ¡*todo es posible para ti*! Así que te entrego mis preocupaciones y mis temores. Y mientras espero tus respuestas, voy a recordar que tu amorosa presencia está aquí junto a mí. La Biblia promete que *eres bueno para todos los que esperan en ti.* Y sé que es cierto. ¡Esperar en ti es una manera maravillosa de vivir!

En tu impresionante nombre, Jesús, *Amén*

LEE POR TU CUENTA

JOSUÉ 1:9; MATEO 19:26; LAMENTACIONES 3:25-26

LO MEJOR QUE PUEDO HACER

Tú me guías y me das consejo, y después me llevarás con honor.

—Salmos 73:24 (PDT)

Querido Jesús:

Ayúdame a confiar en que *tu amor nunca desaparecerá*. Porque Señor, a veces parece que hay mucho más malo que bueno en este mundo. Se diría que las cosas están fuera de control. Pero tú no estás preocupado ni asustado. No estás preguntándote qué hacer después. ¡No! Estás completamente al control. Y siempre derramando tu bondad en este mundo y trabajando para arreglar las cosas, incluso cuando no puedo verlo. Jesús, ¡te alabo por ello!

Tu sabiduría y conocimiento no tienen fin. Nadie puede explicar tus decisiones o comprender tus caminos. En especial yo. Lo mejor que puedo hacer es *confiar en ti en todo momento*. Cuando esté preocupado y asustado, cuando no comprenda, confiaré en ti.

Te ruego que me ayudes a recordar que *tú siempre estás conmigo. Sostienes mi mano. Estás guiándome* para que pueda estar cerca de ti. Y porque creo en ti, algún día me guiarás camino al cielo. Aún no puedo verlo, pero un día lo veré. ¡Gracias por tantas bendiciones asombrosas, ahora y en el futuro!

En tu santo nombre, Jesús, *Amén*

LEE POR TU CUENTA

ISAÍAS 54:10 (PDT); ROMANOS 11:33 (DHH);
SALMOS 62:8; SALMOS 73:23-24 (PDT)

SEGURO Y A SALVO

*Porque no nos fijamos en lo que se ve, sino en
lo que no se ve, ya que las cosas que se ven son
pasajeras, pero las que no se ven son eternas.*

—2 Corintios 4:18 (DHH)

Querido Jesús:

¡Me alegra que estés conmigo en cada momento de cada día! Estás conmigo cuando me despierto por la mañana y cuando me acuesto por la noche. Estás conmigo en los buenos momentos y en los problemas. Estás conmigo cuando limpio mi habitación o tiro la basura. Cada detalle de mi vida te importa, porque me amas mucho. *¡Incluso sabes cuántos cabellos hay en mi cabeza!*

Cuando recuerdo todo eso, me siento muy seguro y a salvo. Pero a veces lo olvido, Señor. Me pongo a hacer cosas o comienzo a pensar en un problema. Mis pensamientos se desvían de ti. Entonces la preocupación se infiltra y se escapa mi paz.

Por favor, enséñame a mantener mis ojos espirituales (los ojos de mi corazón) en ti cada momento, incluso cuando estoy ocupado haciendo otras cosas. Eso es algo en lo que solo tú me puedes ayudar. Este mundo cambia continuamente, pero *tú* nunca cambias. Siempre estás conmigo. Así que quiero mantener *mis ojos en lo que no se ve:* ¡en ti!

En tu nombre que nunca cambia, Jesús, *Amén*

LEE POR TU CUENTA

MATEO 10:29-31; HEBREOS 11:27; 2 CORINTIOS 4:18 (DHH)

LA MANERA CORRECTA

*Por lo tanto, hermanos míos, a quienes Dios ha apartado para sí
y que participan en el mismo llamado de la salvación, piensen
ahora en Jesús, apóstol y sumo sacerdote de nuestra fe.*

—Hebreos 3:1 (NBV)

Querido Jesús:

Ayúdame a ver mis dificultades y desafíos como una oportunidad para confiar más en ti. Sé que estás aquí a mi lado, Señor. Y cuando elijo seguirte, tu Espíritu viene a vivir dentro de mí. De modo que no hay nada que no podamos manejar juntos. Sin embargo, cuando mi día se llena de dificultades, empiezo a pensar en cómo afrontarlas. Y eso me conduce directamente a la preocupación y el miedo, y me aleja de ti. Ayúdame a no olvidar que te necesito *siempre*.

Gracias por enseñarme la manera correcta de afrontar mis retos: sujetándome fuerte de tu mano y hablando contigo. Estoy aprendiendo que mi día va mucho mejor cuando recuerdo permanecer a tu lado, confiando en ti y dándote las gracias durante todo el día.

En lugar de intentar resolver todos mis problemas, puedo elegir *pensar en ti*. Tu Palabra promete que *tú das completa paz. Das paz a todo aquel que se apoya en ti. Das paz a los que confían en ti.* Por tanto, te ruego que me ayudes a seguir actuando así: confiando y apoyándome en ti.

En tu gran nombre, Jesús, *Amén*

LEE POR TU CUENTA

SANTIAGO 1:2; FILIPENSES 4:13;
HEBREOS 3:1 (NBV); ISAÍAS 26:3 (RVR1960)

TU TIPO DE GOZO

*Y estoy convencido de que nada podrá jamás
separarnos del amor de Dios.*

—Romanos 8:38 (NTV)

Querido Jesús:

Quiero vivir tan cerca de ti como pueda, cada minuto del día. Pero aún estoy averiguando cómo hacerlo. Mis pensamientos se alejan muy fácilmente. A veces por cosas divertidas. Otras veces debido a los problemas.

Solía pensar que un buen día era cuando todo iba a mi manera. Así que intentaba asegurarme de que las cosas fueran como yo quería. Cuando funcionaba, era feliz. Cuando no funcionaba, me ponía triste o me enfadaba. Luego aprendí que tu Palabra indica: ¡es posible *estar contento en todo tiempo,* independientemente de las circunstancias!

En lugar de intentar esforzarme por controlarlo todo, ayúdame a enfocarme en confiar en ti. Quiero que mi gozo proceda de ti y tus preciosas promesas en la Biblia. Porque ese es el tipo de gozo que me enseña a estar alegre aun cuando las cosas no van como quiero. Señor, gracias por comunicarme estas promesas a través de tu Palabra:

Yo estoy contigo y te protegeré dondequiera que vayas.

Usaré mis maravillosas riquezas para darte todo lo que necesites.

Nada en todo el mundo será capaz de separarte de mi amor.

En tu nombre maravilloso, Jesús, *Amén*

LEE POR TU CUENTA

FILIPENSES 4:12; GÉNESIS 28:15 (NTV);
FILIPENSES 4:19; ROMANOS 8:38-39 (NTV)

LLEGAR A SER COMO TÚ

[Dios] quiso que su pueblo entendiera esa grandiosa y maravillosa verdad para todas las naciones, que antes no les había mostrado. El plan secreto es Cristo que vive en ustedes, que les da la esperanza de disfrutar la gloria.
—Colosenses 1:27 (PDT)

Querido Jesús:

Estoy muy feliz de poder venir a ti en cualquier momento y hablarte de cualquier cosa que haya en mi mente. Puedo sentarme y descansar en ti, empapándome de tu amor, sabiendo que tú siempre comprendes lo que estoy sintiendo.

El mundo no es así. La gente no siempre es amable ni me entiende todo el tiempo. Por tanto, a veces no me siento amado. Pero la Biblia me dice que *soy* amado... ¡en todo momento! Ayúdame a verme como tú me ves: como alguien a quien amas tanto que quisiste morir en la cruz para salvarme. Me creaste y quieres que esté contigo en el cielo. Incluso ahora, *estás transformándome para llegar a ser como tú y mostrar tu gloria.* ¡Jesús, gracias por amarme tanto!

Mientras me siento en silencio en tu presencia, cada vez me doy más cuenta de que realmente estás aquí conmigo. Y cuando confío en ti como mi Salvador, tu Espíritu viene a vivir dentro de mí. No comprendo cómo funciona, pero lo creo y estoy agradecido por ello. Porque entonces la luz de tu presencia no solo brilla *sobre* mí, ¡también resplandece *en* mí! *Tú estás en mí, y yo estoy en ti.* ¡Esto significa que nada en el cielo o en la tierra podrá separarme de ti jamás!

En tu magnífico nombre, Jesús, *Amén.*

LEE POR TU CUENTA

SALMOS 34:5; 2 CORINTIOS 5:21; 2 CORINTIOS 3:18; COLOSENSES 1:27 (PDT)

DE DÓNDE PROVIENE EL GOZO

Todos nosotros, que con el rostro descubierto reflejamos como en un espejo la gloria del Señor, somos transformados a su semejanza.

—2 Corintios 3:18 (NVI)

Querido Jesús:

Sería genial si seguirte eliminara todas mis dificultades para que pudiera tener una vida libre de problemas. Pero sé que eso no sucederá, porque tu Palabra me dice que *en este mundo tendré dificultades.* Por tanto, si el gozo no puede provenir de tener una vida sin problemas, entonces debe originarse al pertenecerte a ti y saber que un día estaré contigo en el cielo. En lugar de intentar perfeccionar el mundo que me rodea, es necesario que me enfoque en buscarte a *ti*, Jesús, porque solo tú eres perfecto.

Estoy aprendiendo todas estas cosas de ti. También me estás enseñando que es posible alabarte incluso en medio de mis dificultades. Tu Espíritu me ayuda a confiar en ti en esos momentos duros. Cuando confío en ti, sobre todo en los momentos oscuros, tu luz brilla a través de mí. ¡Realmente quiero resplandecer para ti, Jesús!

Por favor, sigue obrando en mí, hazme cada vez más la persona que diseñaste que fuera. Ayúdame a deshacerme de cosas como el egoísmo, el enojo y el orgullo. Siento que a veces trato de acelerar o hacer más lento tu proceso. ¡Sé que tu tiempo es perfecto! Estoy muy agradecido de que *siempre estés conmigo, sosteniendo mi mano y guiándome.*

En tu nombre poderoso, Jesús, *Amén*

LEE POR TU CUENTA

JUAN 16:33; 2 CORINTIOS 3:18 (NVI); SALMOS 73:23-24

SOLTAR LAS PIEDRECITAS-PROBLEMAS

El amor inagotable del Señor llena la tierra.

—Salmos 33:5 (NTV)

Querido Jesús:

Ayúdame a dejar de pensar tanto en mí, en lo que quiero y en los problemas a los que me enfrento. En cambio, ¡ayúdame a pensar más en ti! A veces me imagino de pie al borde del océano. La playa está cubierta de piedrecitas. Cada una es como uno de mis problemas. Levanto una pequeña piedrecita-problema y la sostengo cerca de mis ojos, mirando todos los pequeños detalles. Sin embargo, cuando la sostengo tan cerca, ¡la piedrecita bloquea mi vista del increíble océano grande y hermoso! Normalmente, tan pronto como suelto una piedrecita-problema, levanto otra y la sostengo cerca de mis ojos, observando todos sus detalles. Enfocarme en las dificultades de esta forma me impide ver la belleza de tu presencia y las bendiciones de *tu amor que llenan la tierra*.

Señor, quiero soltar las piedrecitas-problemas para poder verte a *ti*. Casi puedo oírte susurrar: «Escógeme, amado. Elige verme a mí en lugar de enfocarte en tus problemas».

Por favor, enséñame a elegirte a ti a lo largo del día, ¡cada día! Esa es la manera de permanecer cerca de ti. Y cuando estoy cerca de ti, *me llenas con tu gozo*.

En tu hermoso nombre, Jesús, *Amén*

LEE POR TU CUENTA

HEBREOS 12:2; SALMOS 33:5 (NTV); HEBREOS 11:27; SALMOS 16:11

MI FUERZA Y ESCUDO

El Señor es mi fuerza y mi escudo; mi corazón
en él confía; de él recibo ayuda.
—Salmos 28:7 (NVI)

Querido Jesús:

¡Tú eres *mi fuerza y mi escudo*! Gracias por todas las maneras en que me proteges y me fortaleces. Estoy aprendiendo que cuanto más confío en ti, más feliz soy; ¡a veces *incluso mi corazón salta de gozo*!

Ayúdame a confiar en ti con todo mi corazón. Tú tienes el control sobre todo el universo. Haces que el sol, la luna y las estrellas sigan brillando en el cielo. Debido a que puedes hacer todo eso y mucho más, ¡sé que eres capaz de cuidar de mí! Cuando mi vida enloquezca y parezca estar fuera de control, recuérdame que debo acercarme y agarrar tu mano. Porque tú sabes lo que estás haciendo. Sostienes todo en tus manos, y siempre eres bueno. No puedo esperar entender todas las cosas que haces, Señor. *Tus caminos son más altos que los míos, igual que los cielos son más altos que la tierra.*

Cuando vengan los problemas, quiero recordar darte las gracias porque sé que puedes sacar algo bueno de mi situación. Agradecerte durante los momentos duros te glorifica a ti y a mí me fortalece. ¡Así que *te daré las gracias en forma de canción*!

En tu gozoso nombre, Jesús, *Amén*

LEE POR TU CUENTA

SALMOS 28:7 (NVI); SALMOS 18:1-2; ISAÍAS 55:9; ROMANOS 8:28

MAYO

«Vengan a Mí, todos los que están cansados y cargados, y Yo los haré descansar».

—Mateo 11:28

VALE MÁS QUE EL ORO

Tales dificultades serán una gran prueba de su fe, y se pueden comparar con el fuego que prueba la pureza del oro. Pero su fe es más valiosa que el oro.

—1 Pedro 1:7 (PDT)

Querido Jesús:

Ayúdame a encontrar gozo dondequiera que vaya, sobre todo en los lugares donde pienso que no lo hallaré. Sé que voy a tener que hacer mi parte: necesitaré buscar lo bueno y lo maravilloso. Te ruego que abras mis ojos para poder verlo. Enséñame a mirar más allá de lo que está justo frente a mí para encontrar tus tesoros ocultos, como una pequeña flor que brota de una grieta en la acera o un pájaro que hace su nido en un árbol fuera de mi ventana.

Este mundo está tan roto y lleno de pecado que a veces es un duro trabajo hallar gozo. Es incluso más duro cuando soy yo quien está teniendo problemas. Pero la Biblia me indica que considere *los problemas como un tiempo para alegrarme*. ¡Es como un desafío o una prueba! Buscar gozo y encontrarlo fortalece aún más mi fe en ti. Y una *fe fuerte vale más que una montaña de oro.*

Jesús, tú escogiste *sufrir la muerte en la cruz por el gozo puesto ante ti.* Tu gozo fue saber que estabas creando un camino *para llevar a muchos hijos a la gloria,* ¡hijos como yo! ¡Gracias por elegir salvarme para que pueda vivir contigo eternamente en el cielo!

En tu audaz y valeroso nombre, Jesús, *Amén*

LEE POR TU CUENTA

SANTIAGO 1:2-3 (NTV); 1 PEDRO 1:6-7 (PDT);
HEBREOS 12:2; HEBREOS 2:10 (NTV)

¡TE DELEITAS EN MÍ!

Se deleitará en ti con alegría. Con su amor calmará todos tus temores. Se gozará por ti con cantos de alegría.

—Sofonías 3:17 (NTV)

Querido Jesús:

A veces te oigo susurrarle a mi corazón: «*Me deleito en ti*». Eso me hace sonreír. Tu deleite no depende de que yo lo haga todo bien. ¡No! Te deleitas en mí porque me amas con un amor inagotable. Te ruego que me ayudes a aprender a relajarme mientras *tú calmas todos mis temores con tu amor.*

Este mundo no es un lugar fácil para vivir. Hay mucha tristeza, maldad y pecado a mi alrededor. Y sinceramente, Señor, también dentro de mí. Escogiste morir en la cruz para poder lavar mis pecados. Por favor, lávame y ayúdame a pasar más tiempo pensando en *ti*, en lugar de enfocarme en todas las cosas que van mal.

Gracias por adoptarme en tu familia real. *Soy salvo por tu gracia porque creo.* Nunca tengo que trabajar para conseguir tu amor. ¡Es un regalo maravilloso que tendré para siempre! Tu regalo de amor me hace querer estar cerca de ti, preparado para seguirte a donde me lleves.

En tu nombre maravilloso, Jesús, *Amén*

LEE POR TU CUENTA

SOFONÍAS 3:17 (NTV); SALMOS 27:8; NÚMEROS 6:25-26; EFESIOS 2:8

PORQUE ME AMAS

A eso de las tres de la tarde, Jesús clamó en voz fuerte: «Eli, Eli, ¿lema sabactani?», que significa «Dios mío, Dios mío, ¿por qué me has abandonado?».

—Mateo 27:46 (NTV)

Querido Jesús:

Tu Palabra me dice que *has ensanchado el camino para que mis pies no resbalen.* No quieres que caiga en formas equivocadas de pensar o vivir, así que caminas delante de mí y me proteges de las cosas que podrían confundirme o herirme. Haces que el camino de mi vida sea más fácil de seguir.

A veces me permites ver las dificultades de las que me has librado. Otras veces, me las ocultas para que no me preocupe o tenga miedo. ¡Haces todas estas cosas porque me amas!

A pesar de que eliminas muchos de mis problemas, aún dejas algunos en mi camino. No entiendo realmente por qué. Pero luego recuerdo que tú tuviste muchísimas dificultades durante tu vida en este mundo. La gente dijo cosas terribles sobre ti. Se rieron de ti. Te arrestaron y golpearon, y te colgaron en una cruz para morir. Mientras estabas en la cruz, incluso hubo un momento en el que Dios, tu Padre, se apartó de ti. Estuviste solo y herido, Jesús. Sufriste todas estas cosas para que yo jamás tuviera que sentirme solo cuando estuviera herido. *Tú siempre estás conmigo,* ¡y estoy muy agradecido de que lo estés!

En tu nombre maravilloso, Jesús, *Amén*

LEE POR TU CUENTA

SALMOS 18:36 (NTV); SALMOS 121:3; MATEO 27:46 (NTV); MATEO 28:20

ARRIESGARSE

Todo el que quiera servirme debe seguirme, porque
mis siervos tienen que estar donde yo estoy.

—Juan 12:26 (NTV)

Querido Jesús:

Hay días en los que siento que me estás pidiendo que me «arriesgue», poniéndome en una situación aterradora, como si habiendo trepado a un árbol me lanzara a una rama inestable. Quizás me estás pidiendo que perdone a ese chico que dijo cosas feas a mis espaldas, o que me acerque al chico nuevo de mi clase. O podrías estar pidiéndome que confíe en ti y haga lo que tú dices que es correcto, incluso cuando tenga miedo. Arriesgarse puede ser aterrador. Pero también sé que tú estarás ahí conmigo en medio de ese riesgo. Y eso lo convierte en el lugar más seguro.

Me has estado enseñando que no debería tratar de «ir solo a lo seguro» todo el tiempo, sin asumir jamás ningún riesgo. *Esa no es* la manera en que tú quieres que viva. Quieres que salga y haga cosas que me reten. Porque hacer esas cosas difíciles me ayuda a aprender a ser más como tú. Sin embargo, jamás me pides que lo haga solo. Siempre estás ahí, sosteniendo mi mano y guiándome.

La vida contigo es una aventura, Jesús. Y prometiste que puedo contar con tu presencia *para que esté conmigo y me proteja dondequiera que vaya.* Te ruego que me ayudes a confiar en ti y a no temer.

En tu nombre siempre vigilante, Jesús, *Amén*

LEE POR TU CUENTA

SALMOS 23:4; JUAN 12:26 (NTV); SALMOS 9:10; GÉNESIS 28:15 (NTV)

COSAS NUEVAS

«Miren cómo se cumplió todo lo que antes anuncié,
y ahora voy a anunciar cosas nuevas».

—Isaías 42:9 (DHH)

Querido Jesús:

Ayúdame a vivir en el presente, no en el pasado ni en el futuro. Quiero *brindar toda mi atención a lo que estás haciendo ahora mismo*. No quiero estar preguntándome *por lo que puede o no puede suceder mañana*. Pero seré sincero: no es fácil para mí vivir de este modo. En lugar de confiar en ti para que te ocupes de mis mañanas, me gusta tener una idea de lo que va a pasar. A menudo me esfuerzo por controlar las cosas y hacerlas a *mi* manera.

Admito que pierdo mucho tiempo enfocándome en el futuro. Sobre todo, me preocupo de que haya algún problema que no sepa cómo manejar. Pero tu Palabra promete que *me ayudarás a tratar con cualquiera de las dificultades que aparezcan cuando llegue el momento*.

A veces, cuanto más intento no pensar en el futuro, ¡más acabo haciéndolo! Es como oír a alguien decir: «No te toques la nariz». ¡Entonces, en lo único que puedo pensar es en tocarme la nariz! Pero me estás enseñando que la forma de dejar de preocuparme por el futuro es fijarme en lo que estás haciendo en mi vida ahora mismo. ¡Y siempre estás haciendo *cosas nuevas* para mí!

En tu nombre perfecto, Jesús, *Amén*

LEE POR TU CUENTA

MATEO 6:34; HEBREOS 12:2; ISAÍAS 42:9 (DHH)

LA INVITACIÓN

«Vengan a Mí».
—Mateo 11:28

Querido Jesús:

Me invitas continuamente a acercarme a ti. Casi puedo oírte susurrar: *«Ven a mí*, querido hijo. *Te amo con un amor eterno. Me he convertido en tu amigo por mi amor y bondad».*

Jesús, me gusta decir que sí a tu invitación de estar en silencio en tu presencia, relajándome y *pensando en ti.* Una de mis cosas favoritas es pensar en la maravillosa verdad de que *siempre estás conmigo.* Es una de mis preferidas, porque este mundo está en continuo cambio. Mis amigos cambian, mis equipos cambian, mi escuela cambia; incluso *yo* voy cambiando conforme voy aprendiendo, creciendo y haciéndome mayor. Pero *tú* no cambias nunca. Puedo contar con que eres el mismo Señor amoroso, sabio y listo para ayudar que siempre has sido.

Eso es lo que necesito recordar, de modo que me mantenga alerta a la verdad de que estás conmigo cada segundo de cada día. Cuando lo olvide, te ruego que me recuerdes que tu amorosa presencia está aquí, junto a mí, ahora mismo.

Estoy aprendiendo que cuanto más cerca vivo de ti, más feliz soy. Me bendices con tu gozo y me ayudas a traer gozo a los demás.

En tu nombre bendito, Jesús, *Amén*

LEE POR TU CUENTA

MATEO 11:28; JEREMÍAS 31:3 (NBV); HEBREOS 3:1 (NBV); SALMOS 73:23

EL DIOS QUE AYUDA A LAS PERSONAS

Porque desde que el mundo es mundo nadie vio ni oyó jamás de un Dios como el nuestro, que se manifiesta en favor de los que en él confían.

—Isaías 64:4 (NBV)

Querido Jesús:

Cada vez estoy aprendiendo a hacer más cosas por mi cuenta. A veces me gusta pensar que puedo *hacerlo todo* yo solo. Pero eso no es realmente cierto. De hecho, es bueno que no pueda hacerlo todo, porque me recuerda cuánto te necesito.

Necesito que me ayudes a perdonar cuando no quiero hacerlo, a ser amable y servicial cuando preferiría no serlo, y a confiar en ti cuando me sienta preocupado. ¡Jesús, lo estropeo todo muchas veces! Todos mis errores y desastres me muestran que necesito tu ayuda. Pero, sobre todo, te necesito a *ti*, el Salvador fuerte y perfecto. Ayúdame a confiar en que *me darás todo lo que necesito*.

Sé que puedo pedirte cualquier cosa. No siempre me nuestras tus respuestas de forma inmediata, pero estoy aprendiendo a esperar en ti, creyendo que tú responderás en el momento justo y de la manera perfecta. Tu Palabra promete que *ayudas al que confía en ti*. Te ocupas de las cosas que yo no puedo hacer. Y *me das fuerza* para hacer lo que puedo. Gracias por estar siempre preparado para escucharme y ayudarme.

En tu nombre salvador, Jesús, *Amén*

LEE POR TU CUENTA

FILIPENSES 4:19; ISAÍAS 64:4 (NBV); 1 PEDRO 4:11; 2 CORINTIOS 12:9

PUEDO APOYARME EN TI

Aun los jóvenes se cansan, se fatigan, los muchachos tropiezan y caen; pero los que confían en el Señor renovarán sus fuerzas.
—Isaías 40:30-31 (NVI)

Querido Jesús:

Tú fortaleces a los que están cansados. Y les das más poder a los que son débiles. Por tanto, te ruego que me ayudes a no rendirme cuando me sienta cansado y débil. En cambio, recuérdame que debo acudir a ti y pedirte ayuda.

Algunos días me agotan realmente, y hay mucho por hacer. Algunos días mi cuerpo no se siente suficientemente fuerte. Otros días me siento triste, preocupado o asustado. Pero estoy aprendiendo que cuando siento cualquiera de esas cosas, o todas ellas, puedo apoyarme en ti. Tú prometes que, si me apoyo y *confío en ti, seré fortalecido de nuevo.*

Sin embargo, esto no es algo que debería hacer solo cuando me siento débil o cansado. ¡Debería apoyarme en ti todo el tiempo! Tú quieres que viva cada día buscándote a ti, porque *eres el Viviente que me ve.*

Cuanto más tiempo paso pensando en quién eres y en todo lo que has hecho por mí, más confío en ti. Y cuanto más confío en ti, más tiempo *quiero* pasar contigo. Mientras me relajo contigo, *tu amor inagotable me rodea,* envolviéndome en bienestar y aumentando mis fuerzas.

En tu amoroso nombre, Jesús, *Amén*

LEE POR TU CUENTA

ISAÍAS 40:29 (NVI); ISAÍAS 40:30-31 (NVI);
GÉNESIS 16:14 (NTV); SALMOS 33:20-22 (NTV)

CREADOS PARA ALABAR

*Por medio de Jesús ofrezcamos siempre un sacrificio
a Dios. Ese sacrificio es la alabanza que viene de
los labios que proclaman su nombre.*

—Hebreos 13:15 (PDT)

Querido Jesús:

Quiero vivir cada momento en tu presencia, disfrutando de tu paz. Tu presencia y tu paz son regalos asombrosos para todo el que cree en ti. Desde que te levantaste de la tumba, has consolado a tus seguidores con estos maravillosos mensajes: «*La paz sea con ustedes*» y «*Siempre estaré con ustedes*».

Cada día me ofreces los dones de tu paz y tu presencia. Ayúdame a aceptar estos preciosos regalos con un corazón alegre. Estoy aprendiendo que la mejor forma de aceptarlos es dándote las gracias por ellos.

Señor, me creaste para alabarte. Eso significa que jamás puedo pensar que paso demasiado tiempo alabándote. Cuanto más canto y te doy las gracias de ese modo, ¡más me llenas con tu gozo! ¡Cuán maravilloso es eso!

Una de las mejores cosas de alabarte es que me ayuda a recordar quién eres: el Señor de todo. También me ayuda a recordar quién soy *yo*: el hijo que amarás por siempre. ¡Eso me da aún más razones para alabar! Es un regalo que jamás dejarás de ofrecer. ¡Gracias, Jesús!

En tu asombroso nombre, Jesús, *Amén*

LEE POR TU CUENTA

MATEO 28:20; LUCAS 24:36 (NTV);
HEBREOS 13:15 (PDT); 2 CORINTIOS 9:15

UNA PRUEBA DE FE

Sabiendo que la prueba de su fe produce paciencia.

—Santiago 1:3

Querido Jesús:

Ayúdame a alabarte y descansar en tu presencia aun cuando todo lo que me rodea vaya mal. Momentos como ese ponen a prueba mi fe. Para pasar la prueba, necesito creer en ti y confiar en que tú cuidarás de mí.

Sin embargo, es difícil a veces, Señor. Es casi como si viviera en dos mundos diferentes: el mundo natural que puedo ver y el espiritual que no puedo ver. En el mundo natural, los problemas aparecen a mi alrededor como palomitas de maíz. Los veo por todas partes. Pero cuando vengo a ti y paso tiempo en tu presencia, me enfoco en el mundo espiritual. Mis problemas ya no parecen tan grandes, porque te estoy prestando atención a *ti*. Recuerdo que tú tienes el control, que eres mucho más grande que todos mis problemas, ¡y que todos los problemas del mundo! Cada vez que elijo confiar en ti en lugar de preocuparme, estoy «ejercitando» mi fe. Y cada vez que te veo cumplir tus promesas, mis músculos espirituales se hacen más fuertes.

También puedo ejercitar mis músculos de la confianza estudiando tu Palabra. Necesito seguir *buscándote* en la Biblia. Tú prometes *darme las fuerzas que necesito para hacer las cosas que quieres que haga.* ¡Y sé que siempre cumples tus promesas!

En tu nombre fiel, Jesús, *Amén*

LEE POR TU CUENTA

SANTIAGO 1:2-3; SALMOS 105:4 (NTV); FILIPENSES 4:13

NO TENDRÉ MIEDO

*No temerá recibir malas noticias. Su corazón
está firme, confiado en el Señor.*
—Salmos 112:7

Querido Jesús:

Parece que en este mundo siempre hay algún tipo de malas noticias. Pero no quiero *tener miedo de las malas noticias* ni preocuparme por lo que está sucediendo. Ayúdame a recordar que *estoy a salvo porque confío en ti.* Tú siempre cuidas de mí.

Me siento muy agradecido cuando pienso en cómo quisiste morir en la cruz por mí. Y cuando recuerdo cómo te levantaste de la tumba, me asombra lo fuerte y poderoso que eres. Jesús, eres mi Salvador vivo, ¡y eres el Dios Todopoderoso! Eres más grande y fuerte de lo que podría ser cualquier mala noticia. ¡Sostienes el mundo entero en tus manos!

Cuando todo lo que me rodea parezca estar fuera de control, puedo venir a ti y *contarte todos mis problemas.* En lugar de preocuparme o tener miedo, puedo usar esa energía en hablarte. Mientras paso tiempo contigo, te ruego que me reconfortes y me muestres el camino correcto por el que caminar. Quiero estar cerca de ti, Jesús.

Como te pertenezco, no tengo que preocuparme por las malas noticias o permitir que me asusten. Puedo permanecer en calma confiando en ti, independientemente de lo que ocurra.

En tu reconfortante nombre, Jesús, *Amén*

LEE POR TU CUENTA

SALMOS 112:7; ISAÍAS 9:6; ISAÍAS 40:10 (NTV); SALMOS 62:8 (PDT)

UNA OPCIÓN QUE SIEMPRE ES CORRECTA

¡Qué inmensas son las riquezas de la sabiduría
y del conocimiento de Dios!

—Romanos 11:33 (NBV)

Querido Jesús:

Cuando comience a sentir pena por mí, te ruego que me recuerdes que necesito confiar más en ti. Y cuando solo desee correr y esconderme, ayúdame a recordar que tú estás conmigo.

Es difícil pensar con claridad y tomar buenas decisiones cuando estoy en medio de un problema. A veces parece como si una variedad de opciones se arremolinara a mi alrededor, tantas que me mareo. Eso hace aún más difícil saber qué hacer. Pero sé que hay una opción que siempre es la correcta: escoger *confiar en ti con todo mi corazón.*

Cuando comienzo a deslizarme hacia la preocupación o cuando tengo ganas de rendirme, puedo detener todo eso diciendo: «¡Jesús, confío en ti!». Puedo gritarlo, decirlo o simplemente susurrarlo. Luego puedo pensar en todos los motivos que tengo para confiar en ti: siempre guardas tus promesas, siempre estás conmigo y nunca dejas de amarme. Gracias por dejar que me sumerja en tu amor eterno.

Cada vez que sienta que quiero esconderme bajos las sábanas, recuérdame hablarte. Tú lo sabes todo sobre mí *y* sabes todo acerca de las cosas que están sucediendo en mi vida. ¡Me comprendes perfectamente!

En tu nombre alentador, Jesús, *Amén*

LEE POR TU CUENTA

PROVERBIOS 3:5; SALMOS 52:8 (NVI); ROMANOS 11:33 (NBV)

ENSÉÑAME A BUSCARTE

Me buscarán y me encontrarán,
cuando me busquen de todo corazón.
—Jeremías 29:13

Querido Jesús:

Gracias, Señor, por transformarme y ayudarme a encontrar *un nuevo modo de pensar*. Porque cuando permito que mis pensamientos se dirijan adonde quieren, por lo general van hacia los problemas. Antes de darme cuenta, mi mente se atasca en algún problema molesto. Entonces este da vueltas y vueltas en mi cabeza mientras trato de solucionarlo. Pero no puedo, y eso me hace sentir aún peor. También me cansa. Acabo sintiéndome exhausto y no me queda energía suficiente para hacer lo que necesito hacer. Y lo peor de todo, ¡me olvido de ti!

A pesar de que a veces te olvido, Señor, ¡tú nunca me olvidas a mí! Por favor, sigue recordándome que estás cerca, preparado para ayudar. Enséñame a buscarte, a *dirigirme hacia ti en busca de ayuda* en cada situación, incluidos mis problemas. Y gracias por bendecirme con pequeños recordatorios de tu amorosa presencia, como la sonrisa de un amigo, la luz del sol que brilla a través de las nubes y el hermoso canto de un pájaro.

Me encanta ser capaz de sentarme en silencio y descubrir que estás aquí mismo conmigo. Pero estoy aprendiendo que el lugar más importante para buscarte es en la Biblia. Cuanto más *te busco*, más *te encuentro*, y más me transformas para ser como tú.

En tu magnífico nombre, Jesús, *Amén*

LEE POR TU CUENTA

ROMANOS 12:2; HEBREOS 3:1; SALMOS 105:4; JEREMÍAS 29:13

CONFIAR Y DAR LAS GRACIAS

Yo confío en tu amor; mi corazón se alegra porque tú me salvas.

—Salmos 13:5 (DHH)

Querido Jesús:

Hay días en los que parece que *todo* va mal. ¡Me despierto tarde, derramo la leche, y me golpeo el dedo del pie incluso antes de salir por la puerta! Y !as cosas empeoran aún más. Cuando tengo uno de esos días, mi vida parece estar patas arriba. Es entonces cuando necesito recordar darte las gracias y decirte que confío en ti. Suena un poco a disparate. Pero estoy aprendiendo que cuando confío *y* te agradezco en medio de esos días complicados, comienzo a sentirme mejor. Y mis problemas parecen un poco más pequeños.

Si elijo lloriquear y quejarme por todo lo que va mal, me pongo de mal humor. *Eso* me hacer refunfuñar aún más. ¡Entonces acabo sintiéndome peor que antes! Es como ir cuesta abajo por una pendiente resbaladiza, cada vez más empinada; cuanto más me quejo, más rápido resbalo. La única manera de no caer es decirte: «Confío en ti», y *darte las gracias por todo.* Hacer esto puede ser realmente difícil para mí, ¡pero funciona!

Te ruego que me ayudes a recordar que acuda a ti cuando comience a lloriquear y quejarme. Si dejo de lloriquear, confío en ti y te doy las gracias, tú me bendices con *una paz tan grande que no la puedo comprender.* Y esa *paz guarda a salvo mi corazón y mi mente en ti*, Jesús.

En tu nombre todopoderoso, Jesús, *Amén*

LEE POR TU CUENTA

SALMOS 13:5 (DHH); EFESIOS 5:20; FILIPENSES 4:6-7

MÁS ESPACIO PARA TI

Que tu amor inagotable nos rodee, Señor, porque
solo en ti está nuestra esperanza.

—Salmos 33:22 (NTV)

Querido Jesús:

A veces mis planes y problemas ocupan demasiado espacio en mi mente. Entonces necesito volverme a ti y susurrar tu nombre: «Jesús». Solo decir tu nombre me lleva a tu presencia, donde puedo descansar contigo y disfrutar de tu *amor inagotable*.

Gracias por velar por mí todo el tiempo y por amarme, ahora y siempre. Señor, te amo y confío en que harás brillar tu luz cada día. Me muestras lo que necesito hacer hoy y lo que no. Ayúdame a no preocuparme tampoco por los problemas que *podrían* surgir.

Cuanta más atención te presto, mejor puedo ver las cosas del modo en que tú las ves. Un modo maravilloso de mantener mi atención en ti es llenar mi mente y mi corazón de tu Palabra. Leer, estudiar y memorizar versículos me acerca a ti. Es como indica la Biblia: *tu Palabra es lámpara a mis pies y luz a mi camino.*

Cuanto más pienso en la Biblia y la estudio, menos pienso en mis propios planes y problemas. Eso deja espacio en mi mente para más de ti. Mientras paso tiempo contigo, Señor, ¡te ruego que *me llenes del gozo de tu presencia*!

En tu nombre deleitoso, Jesús, *Amén*

LEE POR TU CUENTA

SALMOS 33:22 (NTV); 1 PEDRO 5:7 (NTV); SALMOS 119:105; HECHOS 2:28

ESTE CAMINO

*Cuando te desvíes a la izquierda o a la derecha, oirás una voz
detrás de ti diciéndote: «Por ahí es el camino, sigue por él».*
—Isaías 30:21 (PDT)

Querido Jesús:

Tu Palabra promete que si te pertenezco, *no soy condenado por mis
pecados.* Soy libre porque tú moriste en la cruz. Soy *libre de la ley que trae
pecado y muerte.* Tu sacrificio no solo me libera de la culpa y el castigo por
mis pecados, sino que además me ayuda a vivir libre de la preocupación y
el temor. Todo eso ocurre cuando elijo confiar en ti.

Si quiero vivir en tu libertad, tengo que mantenerte en el centro de
mis pensamientos. En este mundo existen muchas voces que tratan de
decirme qué hacer y adónde ir. Algunas de ellas son buenas, como las
voces de mis padres. Pero muchas otras no lo son tanto; y algunas son
realmente malas. ¡Puedo confundirme con facilidad por las voces que
intentan llevarme lejos de ti!

Jesús, tú eres el buen Pastor, tú eres *mi* Pastor. Ayúdame a estar contento y feliz por ser una de tus ovejas. Quiero escuchar tu voz y seguirte,
porque solo *tú* me guías de una forma perfecta. *Me haces descansar en
verdes pastos. Me conduces por aguas de reposo. Me das nuevas fuerzas. Por
amor de tu nombre, me guías por buenos caminos.*

En tu nombre amoroso, Jesús, *Amén*

LEE POR TU CUENTA

ROMANOS 8:1-2; ISAÍAS 30:21 (PDT); JUAN 10:27; SALMOS 23:1-3

EN MOMENTOS BUENOS Y MOMENTOS DIFÍCILES

¡Dios es mi salvación! Confiaré en él y no temeré.

—Isaías 12:2 (NVI)

Querido Jesús:

Me encanta oír tu susurro en mi corazón: «*No temas, porque Yo estoy contigo; no te desalientes, porque Yo soy tu Dios*». Estas amorosas palabras son como una manta suave y cálida que me envuelve, protegiéndome del frío del temor y la preocupación.

En esos días en que los problemas parecen seguirme a dondequiera que voy, recuérdame que debo sujetarme fuerte de tu mano y seguir hablando contigo. Ayúdame a *confiar en ti y no temer, porque tú me das fuerzas y me haces cantar*. Eres poderoso, y siempre estás conmigo. No tengo que enfrentarme solo a nada. ¡Jamás! Gracias por prometer *fortalecerme y ayudarme*.

A veces, cuando todo es bueno y feliz en mi vida, me olvido de cuánto te necesito. Pero cuando *estoy caminando por el valle más oscuro*, realmente puedo ver lo débil que soy sin ti. Necesito seguir sujetando tu mano para ser capaz de dar el próximo paso, y el siguiente. Ayúdame a aprender a confiar en ti en los momentos buenos *y* los momentos difíciles. Te ruego que me bendigas con paz y gozo en tu presencia, Señor.

En tu nombre fuerte, Jesús, *Amén*

LEE POR TU CUENTA

ISAÍAS 41:10; ISAÍAS 12:2 (NVI); SALMOS 23:4 (NTV)

VIVIR EN EL HOY

Nuestro sumo sacerdote entiende nuestras debilidades,
porque él mismo experimentó nuestras tentaciones,
si bien es cierto que nunca cometió pecado.
—Hebreos 4:15 (NBV)

Querido Jesús:

¡Este es el día que has hecho! Ayúdame a *regocijarme y alegrarme en él.* Señor, vengo a ti esta mañana con mis manos levantadas y vacías. Estoy preparado para recibir todo lo que quieras derramar hoy sobre mí. Estás escribiendo la historia de mi vida, así que no quiero quejarme. Ni por el tiempo ni por mis tareas, ni por mis hermanos o hermanas... por nada de nada.

Estoy aprendiendo que la mejor manera de manejar las dificultades es comenzar a agradecerte por ellas. Eso me ayuda a no refunfuñar. Y me recuerda que busque las bendiciones ocultas en mis problemas. A veces me muestras esas bendiciones de inmediato, como hacer un amigo rápidamente en mi nuevo equipo. Otras veces, tengo que esperar para encontrarlas. ¡En *todo* momento me das el maravilloso regalo de tu presencia!

Sabes que no puedo manejar los problemas de más de un día. Por eso me estás enseñando a vivir en *este* día, no en el ayer ni en la semana que viene. No quiero *preocuparme por el mañana* ni estancarme pensando en el pasado. En cambio, quiero centrarme en el *hoy*, el día que tú has hecho, ¡disfrutando de tu presencia!

En tu nombre gozoso, Jesús, *Amén*

LEE POR TU CUENTA

SALMOS 118:24; HEBREOS 3:13; HEBREOS 4:15 (NBV); MATEO 6:34

¡NADA ES TAN BUENO COMO CONOCERTE!

La gente tiene muchas ideas, pero sólo se hará realidad la decisión del SEÑOR.

—Proverbios 19:21 (PDT)

Querido Jesús:

Cada vez que algo frustra mis planes o mis deseos, tengo que tomar una decisión. Puedo escoger estar molesto o hablar contigo.

Cuando elijo hablarte, soy bendecido de muchas maneras. Solo contarte lo que me está molestando me ayuda a sentirme mejor y me acerca a ti. Además, soy capaz de tomar mis desilusiones y transformarlas en algo bueno. Esto me permite estar gozoso incluso cuando las cosas no van como quiero.

Por favor, ayúdame a seguir hablándote de todas las pequeñas desilusiones que me ocurren durante el día, desde el almuerzo tan malo hasta el partido con lluvia. Y enséñame a buscar lo bueno que tú sacas de ellas. Algún día espero poder sentirme así con respecto a mis grandes desilusiones y pérdidas. Pero por ahora, estoy practicando con las cosas más pequeñas. Quiero llegar a ser más como el apóstol Pablo. ¡Él escribió que consideraba que todo lo que había perdido era *basura comparado con la grandeza de conocerte*!

En tu nombre maravilloso, Jesús, *Amén*

LEE POR TU CUENTA

PROVERBIOS 19:21 (PDT); COLOSENSES 4:2; FILIPENSES 3:7-8

MI RED DE SEGURIDAD

«Y tengan por seguro esto: que estoy con ustedes siempre, hasta el fin de los tiempos».
—Mateo 28:20 (NTV)

Querido Jesús:

Me encanta escucharte cuando le susurras a mi corazón: *«Estoy contigo. Estoy contigo. Estoy contigo».* ¡Estas palabras me proveen tanto consuelo! Cuando tengo ganas de rendirme o me siento como si cayera en un profundo pozo de tristeza, tus palabras alentadoras me atrapan como una red de seguridad.

Aunque sea pequeño, mi vida ya está llena de altibajos. Pero tu promesa de estar conmigo impide que caiga demasiado hondo. Te ruego que abras mis ojos para ver todas las formas en que me estás ayudando y sosteniendo cuando caigo.

En ocasiones cuento con otros y me fallan. Eso duele, pero entonces recuerdo que tú *nunca* me darás la espalda. Por tanto, en lugar de llorar o quejarme, puedo acudir a ti y contártelo todo. Eso cambia por completo mi actitud. Tú me ayudas a ver que aún hay muchas cosas por las que darte las gracias. Tú me recuerdas que *estás conmigo y que sostienes mi mano. Me guías* y, un día, me conducirás hasta el hogar celestial. Lo único que necesito es tu amorosa presencia ahora y la promesa de que puedo vivir contigo para siempre en el cielo.

En tu nombre glorioso, Jesús, *Amén*

LEE POR TU CUENTA

MATEO 28:20 (NTV); SOFONÍAS 3:17; SALMOS 73:23-24

LO QUE PIENSAN LOS DEMÁS

Tenerle miedo a los demás es una trampa, pero
el que confía en el SEÑOR estará a salvo.
—Proverbios 29:25 (PDT)

Querido Jesús:

Es fácil verme como *creo* que me ven los demás. Pero esa es una trampa peligrosa que puede herirme de verdad. Señor, ayúdame a no caer en esa trampa.

Lo cierto es que no hay forma de saber lo que los demás están pensando en realidad. No puedo leer sus mentes. ¡Además, las personas cambian de opinión todo el tiempo! Los amigos pueden estar irritables conmigo debido a que están teniendo un mal día, no porque yo no les guste. Pero el mayor problema de preocuparme por lo que piensan los demás es que me esfuerzo demasiado para agradarles. Podría incluso comenzar a preocuparme más por agradarles a *ellos* que por complacerte a *ti*. Esto puede conducir a todo tipo de problemas, como decir algo malo sobre alguien o inventar una mentira, solo para tratar de encajar. Por favor, perdóname cuando actúo así. ¡Jesús, quiero que seas la persona más importante de mi vida!

Me estás mostrando que el único modo de verme tal como soy en realidad es mirarme a través de *tus* ojos. Soy tu obra maravillosamente creada. Me amas de una forma perfecta y sin fin. Y nunca cambias de opinión al respecto. Ayúdame a verme y a ver a los demás como tú lo haces, Señor. Mientras me enfoco en ti y tu asombroso amor, quiero *adorarte en espíritu y en verdad.*

En tu gran nombre, Jesús, *Amén*

LEE POR TU CUENTA

PROVERBIOS 29:25 (PDT); HEBREOS 11:6; ROMANOS 5:5; JUAN 4:23-24

CONSTRUYENDO SOBRE LA ROCA SÓLIDA

«Todo el que escucha mi enseñanza y la sigue es sabio, como la persona que construye su casa sobre una roca sólida».
—Mateo 7:24 (NTV)

Querido Jesús:

¡Con cada nuevo día veo más y más lo maravilloso que es depender de ti! Me siento a salvo y seguro, porque sé que no me decepcionarás. Es como si estuviera *construyendo una casa sobre una roca sólida,* y esa casa es mi vida. Cuando se presentan los vientos y las tormentas, puedo seguir en pie, porque he construido mi vida sobre ti.

También estoy aprendiendo que depender de mí o de otras personas o cosas no es un buen plan. Es como *construir una casa sobre la arena.* A veces las tormentas y las dificultades de la vida son demasiado grandes, y las personas no siempre guardan sus promesas. Los vientos y las tormentas llegan, y la casa construida sobre la arena se cae con un ¡plaf!

Señor, ayúdame a depender de ti en las tormentas y también en los días soleados cuando la vida está en paz. Necesito practicar la dependencia de ti cada día a fin de estar preparado para lo que pueda suceder. Sin embargo, no solo se trata de estar preparado para los días de tormenta. ¡Depender de ti me proporciona gran gozo! Porque depender de ti significa estar cerca de ti. Me animas, me guías y me fortaleces. Cuando *vivo en la luz de tu presencia, me regocijo en ti,* Señor. ¡Construir mi vida sobre ti es la mejor manera de vivir!

En tu nombre jubiloso, Jesús, *Amén*

LEE POR TU CUENTA

MATEO 7:24-27 (NTV); SALMOS 89:15-16 (NVI); 1 TESALONICENSES 5:16

MI PASTOR

¡Para Dios nada es imposible!
—Lucas 1:37 (PDT)

Querido Jesús:

Tú eres mi pastor, el que vela por mí. Por tanto, sé que puedo venir a ti con todos mis problemas y luchas: las luchas en mi espíritu, en mis sentimientos y en mi vida. Cuando descanso en ti, me consuelas con tu presencia. Recuerdo que *no hay nada imposible para ti,* y eso *me llena de gozo.*

Ayúdame a dejar de pensar tanto en mis problemas y a pasar más tiempo pensando en ti, Señor. Tú eres aquel que es capaz de *hacer mucho, mucho más de lo que pueda pedir o imaginar.* En lugar de decirte lo que creo que deberías hacer, necesito buscar lo que *ya* estás haciendo. ¡Porque sé que lo que estás haciendo y planeando es mucho mejor que cualquier cosa que yo pudiera planear!

Si la preocupación trata de infiltrarse en mis pensamientos, recuérdame que tú eres mi pastor. ¡No tengo nada que temer ya que tú estás cuidando de mí! En lugar de intentar arreglarlo todo por mi cuenta, quiero permitirte controlar cada vez más mi vida. Sinceramente, ¡confiar en ti de ese modo puede ser un poco aterrador! Pero estoy aprendiendo que el lugar más seguro para estar es justo a tu lado.

En tu nombre consolador, Jesús, *Amén*

LEE POR TU CUENTA

LUCAS 1:37 (PDT); FILIPENSES 4:4; EFESIOS 3:20-21 (PDT); SALMOS 23:1

TIERNO Y AMABLE

¿Quién es sabio? El que tiene presente estas
historias y entiende el fiel amor del SEÑOR.
—Salmos 107:43 (PDT)

Querido Jesús:

Ayúdame a estar *siempre lleno de tu gozo*. Quiero ser tierno y amable con todo el mundo, para que sepan que *tú* eres tierno y amable.

Mi problema es que puedo irritarme cuando las cosas no van como quiero. A veces me quejo. Y mi mala actitud se extiende hacia todos los demás. Así no es como tú quieres que sea. Quieres que sea tierno con los demás, no un gruñón. Y ahora estoy empezando a ver que alabarte es el mejor modo de dejar de enojarme y quejarme. ¡Puedo hacerlo porque me das muchas cosas por las que estar agradecido!

Puedo regocijarme porque tú nunca cambias. *Eres el mismo ayer, hoy y por siempre*. Y puedo estar gozoso porque estás cerca. Me amas, me consuelas y me bendices con razones por las que estar feliz; ¡más razones de las que puedo contar!

Por favor, ayúdame a recordar darte las gracias y alabarte todo el tiempo. No quiero ser agradecido tan solo a la hora de dormir, o alabarte únicamente en la iglesia. Quiero agradecerte y alabarte durante todo el día, cada día. ¡Y es fácil hacerlo cuando *pienso en lo mucho que me amas*!

En tu maravilloso nombre, Jesús, *Amén*

LEE POR TU CUENTA

FILIPENSES 4:4-5; GÁLATAS 5:22-23; HEBREOS 13:8; SALMOS 107:43 (PDT)

RAZONES PARA
ESTAR ALEGRE

*Den gracias al Señor porque él es bueno; su
gran amor perdura para siempre.*
—Salmos 118:1 (NVI)

Querido Jesús:

¡*Este es el día que tú has hecho!* Esa es la razón por la que necesito *regocijarme y estar alegre.* ¡Pero tú no te detienes ahí! Llenas mi día de bendiciones y de muchas oportunidades para acercarme a ti. Quiero caminar contigo a lo largo de todo este día, buscando todas las delicias y los tesoros que has preparado para mí. ¡Y quiero agradecerte por cada uno que encuentre! Cada día puedo *darte las gracias porque tú eres bueno y tu amor perdura para siempre.*

Sí, este mundo está lleno de dificultades y tristeza. Eso es lo que genera el pecado. Pero estoy descubriendo que cuando paso demasiado tiempo pensando en los problemas y la tristeza, me pierdo todas las razones que me das para estar alegre hoy. Me pierdo el brillo y la belleza de los tesoros que has derramado en este día.

Señor, te ruego que me ayudes a enfocarme en ti y tus bendiciones, no en los problemas que me rodean. Cuando estoy agradecido, puedo caminar a través del día más oscuro con gozo en mi corazón. Eso es porque sé que *la luz de tu presencia* sigue brillando sobre mí. Jesús, estoy muy agradecido por ti, el amigo que siempre está a mi lado.

En tu nombre brillante y hermoso, Jesús, *Amén*

LEE POR TU CUENTA

SALMOS 118:24 (NVI); COLOSENSES 4:2;
SALMOS 118:1; SALMOS 89:15-16 (NVI)

LA LUZ DE TUS BUENAS NUEVAS

El mismo Dios que dijo: «La luz brillará en la oscuridad», iluminó nuestro corazón.

—2 Corintios 4:6 (PDT)

Querido Jesús:

¡La luz de las buenas nuevas de tu gloria es un tesoro incalculable! Esta increíble noticia me indica quién eres y cómo salvas a las personas que creen ti. Lo que hace que las buenas nuevas sean tan maravillosas es que me abren el camino para conocerte, mi Salvador perfecto.

Cuando decido confiar en ti como mi Salvador, me pones en una senda que me conduce al cielo. Perdonas mis pecados y creas un hogar para mí en el cielo, en el que podré vivir para siempre contigo. Estos son regalos asombrosos. ¡Pero aún me das más! *Haces brillar tu luz en mi corazón.* Esa luz *me muestra que la gloria de Dios está en tu rostro,* Jesús. Ayúdame a *venir a ti* y entregarte todo mi corazón. ¡Quiero conocerte mejor!

Cada vez aprendo más acerca de ti cuando leo tu Palabra. Aprendo que estás siempre conmigo y obras en mi vida, ¡y muchas otras verdades maravillosas! *El diablo ha cegado las mentes de aquellos que no creen.* Pero yo creo en ti, Jesús, y la Biblia me muestra claramente quién eres. Ayúdame a vivir cerca de ti, disfrutando de la luz de tu gloriosa presencia.

En tu maravilloso nombre, Jesús, *Amén*

LEE POR TU CUENTA

2 CORINTIOS 4:4; 2 CORINTIOS 4:6 (PDT); SALMOS 27:8

PROBAR Y VER

El Señor está cerca de todos los que lo invocan,
de todos los que lo invocan en verdad.

—Salmos 145:18

Querido Jesús:

Sé que siempre estás conmigo, pero a veces no puedo sentir tu presencia. En ocasiones se diría que estás muy lejos. Sin embargo, incluso entonces puedo clamar a ti y saber que jamás te has ido de mi lado. La Biblia promete que *estás cerca de todo el que te invoca*. Lo único que tengo que hacer es susurrar tu nombre y me ayudarás a deshacerme de mis dudas y preguntas. Cuando susurro: «Jesús», ¡sé que estás aquí!

Me gusta pasar tiempo hablándote de lo que está ocurriendo en mi día. Por favor, muéstrame lo que quieres que haga con respecto a mis problemas. Mientras te espero para que me guíes, te alabaré, Señor. ¡Eres tan grande y majestuoso, tan poderoso y glorioso! Disfruto pensando en ti, ¡en lo increíble que eres! Gracias por todas las cosas buenas que estás haciendo en mi vida.

La Biblia me dice que *pruebe y vea que eres bueno*. Cuanto más me enfoco en ti y tus bendiciones, más puedo probar tu bondad. Tu *amor inagotable* es más dulce que la miel o el caramelo. Tu fuerza me anima y me recuerda la buena comida que me fortalece. Cuando mi corazón está hambriento, tú lo llenas con el gozo y la paz de tu presencia. Y prometes: *«Yo estoy contigo, y te protegeré dondequiera que vayas»*.

En tu dulce nombre, Jesús, *Amén*

LEE POR TU CUENTA

SALMOS 145:18; SALMOS 34:8; ISAÍAS 54:10 (NVI); GÉNESIS 28:15 (NVI)

ESTÁS ESCRIBIENDO MI HISTORIA

Y el Dios de la esperanza los llene de todo gozo y paz en el creer, para que abunden en esperanza por el poder del Espíritu Santo.

—Romanos 15:13

Querido Jesús:

Ayúdame a recordar que los desafíos y los problemas vienen y van. Pero *tú siempre estás conmigo.*

¡Estoy tan agradecido de que estés escribiendo la historia de mi vida! Tú puedes ver la historia completa de una vez. Así que sabes todo lo que ha pasado y todo lo que ocurrirá, desde el momento en que nací hasta que me reúna contigo en el cielo. Tú sabes exactamente cómo seré cuando viva en el cielo contigo. Mientras tanto, nunca dejas de trabajar en mi transformación. Siempre estás ayudándome para que me convierta en la persona que diseñaste que fuera. Tu Palabra me reconforta y me indica que ya soy miembro de tu familia real.

Una de mis formas favoritas de estar cerca de ti es pronunciar tu nombre. «Jesús» es la oración más simple, solo una palabra. Pero te dice que confío en ti, que creo que estás aquí conmigo, y que sé que estás cuidando de mí. Tú eres *el Dios que da esperanza. Me llenas con mucho gozo y paz mientras confío en ti.* Cuando me siento en silencio contigo, casi puedo escucharte susurrar: *«Vengan a Mí, todos los que están cansados y cargados, y Yo los haré descansar».* ¡Tu amorosa presencia es mi mayor tesoro!

En tu nombre reconfortante, Jesús, *Amén*

LEE POR TU CUENTA

SALMOS 73:23; 1 PEDRO 2:9; ROMANOS 15:13; MATEO 11:28

POR LA MAÑANA

Por la mañana hazme saber de tu gran amor,
porque en ti he puesto mi confianza.
—Salmos 143:8 (NVI)

Querido Jesús:

Hazme saber de tu gran amor por la mañana, cada mañana. Ayúdame a *confiar en ti* y a disfrutar del amor que haces brillar sobre mí aun cuando mi vida no sea fácil. Y cuando tenga ganas de rendirme, ayúdame en cambio a escoger confiar en ti. Recuérdame quién eres: el Creador de todo el universo, aquel que mantiene la tierra girando y el sol brillando, mi Salvador, mi Señor y mi Amigo.

Sé que puedo contar contigo, Jesús, porque tu amor nunca cambia ni se acaba. Nunca se agota y jamás deja de brillar en mi vida. Y lo mejor de todo es que tu amor es mío por siempre para disfrutarlo, ya sea que lo eche todo a perder o lo haga genial. Tu amor perfecto nunca cambia, porque *tú eres el mismo ayer, hoy y por siempre.*

Soy bendecido cuando dedico tiempo a *elevar mis oraciones a ti.* Estoy aprendiendo a esperar en tu presencia, alabándote y disfrutando de ti. Tú utilizas este tiempo de espera para trabajar en mi corazón y ayudarme a estar preparado para el día. Luego me muestras *lo que debería hacer y me guías* paso a paso. ¡Estoy muy agradecido de que *seas mi Dios por los siglos de los siglos*!

En tu nombre orientador, Jesús, *Amén*

LEE POR TU CUENTA

SALMOS 143:8 (NVI); HEBREOS 1:2-3; HEBREOS 13:8; SALMOS 48:14 (NBV)

NADA MEJOR

Todo lo que respira alabe al Señor. ¡Aleluya!
—Salmos 150:6

Querido Jesús:

¡Te alabo porque tu amor es mejor que cualquier cosa, incluso mejor que la vida! Tampoco tiene límites. ¡Eso me hace muy feliz! Tu amor es mayor que el de cualquier otra persona. Siempre hay más de lo que podría soñar. Y jamás se acaba. Tu amor es mejor que cualquier cosa que este mundo pueda ofrecer. ¡Es el mayor tesoro del universo!

Tu precioso amor hace mi vida mucho más fácil de muchas maneras. Me da un fundamento sólido en el que permanecer. Eso significa que sin importar qué más suceda en mi vida, puedo contar contigo porque me amas de una forma perfecta. Saber que me amas así me ayuda a amar más a los demás. Y me ayuda a convertirme en la persona que tú diseñaste que fuera.

Cuando pienso en *cuán ancho, largo, alto y profundo es tu amor,* solo puedo detenerme y adorarte. Mis alabanzas me llevan más cerca de ti, donde puedo celebrar y disfrutar de tu maravillosa presencia.

El salmo dice: «*Todo lo que respira alabe al* SEÑOR». ¡Y es lo que digo yo también!

En tu nombre amoroso, Jesús, *Amén*

LEE POR TU CUENTA

SALMOS 63:3 (NVI); SALMOS 36:7 (NVI);
EFESIOS 3:16-18 (NVI); SALMOS 150:6

PENSAR EN LAS
COSAS BUENAS

Piensen en todo lo que es verdadero, todo lo que es respetable, todo lo justo, todo lo puro, todo lo amable, todo lo que es digno de admiración; piensen en todo lo que se reconoce como virtud o que merezca elogio.

—Filipenses 4:8 (NBV)

Querido Jesús:

Tu Palabra me indica que debería *pensar en lo que se reconoce como virtud o merezca elogio*. Eso suena muy fácil, pero en realidad es realmente complicado para mí mantener mi mente en las cosas buenas.

A la gente le gusta quejarse en este mundo. Y las malas noticias parecen captar toda la atención de internet y la televisión. A veces es una lucha encontrar noticias buenas. En especial noticias buenas acerca de lo que tú y tu pueblo están haciendo.

Si soy sincero, Señor, debo admitir que yo también me quejo mucho. Cuando Adán y Eva comieron del fruto prohibido, y el pecado entró en el mundo, *todo* se destrozó, incluso las mentes de las personas. Esto cambió el modo de pensar de todo el mundo; *mi* modo de pesar. Me resulta más fácil pensar en las cosas malas que en las buenas. Tengo que esforzarme para mantener mi atención en todo lo bueno que me rodea, ¡y hay mucho! Te ruego que me ayudes a elegir buscar lo bueno cada hora de cada día y a estar lleno de gozo.

Sé que es cierto que este mundo tiene muchos problemas, pero existen muchas *más* cosas por las que te puedo alabar. Una de las mejores es la promesa de que *siempre estás conmigo*, ¡incluso más cerca que mis pensamientos!

En tu excelente nombre, Jesús, *Amén*

LEE POR TU CUENTA

FILIPENSES 4:8 (NBV); GÉNESIS 3:6; FILIPENSES 4:4; SALMOS 73:23

JUNIO

Porque Este es Dios, nuestro Dios para siempre; Él nos guiará hasta la muerte.

—Salmos 48:14

PENSAR EN TI

Señor, aquí en tu templo meditamos en tu gran amor.
—Salmos 48:9 (NBV)

Querido Jesús:

Me encanta pasar tiempo contigo y pensar en tu amor por mí. *Tú eres mi Dios por los siglos de los siglos.* Por favor, vuelve a dirigir mis pensamientos hacia ti cada vez que mi mente divague.

Hace tiempo, Jacob, el de la Biblia, dijo: *«Ciertamente el Señor está en este lugar».* Sé que eso sigue siendo cierto hoy, y pensar en ello me anima mucho. No importa dónde me encuentre, tú estás conmigo. Estoy muy agradecido de que seas mi Dios, ¡hoy, mañana y siempre!

También eres *mi guía.* Cuando comienzo a pensar en el futuro, fácilmente me puedo asustar un poco. Me olvido de que tú me diriges a través de cada paso de este día y de todos mis mañanas. Has estado guiándome paso a paso desde que confié en ti como mi Salvador. Ayúdame a recordar que tú estás conmigo en todo momento: cuando me despierto por la mañana, durante mis clases, en mis lecciones de música o juegos, cuando estoy jugando con mis amigos, cuando estoy cenando con mi familia y cuando me acuesto para dormir por la noche.

Jesús, una manera en la que estoy aprendiendo a acercarme a ti es susurrando tu nombre. Eso me recuerda que estás aquí a mi lado. En lugar de *preocuparme por cualquier cosa,* puedo *orar y pedirte todo lo que necesito.* ¡Sé que ya estás trabajando en las respuestas!

En tu nombre bendito, Jesús, *Amén*

LEE POR TU CUENTA

SALMOS 48:9-10, 14 (NBV); GÉNESIS 28:16; FILIPENSES 4:6

TU AYUDA

Dios quería que la humanidad lo buscara y, aunque fuera a tientas, lo encontrara. Pero en realidad, Dios no está lejos de ninguno de nosotros.
—Hechos 17:27 (PDT)

Querido Jesús:

A veces necesito tu ayuda incluso para pedirte ayuda, porque no siempre recuerdo cómo hacerlo. Corro tan rápido como puedo de una cosa a la otra: del ensayo a las tareas de casa, y luego a los deberes escolares, intentando acabarlo todo. Y no hago nada bien, excepto no terminar en realidad nada de ello. La ropa está apelotonada en los armarios, mis deberes están descuidados y no me detengo a leer mi Biblia. Cuando ando corriendo de un lado a otro todo el día, me preocupo y me estreso. Te ruego que cada vez que eso ocurra, me recuerdes que me *detenga*, respire profundamente y susurre tu nombre. Hablar contigo me calma. *Luego* recuerdo: *tú me guías por senderos de justicia.*

Normalmente pienso en pedirte ayuda cuando estoy a punto de hacer algo difícil. Pero si no es más que algo cotidiano, de todos los días, a menudo me digo: «Oh, no es ninguna gran cosa. Yo lo manejaré». Lo cierto es que te necesito para *todo*, lo grande *y* lo pequeño.

Enséñame a ser humilde y reconocer que te necesito en todo lo que hago. Mientras espero aquí en tu amorosa presencia, me encanta escucharte susurrar esta promesa: *«Te guiaré por el mejor sendero para tu vida».*

En tu nombre reconfortante, Jesús, *Amén*

LEE POR TU CUENTA

SALMOS 23:3; HECHOS 17:27 (PDT); SALMOS 32:8 (NTV)

ME COMPRENDES
COMPLETAMENTE

Oh Señor, has examinado mi corazón y sabes todo acerca de mí.

—Salmos 139:1 (NTV)

Querido Jesús:

Me conoces mejor que nadie, ¡incluso mejor de lo que yo me conozco! Comprendes todo lo que pienso y siento. No existe ni un detalle que desconozcas. Has contado cada pelo de mi cabeza y puedes oír cada latido de mi corazón. También sabes todas las cosas no tan buenas que he tratado de ocultar. Pero no tengo que preocuparme o asustarme por ello. Me amas porque soy tu hijo, no por lo que haga o deje de hacer.

Te ruego que hagas brillar la luz de tu presencia en mi corazón. Limpia todas las cosas odiosas e hirientes que he hecho y dicho. Sana la tristeza, el temor y la preocupación que siento dentro. Y por favor, dame tu fuerza, gozo y paz.

Ayúdame a confiar en ti lo suficiente para aceptar tu maravillosa oferta de perdonar cada uno de mis pecados. Para recibir este asombroso regalo, por el cual pagaste en la cruz, solo necesito creer en ti y pedirte que seas mi Salvador. Gracias por morir por mis pecados y consolarme con esta promesa: *«No te dejaré ni te abandonaré».*

Cuando pienso que nadie podría entenderme, *tú lo haces,* Jesús. Puedo venir a ti en cualquier momento y llenarme con tu amor. Esto es lo que deseo, estar tan lleno de tu amor que se derrame sobre todo aquel con el que esté.

En tu nombre amoroso, Jesús, *Amén*

LEE POR TU CUENTA

SALMOS 139:1-4 (NTV); JUAN 1:16-17; JOSUÉ 1:5

ESTÁ BIEN DESCANSAR

Al llegar el séptimo día, Dios descansó porque había
terminado toda la obra que había emprendido.
—Génesis 2:2 (NVI)

Querido Jesús:

Gracias porque puedo acudir a ti cuando *esté cansado* o sienta que estoy llevando *una carga pesada*, y *tú me harás descansar*. Esto es algo que estoy aprendiendo de ti, que hay un tiempo para avanzar, y un tiempo para detenerse y relajarse. ¡Incluso tú te tomaste tiempo para descansar! Al séptimo día, después de haber creado todo en el mundo, *descansaste de tu obra*.

Por favor, enséñame a dejar espacio en mi vida para los momentos entre tú y yo, en los que puedo simplemente sentarme y disfrutar de tu amorosa presencia. Cuando estoy contigo, la luz de tu rostro *sonríe sobre mí* y siento tu bondad a mi alrededor. Señor, conoces todo lo que siento. No puedo ocultarte nada, ¡y no quiero hacerlo! Jesús, cuando pasamos tiempo juntos, me ayudas a recordar algunos de mis versículos favoritos de la Biblia. Tu amor penetra profundamente dentro de mí, y consigo decirte cuánte te amo mediante susurros, alabanzas y canciones.

Ayúdame a creer verdaderamente que no tengo que trabajar para ganar tu amor. Y ayúdame a creer que está bien descansar. Porque cada vez que descanso en tu presencia, me bendices con tu gozo y me das las fuerzas que necesito.

En tu nombre gozoso, Jesús, *Amén*

LEE POR TU CUENTA

MATEO 11:28; GÉNESIS 2:2 (NVI); NÚMEROS 6:25-26 (NTV)

TRANSFORMÁNDOME

Sabemos que Dios obra en toda situación
para el bien de los que lo aman.
—Romanos 8:28 (PDT)

Querido Jesús:

A veces puedo sentir la luz de *tu gloria* brillando sobre mí. Es cálida como el sol y me hace sonreír. Esos momentos, en los que estoy alabándote y tú derramas tu amor sobre mí, ¡son como tesoros que brillan de forma resplandeciente en mi corazón!

Estoy aprendiendo que cuando *te miro* a través de la oración y la adoración, soy capaz de recibir la luz de tu gloria y permitir que brille en el mundo que me rodea. Pero hay días en los que estoy tan ocupado con los amigos, los deportes o mis tareas del colegio, que me olvido de que estás a mi lado, como lo está el mejor de los amigos. Afortunadamente, me has creado con la capacidad de pensar en más de una cosa a la vez. ¡Ayúdame a estar seguro de que una de las cosas en las que esté pensando seas *tú*!

Pensar en ti me ayuda de muchas maneras. Cuando recuerdo que estás conmigo, me esfuerzo más en no hacer o decir cosas que podrían entristecerte. Además, cuando estoy luchando con un problema, pensar en ti me reconforta y me alienta.

Gracias por utilizar nuestro tiempo juntos para *transformarme a fin de ser más como tú,* Jesús. ¡Sé que puedes usar *todo* en mi vida *para bien*!

En tu nombre maravilloso, Jesús, *Amén*

LEE POR TU CUENTA

HEBREOS 12:2; 2 CORINTIOS 3:18; ROMANOS 8:28 (PDT)

¡TE PERTENEZCO!

*¿No se dan cuenta de que su cuerpo es el templo del
Espíritu Santo, quien vive en ustedes y les fue dado por
Dios? Ustedes no se pertenecen a sí mismos.*
—1 Corintios 6:19 (NTV)

Querido Jesús:

En esos días en los que solo pienso en hacerme feliz, suelo acabar sintiéndome molesto y disgustado. No importa cuánto me esfuerce, no puedo hacer que las cosas salgan como quiero. Pero no tardas en mostrarme el problema: estoy actuando como si fuera el centro de mi mundo. ¡Lo cierto es que realmente *tú* eres el centro de todo! ¡Tú eres quien está al control! Por tanto, está bien que haga planes, pero recuérdame, por favor, *ir a ti* y contártelos. Tengo que estar preparado para cambiar mis planes si tengo una idea diferente.

En realidad, este es un gran modo de vivir. Si las cosas van como he planeado, puedo darte las gracias y estar feliz. Pero si tu plan es diferente, sé que es el *mejor camino*, porque es lo que afirma la Biblia. Así que puedo confiar en ti y seguir tu plan en lugar del mío.

Ayúdame a recordar que *no soy mío realmente*. Porque tú pagaste por mis pecados cuando moriste en la cruz, te pertenezco. ¡Menudo alivio! Puedo dejar de pensar tanto en lo que quiero. Puedo dejar de intentar forzar las cosas para que encajen en mis planes y pensar en agradarte a *ti*. Eso suena como si pudiera ser un trabajo difícil, pero *el trabajo que me pides que haga es fácil. Y la carga que me das para que lleve no es pesada.* Lo mejor de todo, saber que te pertenezco da *descanso a mi alma*.

En tu nombre reconfortante, Jesús, *Amén*

LEE POR TU CUENTA

SALMOS 105:4; SALMOS 18:30 (NTV);
1 CORINTIOS 6:19 (NTV); MATEO 11:29-30

UNA MUESTRA DE GOZO

*Pero luego conoceré todo por completo, tal como
Dios ya me conoce a mí completamente.*
—1 Corintios 13:12 (NTV)

Querido Jesús:

Ayúdame a confiar en ti con todo mi corazón y a seguirte a dondequiera que me lleves. Mientras caminamos juntos, sé que existirán muchos
problemas y desafíos. De hecho, la Biblia me está enseñando que *cada
día tiene sus propios problemas* . Así que debería contar con tener algunos
problemas cada día, y algunos de ellos podrían ser realmente complicados
de superar.

Ayúdame a no permitir que los problemas cotidianos me alejen del
disfrute de tu presencia. Mi vida contigo es una aventura, y cada aventura
incluye algunos peligros. Hay ríos que deben cruzarse y montañas que
deben escalarse. Pero contigo a mi lado puedo enfrentarme con valentía
a cualquier desafío que aparezca en mi camino, y nunca dejar de confiar
en ti.

Seguirte me hace feliz. Me llena de un gozo *tan grande que no se puede
expresar con palabras.* No puedo hallar este tipo de gozo en cualquier lugar,
¡solo en ti! Y a pesar de que este gozo es maravilloso, no es más que una
muestra de la felicidad que tendré en el cielo. Porque es allí donde te
veré cara a cara y te *conoceré por completo.* ¡Ni siquiera puedo imaginar lo
enorme e increíble que será ese regocijo!

En tu nombre poderoso, Jesús, *Amén*

LEE POR TU CUENTA

MATEO 6:34; 1 PEDRO 1:8; 1 CORINTIOS 13:12 (NTV)

¡TÚ LO ERES TODO!

Con su poder divino, Jesús nos da todo lo que
necesitamos para dedicar nuestra vida a Dios.
—2 Pedro 1:3 (PDT)

Querido Jesús:

Eres todo lo que yo podría necesitar en un Salvador. Y cuando escojo creer en ti, ¡*vienes a vivir dentro de mí* y me llenas de tu vida resplandeciente y de tu amor! Quiero que tu vida y tu amor crezcan tanto en mi interior que se desborden y «caigan» sobre todos los que me rodean.

Te ruego que vivas y ames a través de mí cuando hablo, trabajo y juego con los demás. Que mis palabras no solo muestren tu amor a mis amigos y familiares, sino también a mis vecinos. Ayúdame a ser educado con mis profesores y entrenadores, y también con las personas que trabajan en las tiendas, traen el correo o conducen el camión de la basura. Y que mis acciones sean como una luz que les enseñe a los demás quién eres tú.

Admito que, a veces, el mundo me decepciona, y entonces siento que no soy lo suficientemente bueno. Pero contigo *tengo una vida completa y verdadera. Me das todo lo que necesito para vivir y servirte.* Tu poder es lo que me ayudará a vivir este día, toda mi vida y todo el camino hasta el cielo.

Has afirmado tu deseo de que *yo te conozca* y esté cerca de ti. Gracias por invitarme a compartir mis momentos más felices contigo y también mis mayores luchas. Y lo mejor de todo es que la totalidad de mis pecados pueden ser perdonados porque quisiste morir en la cruz. Tú eres mi Salvador y mi Amigo para siempre. ¡Señor, te amo!

En tu nombre asombroso, Jesús, *Amén*

LEE POR TU CUENTA

GÁLATAS 2:20; COLOSENSES 2:9-10; 2 PEDRO 1:3 (PDT)

MI ESCUDO DE FE

*Tomen el escudo de la fe, con el cual pueden apagar
todas las flechas encendidas del maligno.*
—Efesios 6:16 (NVI)

Querido Jesús:

Hoy te traigo *todos* mis sentimientos. Incluso los que desearía no tener, como mis temores y preocupaciones. A veces esos sentimientos no se van. Esto principalmente se debe a que estoy pensando en todo lo que me inquieta en lugar de confiar en ti.

El temor y la preocupación son como flechas encendidas lanzadas por el diablo. ¡Y sigue disparándomelas justo a mí! Enséñame a utilizar mi *escudo de la fe*, mi confianza en ti. Es lo único que *detendrá todas esas flechas encendidas*.

Estoy cansado de ocultar mis miedos y preocupaciones, Jesús. Permitirles entrar en mi corazón solo los hace más grandes. En su lugar, necesito traerlos a la luz de tu amorosa presencia y permitirte que me muestres qué hacer con ellos.

Lo diré ahora mismo: «Señor, confío en ti». Te ruego que me ayudes a seguir pronunciando esta corta oración, independientemente de cómo me sienta. Porque decirte que confío en ti es la forma de levantar mi escudo. Y cuando recuerdo lo cerca que estás, ¡esas flechas ardientes no tienen oportunidad de éxito!

En tu nombre poderoso, Jesús, *Amén*

LEE POR TU CUENTA

EFESIOS 6:16 (NVI); 1 JUAN 1:5-7; ISAÍAS 12:2

JUGAR A RECIBIR

¡El Señor mismo te cuida! El Señor está a tu lado como tu sombra protectora.

—Salmos 121:5 (NTV)

Querido Jesús:

La Biblia me dice que *eche toda mi ansiedad sobre ti porque tú cuidas de mí.* «Echar» significa arrojar o lanzar, como una pelota de baloncesto. Así que quieres que simplemente te lance mis preocupaciones y ansiedad. Y como eres tan buen receptor, es exactamente lo que voy a hacer. Voy a arrojar cada una de mis preocupaciones y cada uno de mis temores. Puede que acabes con un cubo repleto de ellos, pero sé que te parece bien.

¡Es tan bueno dejar ir esos sentimientos! Puedo dar un suspiro de alivio y relajarme en tu presencia. Recuérdame hacer esto cuando un temor o preocupación se cuele en mis pensamientos. No importa si es de día o de noche. Tú siempre estás despierto, preparado para recibir mis preocupaciones y ayudarme a sentir mejor.

Señor, tu poder es gigante. ¡Es tan enorme que no tiene fin! Así que ayudarme es fácil para ti, aun si mis problemas son realmente grandes. He descubierto que «jugar a atrapar la pelota» contigo da gozo y paz a mi corazón. No importa cuántas te lance, ¡tú nunca dejas caer la pelota o fallas una recepción!

Cada vez que me dé cuenta de que estoy luchando con un problema, puedo detenerme y simplemente arrojártelo. ¡Jesús, gracias por *velar siempre por mí* y recibir todas mis preocupaciones!

En tu nombre perfecto, Jesús, *Amén*

LEE POR TU CUENTA

1 PEDRO 5:7; SALMOS 139:23; SALMOS 68:19; SALMOS 121:5-6 (NTV)

DIRIGIDO DEL
MODO CORRECTO

*El Señor te guiará siempre; te saciará en tierras resecas
y fortalecerá tus huesos.
Serás como jardín bien regado,
como manantial cuyas aguas no se agotan.*

—Isaías 58:11 (NVI)

Querido Jesús:

Quiero vivir este día con gozo. Puedo hacerlo cuando camino *contigo*, agarrando tu mano y confiando en que tú cuidas de mí. ¡Tú eres la guía perfecta! Contigo a mi lado, puedo reír, estar feliz y disfrutar de las cosas buenas que ocurren. Si pasa algo no tan bueno, o incluso algo malo, puedo confiar en que me ayudarás a superarlo. Llenas cada día con muchos regalos maravillosos: un cielo colorido, nuevas aventuras, personas que me aman, y un lugar seguro para descansar contigo cuando estoy cansado. Estoy muy agradecido por cómo me guías cada día, desde la mañana hasta la noche.

Porque *tú eres el camino*, sé que seré dirigido del modo correcto mientras esté cerca de ti. Ayúdame a seguir *pensando en ti* y hablando contigo. Enséñame a no preocuparme por lo que pudiera pasar más tarde o incluso mañana o la próxima semana. Y cuando me sienta solo, te ruego que me recuerdes que estás siempre a mi lado. Entonces puedo enfocarme simplemente en disfrutar de tu presencia y estar cerca de ti mientras caminamos juntos a través de este día.

En tu nombre gozoso Jesús, *Amén*

LEE POR TU CUENTA

FILIPENSES 4:13; ISAÍAS 58:11 (NVI); JUAN 14:6; HEBREOS 3:1

UN MOTIVO PARA ESTAR AGRADECIDO

Den gracias en todo, porque esta es la voluntad de Dios para ustedes en Cristo Jesús.

—1 Tesalonicenses 5:18

Querido Jesús:

Voy a detenerlo todo y sentarme en silencio contigo durante unos minutos. De ese modo puedo disfrutar de tu presencia en *este* momento presente. Si mis pensamientos se atascan en algo que hice en el pasado, empiezo a sentirme más lejos de ti. Lo mismo sucede si me preocupo por el futuro. Ahora mismo, solo puedo vivir en este instante. Y es ahí donde vienes a mi encuentro.

Jesús, me estás enseñando a seguir hablando contigo todo el tiempo. Incluso las oraciones breves y pequeñas me mantienen cerca de ti, como: «Jesús, confío en ti», *«Te amo, Señor»* y «Jesús, ayúdame». Estas oraciones también me recuerdan que siempre estás velando por mí con amor en tu corazón. Nunca duermes y nunca te vas de vacaciones, ni siquiera te tomas un día libre. Señor, gracias por ello.

Estoy aprendiendo que tener un corazón agradecido me ayuda a estar cerca de ti. Cuando me olvido de darte las gracias, mi amistad contigo se debilita. Te ruego que me recuerdes que estás construyendo un hogar para mí en el cielo, en tu *reino, que no puede ser conmovido.* Por tanto, ¡siempre tengo un gran motivo para *estar agradecido,* no importa lo que pase!

En tu precioso nombre, Jesús, *Amén*

LEE POR TU CUENTA

SALMOS 18:1; HEBREOS 12:28-29 (NVI); 1 TESALONICENSES 5:18

EL SECRETO
PARA ESTAR FELIZ

Bueno es dar gracias al Señor, y cantar
alabanzas a Tu nombre, oh Altísimo.
—Salmos 92:1

Querido Jesús:

El apóstol Pablo descubrió *el secreto para estar feliz* (para estar contento) *en todo tiempo y en toda situación*. Quiero aprender ese mismo secreto. Sé que es algo para lo que tendrás que entrenarme.

Algunos días es fácil estar contento, porque todo va como yo quiero. El sol está brillando, saco una buena nota en mi examen y marco un gol para mi equipo. Pero hay otros días cuando la lluvia es intensa, me despierto tarde y pierdo el autobús, y es difícil estar feliz.

Algo que me ayuda de verdad es *hablarte acerca de mis problemas*. No tengo que ocultarte mis sentimientos, ni siquiera cuando estoy irritable y molesto. ¡Contártelos me ayuda ciertamente a sentirme mucho mejor! Eso es porque tú comprendes todos mis sentimientos y todo lo que ocurre en mi vida.

Señor, te ruego que sigas mostrándome que estás aquí, junto a mí. Que no olvide hablarte y leer la Biblia, incluso memorizar algunos versículos que tocan mi corazón. Y recuérdame también que siga cantando, porque *es bueno cantarte alabanzas. Es bueno hablar de tu amor por la mañana y de tu fidelidad por la noche.* Gracias por ser tan fiel, por estar tan cerca de mí siempre, ¡pase lo que pase! *Tú* eres el secreto para estar feliz y contento.

En tu amoroso nombre, Jesús, *Amén*

LEE POR TU CUENTA

FILIPENSES 4:12; SALMOS 62:8; SALMOS 92:1-2

MÁS FORTALEZA Y GLORIA

He contemplado tu fortaleza y gloria.

—Salmos 63:2 (NBV)

Querido Jesús:

Tu Palabra me recuerda que puedes hacer *muchísimo más de lo que yo pueda pedir o incluso imaginar*. Así que, cuando vengo a ti, necesito estar preparado para las cosas grandes y maravillosas que van a ocurrir. No hay límite en lo que tú puedes hacer. ¡Todo lo puedes!

Pero Señor, debo decirte que a veces me desanimo. Oro por cosas (para que alguien enfermo mejore o para que otros chicos dejen de burlarse de mí), y luego espero y espero tu respuesta. Es difícil para mí. Quiero seguir confiando en ti incluso cuando no esté seguro de cuál será tu respuesta. Prometes que *aquellos que confían en ti encontrarán nuevas fuerzas*. ¡Y definitivamente necesito nuevas fuerzas para seguir esperando! Por favor, ayúdame a aprender a esperar con paciencia.

En lugar de permitir que mis problemas me preocupen, los consideraré de una forma diferente. Los contemplaré como una oportunidad de verte hacer algo increíble. Me estás enseñando que cuanto mayor es mi problema, podré ver más de *tu fortaleza y tu gloria*. Por favor, ¡abre mis ojos para ver todo lo que estás haciendo en mi vida!

En tu santo nombre, Jesús, *Amén*

LEE POR TU CUENTA

EFESIOS 3:20-21; ISAÍAS 40:30-31 (NTV); SALMOS 63:2 (NBV)

ME AYUDARÁS

A ti, fortaleza mía, te cantaré salmos, pues tú, oh Dios, eres mi refugio. Tú eres el Dios en quien puedo confiar.
—Salmos 59:17 (NVI)

Querido Jesús:

¡Tú eres *mi fuerza*! Esta mañana me siento cansado y agotado, pero no importa. Eso me recuerda que *te* necesito. Estás siempre conmigo, y *me ayudarás* a pasar el día. En casa o en la escuela, en el autobús o jugando en el parque, me agarraré fuerte de tu mano y confiaré en que tú cuidas de mí. Te ruego que *me des fuerzas* y me guíes.

Cuando sienta que soy demasiado débil para resolver un problema complicado, será un buen momento para detenerme y pensar en ti. Porque tú me haces fuerte. ¡Y nunca te quedas sin nada!

Cuando tú y yo trabajamos juntos, no hay límites para lo que puede ocurrir; todo es posible. Puede que me cueste hacer amigos, tal vez tenga que estudiar más para aprobar todos mis exámenes, o quizás necesite hablarle a alguien sobre el bravucón de la clase. Por difícil que sea el problema, contaré contigo para que me des todo lo que necesito. Podrías ayudarme a resolverlo con rapidez o tal vez lleve un poco más de tiempo. Pero sé que me ayudarás a pasar por ello en el momento perfecto.

Ayúdame a seguir avanzando, paso a paso, sujetando tu mano. No importa lo que ocurra, ¡confío en que tú sabes exactamente lo que estás haciendo!

En tu nombre fuerte, Jesús, *Amén*

LEE POR TU CUENTA

SALMOS 59:16-17 (NVI); ISAÍAS 41:13; FILIPENSES 4:13; ISAÍAS 40:28-29

EN CONTROL ABSOLUTO

*Confíen en el Señor para siempre, porque en
Dios el Señor, tenemos una Roca eterna.*
—Isaías 26:4

Querido Jesús:

¡Enséñame a confiar en ti, a confiar *realmente* en ti, con todo mi corazón! Si aprendo esta lección, nada podrá separarme de tu paz.

Al diablo le gusta arrojar problemas en mi día, esperando que te dé la espalda. Pero tú eres el Señor, y puedo utilizar esas dificultades para hacer crecer mi fe y confiar más en ti. Cuanto más aumenta mi fe, menos me preocupo por los problemas. ¡Eso es algo que el diablo odia realmente!

Es como la historia de José en la Biblia. Sus hermanos lo vendieron como esclavo y fue llevado a Egipto, donde sufrió durante muchos años. Pero tú usaste aquella situación terrible para convertir a José en un líder poderoso. Más adelante, salvó a su familia y a muchas más personas de la hambruna. José dijo a sus hermanos: «*Ustedes pensaron hacerme mal, pero Dios lo cambió en bien*».

Tú eres Señor sobre cada uno de los detalles de mi vida y de cada hora de mi día. Sabes exactamente lo que va a pasar y estás en control absoluto. Nada me ocurre sin que tú lo permitas. Siempre estás en guardia, preparado para cuidar de mí.

Cuando recuerdo que estas cosas son ciertas, puedo relajarme en tu presencia. *No temeré, porque tú estás conmigo.*

En tu nombre confiable, Jesús, *Amén*

LEE POR TU CUENTA

ISAÍAS 26:4; GÉNESIS 50:20; 2 CORINTIOS 4:17; SALMOS 23:4

UN SENDERO DE PAZ

El Señor es mi pastor; tengo todo lo que necesito.

—Salmos 23:1 (NTV)

Querido Jesús:

Quiero *descansar en verdes pastos* de paz contigo, *mi Pastor.* ¡Hay tanto ruido en este mundo! Los teléfonos pitan, zumban y suenan. Los televisores y las computadoras nos hablan. ¡Incluso la nevera hacer ruido ahora! Se vuelve cada vez más complicado relajarse. Sin embargo, me creaste para necesitar el descanso.

A veces me siento un poco culpable por querer descansar un rato. Así que en lugar de disminuir la velocidad y tener un poco de tiempo de tranquilidad, ¡voy más rápido! Pero eso no es lo que quieres para mí. Tú deseas que venga a ti para que puedas darme tu fuerza. Ahora mismo, nada suena mejor que tener unos minutos para relajarme y pasar algo de tiempo apacible contigo.

Jesús, te pido que *me guíes hasta tu sendero de paz.* Caminar contigo será como crear un camino para que los demás también puedan seguirlo. Pero no será mi fuerza la que nos conduzca por esta aventura. Me has estado mostrando lo débil que soy en realidad. ¡Y eso me demuestra lo mucho que te necesito! Cada nuevo día aprendo que cuanto más dependo de ti, más paz tengo y más preparado estoy para nuestra próxima aventura.

En tu nombre apacible, Jesús, *Amén*

LEE POR TU CUENTA

SALMOS 23:1-3 (NTV); GÉNESIS 2:2-3; LUCAS 1:79 (NVI)

ME PERDONAS

Él es fiel y justo para perdonarnos los pecados
y para limpiarnos de toda maldad.

—1 Juan 1:9

Querido Jesús:

Estoy muy feliz de que *me vistas de ropas de salvación. Me das un manto de justicia* y bondad, y es mío eternamente. ¡Gracias, Jesús! Tú eres el Salvador perfecto. Eso significa que no tengo que temer ni enfrentarme a mis pecados y errores. Solo necesito confesártelos, estar de acuerdo contigo en que están mal y pedirte perdón. Entonces *me perdonarás y me limpiarás de todo lo malo que haya hecho.*

Te ruego que también me ayudes a perdonarme a mí mismo. Tú no deseas que siga sintiéndome mal por los pecados que ya has perdonado. Esa es una de las trampas del diablo para alejarme de ti. Recuérdame mirarte a *ti*, no a los pecados de mi pasado.

Me encanta la forma en que sigues diciéndome que soy precioso a tus ojos. Estoy muy agradecido de no tener que trabajar para ganar tu amor. Tú *ya* me amas, ¡y nunca dejarás de hacerlo!

Antes de que yo naciera, ya conocías todas las equivocaciones que cometería. Por eso viniste y llevaste una vida perfecta en la tierra, para poder darme «un boletín de notas» perfecto y llevarte todos mis pecados. La Biblia afirma que *no hay condenación para* los que te pertenecen. ¡Gracias por invitarme a pertenecerte!

En tu nombre perdonador, Jesús, *Amén*

LEE POR TU CUENTA

ISAÍAS 61:10; MATEO 1:21; 1 JUAN 1:9; ROMANOS 8:1

RODEADO DE AMOR

El gran amor del Señor envuelve a los que en él confían.
—Salmos 32:10 (NVI)

Querido Jesús:

Tú eres *quien hace perfecta mi fe.* Y me has estado enseñando que cuando llega un problema a mi vida, necesito *acudir a ti* en busca de respuestas. Cuanto mayor es el problema, más necesito mantener mis ojos en ti.

Si observo el problema durante demasiado tiempo, lo más probable es que me desanime. Te ruego que cuando eso ocurra me recuerdes que debo acudir a ti. Tú no deseas que mis pensamientos divaguen por dondequiera, como hormigas que se dirigen en muchas direcciones. Quiero seguir orientando mis pensamientos hacia ti. Siempre estarás a mi lado, escuchando mis oraciones y hablándome a través de tus palabras en la Biblia.

Te ruego que me ayudes a descansar en tu presencia. Me gusta imaginarme acurrucado en tu regazo mientras tus brazos me envuelven. Tú prometes que *nada en todo el mundo podrá separarme de tu amor.* Por malas o tristes que puedan parecer las cosas, sé que tú tienes el control y estás cuidando de mí. Tú peleas por mí y *te ríes de* todo el que piensa que te puede vencer.

Señor, te alabo por tu amor que nunca falla y jamás se acaba. La Biblia me dice que *tu amor envuelve a los que confían en ti.* ¡Jesús, confío en ti!

En tu nombre poderoso, Jesús, *Amén*

LEE POR TU CUENTA

HEBREOS 12:1-2 (NVI); ROMANOS 8:38-39; SALMOS 2:4; SALMOS 32:10 (NVI)

UN NUEVO HÁBITO

El nombre del Señor es torre fuerte,
a ella corre el justo y está a salvo.
—Proverbios 18:10

Querido Jesús:

Ayúdame a vivir cerca de ti, hablándote, leyendo tu Palabra y dedicando tiempo a descansar contigo. Jesús, pienso en ti como mi lugar tranquilo. Siempre puedo encontrar paz en ti, ya que eres el *Príncipe de Paz*.

Quiero aprender a estar en calma durante los días alocados y llenos de dificultades. Volverme a ti, realmente me ayuda a tratar con mis problemas. De ese modo, no tengo que preocuparme cuando las cosas parezcan estar descontrolándose. Pero, Señor, reconozco que cuanto mayor es el problema, más difícil me resulta *no* preocuparme. A veces hasta olvido que tú estás conmigo y *me das fuerzas*.

Tan pronto como empiece a deambular lejos de ti, ¡te ruego que me recuerdes que debo regresar corriendo! Con solo susurrar tu nombre me calmo. Entonces de repente me acuerdo de que no te has ido a ninguna parte, ¡estás aquí mismo, a mi lado, Jesús!

Me frustro conmigo porque mis pensamientos se alejan de ti muchas veces. Pero recordar que debo seguir pensando en ti es un nuevo hábito que estoy aprendiendo. Tendré que practicarlo una y otra vez. Sin embargo, no me importa. Porque cuanto más *vengo a ti*, mi lugar tranquilo, mayor paz y gozo siento. ¡Gracias por enseñarme pacientemente!

En tu nombre maravilloso, Jesús, *Amén*

LEE POR TU CUENTA

ISAÍAS 9:6; FILIPENSES 4:13; PROVERBIOS 18:10; MATEO 11:28

DIFICULTADES PEQUEÑAS

Pues nuestras dificultades actuales son pequeñas y no durarán mucho tiempo. Sin embargo, ¡nos producen una gloria que durará para siempre y que es de mucho más peso que las dificultades!

—2 Corintios 4.17 (NTV)

Querido Jesús:

Me estás haciendo más y más como tú mientras estoy siendo transformado a tu gloriosa imagen. Gracias por trabajar para cambiarme a través de tu Espíritu que vive en mí. Ayúdame a decir que sí a todo lo que el Espíritu está haciendo en mí.

Estoy muy agradecido porque tú no te das por vencido cuando me equivoco. De hecho, eres capaz de usar mis problemas y errores para cambiarme de muchas maneras. Una de las formas en que estás trabajando en mí es haciéndome más amable y paciente. También me estás enseñando a buscar respuestas en ti. Sé que no será fácil, así que ayúdame a confiar en que tu sabiduría, tus caminos y tus planes para mí son perfectos. *Necesito estar dispuesto a sufrir en tiempos difíciles, como tú lo hiciste, para que yo también pueda compartir tu gloria.*

Algunos problemas se ven tan grandes que parece que nunca terminarán. Pero todos ellos son realmente *dificultades pequeñas* comparados con lo mucho que tú sufriste por mí. Y todos ellos duran solo *poco tiempo*, pero voy a llegar a vivir *para siempre* en el cielo contigo.

La verdad es que aun así no me gusta tener problemas, pero estoy aprendiendo a agradecerte por ellos. Me recuerdan que tú eres Dios y que siempre me cuidas. *Darte gracias* por todas las cosas buenas y las no tan buenas me ayuda a parecerme más a ti.

En tu nombre hermoso, Jesús, *Amén*

LEE POR TU CUENTA

2 CORINTIOS 3:18; ROMANOS 8:17; 2 CORINTIOS 4:17 (NTV); EFESIOS 5:19-20

TÚ RESPONDES
MIS ORACIONES

Y debido a su gloria y excelencia, nos ha dado
grandes y preciosas promesas.
—2 Pedro 1:4 (NTV)

Querido Jesús:

Ayúdame a confiar en ti para que controles mi día. Quiero dejar las cosas en tus manos y no intentar manejarlo todo por mi cuenta. *Tú eres mi Dios.* Este es tu mundo. Tú lo creaste, y estás a cargo de todo. Mi labor es seguirte. Puedo hacerlo sin tener miedo porque sé que me amas demasiado. Creaste mi corazón para *confiar en ti en todo tiempo.*

Gracias por invitarme a hablarte y *contarte todos mis problemas.* Me gusta compartir contigo todo lo que estoy pensando y sintiendo. Puedo pedirte cualquier cosa y tú siempre me escuchas. Sé que comienzas a responder tan pronto como oro, aun cuando no pueda ver tus respuestas todavía.

Ayúdame a no preocuparme por cuándo responderás mis oraciones, independientemente del tiempo que tenga que esperar. Y recuérdame que no tengo que seguir contándote mis problemas una y otra vez. En su lugar, quiero confiar en que tú *responderás* y harás lo mejor para mí. Así que te doy las gracias por las respuestas que ya están de camino. Darte las gracias me da paz y calma mis preocupaciones. Cuando me siento en paz, puedo enfocarme en ti y en todas las formas en las que guardas *tus grandes y preciosas promesas* para mí.

En tu nombre asombroso, Jesús, *Amén*

LEE POR TU CUENTA

SALMOS 46:10; SALMOS 62:8; COLOSENSES 4:2; 2 PEDRO 1:4 (NTV)

ME MUESTRAS EL CAMINO

Cuando ya no me queda aliento, tú me muestras el camino.

—Salmos 142:3 (NVI)

Querido Jesús:

Hay momentos en los que no tengo ni idea de cómo hallar *el camino* cuando estoy en medio de un problema. Pero tú siempre conoces la salida a mis dificultades. Por tanto, cuando me siento cansado, confuso o asustado, puedo escoger huir de esos sentimientos y acudir a ti, confiando en ti para que me guíes.

¡Es un gran alivio poder consultarte todas mis preguntas y preocupaciones! Como tú me escuchas y me guías, no tengo que dejarme llevar por mis sentimientos o temores. Me confortas y me ayudas a descansar en tu presencia.

Aun cuando pienso que sé lo que debo hacer, necesito comentarte mis planes. Tu plan es perfecto. Tú conoces el mejor camino. Por ello, sigue guiándome paso a paso, hoy y mañana y todo el camino al cielo.

Necesito recordar que *tus caminos son más altos que los míos, como los cielos son más altos que la tierra.* Recordar esta gran verdad me ayuda a adorarte, Señor. *Eres santo y vives para siempre.* Y a pesar de que vives en el cielo, *un lugar alto y santo*, extiendes tu mano y me muestras el camino que debería tomar. ¡Gracias, Señor!

En tu nombre santo, Jesús, *Amén*

LEE POR TU CUENTA

SALMOS 142:3; ISAÍAS 55:9; ISAÍAS 57:15

SIGUE Y CANTA

«Tú, sígueme».
—Juan 21:22

Querido Jesús:

La Biblia me dice que *te cante porque tú eres bueno conmigo* . Hay días en los que me encanta hacerlo. ¡A veces incluso me despierto con una canción en mi corazón! Pero reconozco, Señor, que hay otros días en los que no me apetece en absoluto. Preferiría refunfuñar y quejarme. Como esos días en los que olvido mis deberes, tropiezo en el parque o tengo una pelea con mi amigo. ¡Pero sé que *es entonces* cuando más necesito cantar! Ayúdame a recordar que tú siempre estás cuidándome, me sienta bien o no. Cantarte en los días complicados es algo que puedo hacer para acercarme a ti. ¡Porque alabarte me hace recordar lo asombroso que eres!

A veces miro a los chicos que me rodean y me pregunto: *¿Por qué sus vidas son mucho más fáciles que la mía?* Pero en realidad, no sé todo lo que están afrontando. No veo todos sus problemas. Tal vez se sientan solos porque no te conocen, Jesús. O quizás están muy tristes por algo que les hace llorar por la noche en sus camas. En lugar de comparar mi vida con la de ellos, necesito acudir a ti y escuchar lo que me dices. En tu Palabra indicas: *¡Sígueme!* Ayúdame a hacerlo, Señor, ¡y a cantar alabanzas mientras lo hago!

En tu nombre amoroso, Jesús, *Amén*

LEE POR TU CUENTA

SALMOS 13:6 (NTV); 2 SAMUEL 22:33-34; JUAN 21:22

COMO PIEZAS DE UN PUZLE

El Señor tu Dios es el que va contigo;
no te dejará ni te desamparará.
—Deuteronomio 31:6

Querido Jesús:

Solo tú sabes lo débil que soy en realidad. Solo tú sabes todas las veces que no estoy seguro de lo que debo hacer. Pero estoy aprendiendo que en esos momentos me das aún más de tu fuerza. Y estoy viendo lo bien que encajan mi debilidad y tu fuerza, ¡como las piezas de un puzle! Ellas crean la imagen más hermosa. Es una imagen que diseñaste antes de que yo naciera.

Tu Palabra me dice que *tu poder es más fuerte cuando soy débil*. Ser capaz de apoyarme en ti cuando me siento débil o abrumado es como tener los brazos de mi madre o mi padre rodeándome en medio de una gran multitud. Cuando confío en ti para que *me des fuerzas*, puedo hacer lo que tenga que hacer e ir a donde tenga que ir. ¡Encuentro mucho gozo en tu promesa de estar a mi lado y *sostener mi mano*! Y me encanta escucharte decir: «*No temas. Yo te ayudaré*».

Recuérdame que debo apoyarme siempre en ti, aun cuando sienta que puedo manejar las cosas por mi cuenta. ¡Tú eres mucho más sabio de lo que yo podría serlo jamás! ¡Tu sabiduría es asombrosa y eterna! Y nuestra amistad se fortalece más cada vez que confío en ti para que me ayudes. Señor, gracias por prometer que *nunca me dejarás ni me desampararás*.

En tu nombre sabio y consolador, Jesús, *Amén*

LEE POR TU CUENTA

2 CORINTIOS 12:9; FILIPENSES 4:13; ISAÍAS 41:13 (NVI);
DEUTERONOMIO 31:6

APRENDIENDO A ESTAR SIEMPRE GOZOSO

Pues las montañas podrán moverse y las colinas desaparecer, pero aun así mi fiel amor por ti permanecerá.

—Isaías 54:10 (NTV)

Querido Jesús:

Estás enseñándome a *estar siempre gozoso*. Eso es posible porque mi mayor gozo proviene de *ti*, y tú siempre estás conmigo. Lo único que tengo que hacer es recordar que me amas en todo tiempo y toda situación. Entonces, de repente, ¡mi corazón se siente más ligero! La Biblia me dice que pase lo que pase, aunque *las montañas se muevan, tu fiel amor permanecerá.*

Cada vez que fallo o cuando las cosas no van como quiero, me resultaría fácil preguntarme si todavía me amas. Te ruego que me ayudes a no hacerlo, Señor. Tu amor es más seguro y estable que nada en este mundo. ¡Estoy muy feliz de que seas *el Señor que me ama*! ¡Gracias, Jesús!

Estoy aprendiendo que cuando te alabo, mi gozo aumenta más y más. ¡No importa lo que esté ocurriendo! Aun en los momentos más duros, esparces bendiciones en mi día. Para ayudarme a ser más agradecido, necesito *pensar en las cosas que son buenas y dignas de alabanza.* Necesito *pensar en las cosas que son verdaderas, justas, puras, bellas y admirables.* Enséñame a fijarme en todas tus bendiciones y alabarte por cada una que encuentre.

En tu nombre asombroso, Jesús, *Amén*

LEE POR TU CUENTA

1 TESALONICENSES 5:16-18; ISAÍAS 54:10 (NTV); FILIPENSES 4:8 (NTV)

ESPERANDO TU RESPUESTA

Oh Señor, de mañana oirás mi voz; de mañana presentaré
mi oración a Ti, y con ansias esperaré.

—Salmos 5:3

Querido Jesús:

Estoy aprendiendo que los problemas y desafíos no solo son cosas que tengo que experimentar. Me dan una oportunidad de estar en tu equipo, trabajando contigo.

Algunos problemas son tan grandes y difíciles que parecen una enorme roca, un pedrusco sobre mi pecho. Así que comienzo a intentar hacer todo lo que se me ocurre para quitármelos de encima. Pero lo que realmente necesito es *acudir a ti en busca de ayuda.* Tu Palabra afirma que debería decirte lo que necesito *en oración y esperar* tu respuesta. Sin embargo, te ruego que me hagas recordar que tu respuesta podría tardar. Podría ser un día, un mes, un año o incluso más. Pero sé que estás obrando y haciendo cosas importantes en mi vida, aunque yo no las vea ahora mismo.

Me has estado mostrando que mis problemas son parte de una batalla más grande que tú estás peleando. Mi trabajo consiste en confiar en ti para que cuides de mí y *pedirte todo lo que necesito, recordando siempre darte las gracias.* Cuando sigo orando y confiando en ti, tu Espíritu obra para *transformarme y hacerme más como tú.* Y cuando la gente ve lo grande y poderoso que eres, ¡recibes más y más gloria!

En tu nombre maravilloso, Jesús, *Amén*

LEE POR TU CUENTA

SALMOS 105:4; SALMOS 5:3; FILIPENSES 4:6; 2 CORINTIOS 3:18

¡TODO PARA TI!

Cualquier otra cosa que hagan, háganlo todo para la gloria de Dios.
—1 Corintios 10:31 (NTV)

Querido Jesús:

Viniste y moriste en la cruz para salvarme de mis pecados, pero no te quedaste en la tumba. ¡Resucitaste de nuevo a la vida! ¡Tú eres *mi Dios viviente,* más vivo y lleno de energía de lo que podría imaginar jamás!

Por favor, ayúdame a caminar con valentía a lo largo de este día contigo, confiando en ti pase lo que pase. Gracias por prometer que nunca soltarás mi mano. Puede que no sea capaz de sentir tu mano con mis dedos, pero puedo sentirla en mi corazón y saber que estás conmigo.

Me encanta pensar en todas las bendiciones que me das: tu amor, tu presencia, el perdón de todos mis pecados y un hogar en el cielo contigo algún día. Ni siquiera puedo comprender plenamente lo increíbles que son estos regalos, pero hacen que quiera adorarte. Y me mantienen caminando contigo, con un corazón lleno de esperanza cuando ocurren cosas difíciles.

Puedo adorarte de muchas formas diferentes: cantando canciones de alabanza, estudiando y memorizando tu Palabra, orando por mi cuenta o con otros, o simplemente asombrándome de las maravillas que has creado. También puedo adorarte sirviendo y amando a otras personas. *Cualquier cosa que haga,* Señor, ¡ayúdame a *hacerla para tu gloria*! ¡Quiero que los demás te conozcan y te alaben también!

En tu glorioso nombre, Jesús, *Amén*

LEE POR TU CUENTA

MATEO 28:5-6; SALMOS 42:2; COLOSENSES 2:3; 1 CORINTIOS 10:31 (NTV)

LA MAYOR VICTORIA

Mi corazón te ha oído decir: «Ven y conversa conmigo».
Y mi corazón responde: «Aquí vengo, Señor».

—Salmos 27:8 (NTV)

Querido Jesús:

Tu Palabra afirma: *«Si Dios está por nosotros, ¿quién estará contra nosotros?»*, es decir, nadie nos puede derrotar. Cuando decido confiar en ti como mi Salvador, entonces *estás* por mí. Desde luego, sé que no estás diciendo que jamás tendré un problema, o que el diablo dejará de intentar trucos para atraparme. En cambio, estás diciéndome que te encuentras a mi lado y nada podrá derrotarte a ti.

Cuando moriste en la cruz y resucitaste de nuevo a la vida, ¡ganaste la mayor victoria de todos los tiempos! Al elegir seguirte, la comparto y celebro contigo. ¡Mi futuro hogar en el cielo está preparado y me está esperando debido a la asombrosa victoria que tú lograste! Eso significa que no tengo que temer a los problemas que puedan surgir. Puedo seguirte con valentía y audacia.

Me estás enseñando a *hablarte* de todo y a ir a dondequiera que me lleves. Cuanto más confío en ti, más fácil es dejar marchar la preocupación y el temor, y disfrutar de la aventura de vivir mi vida contigo. Me regocijo porque eternamente estás a mi lado y *te encuentras siempre preparado para ayudarme*. No importa lo que suceda hoy, estoy en el lado ganador, ¡en *tu* lado!

En tu gran nombre, Jesús, *Amén*

LEE POR TU CUENTA

ROMANOS 8:31; SALMOS 27:8 (NTV); SALMOS 46:1 (NTV)

SEDIENTO DE TI

Como un ciervo busca agua fresca cuando tiene sed,
así me desespero yo buscándote, Dios mío.
—Salmos 42:1 (PDT)

Querido Jesús:

Tengo sed de ti, igual que si deseara un vaso de agua fría en un día caluroso. Jesús, estoy tan sediento de ti porque realmente quiero conocerte mejor. Quiero estar cerca de ti.

Cuando me creaste, pusiste este profundo «deseo» en mi corazón. Me hiciste para que pudiera *buscarte* y encontrarte, ¡y sentirme lleno de gozo! Sin embargo, a veces parece raro pasar tiempo simplemente sentado en tu presencia. Es como si debiera estar ocupado haciendo algo. Ayúdame a ver que estar contigo en silencio es lo mejor que podría hacer.

Me hiciste a tu imagen, y el cielo es mi verdadero hogar, mi hogar eterno contigo. Así que este deseo de estar cerca de ti es como sentir nostalgia. Es como cuando paso la noche en casa de un amigo. Es divertido estar con él, pero también extraño a mi familia.

Aquí en la tierra disfruto de muchas cosas, pero a veces también tengo nostalgia del cielo. Te ruego que me ayudes a estar cerca de ti cada día. Porque estoy empezando a ver que cuanto más cerca estoy de ti, más puede brillar *tu gloria* a través de mí y en el mundo.

En tu nombre resplandeciente y brillante, Jesús, *Amén*

LEE POR TU CUENTA

SALMOS 42:1-2 (PDT); 1 CRÓNICAS 16:11; SALMOS 34:5; 2 CORINTIOS 3:18

JULIO

Por tanto, ahora no hay condenación
para los que están en Cristo Jesús.

—Romanos 8:1

ERES BUENO

Yo soy quien te dice: «No temas, yo te ayudaré».

—Isaías 41:13 (NVI)

Querido Jesús:

Eres bueno, en todo tiempo y en todo sentido. Pero no siempre veo tu bondad de inmediato. Jesús, veo mucha tristeza en este mundo. Y a veces oigo historias sobre lo cruel y mala que está siendo la gente. Todo eso puede hacerme sentir un poco preocupado y asustado. Comienzo a preguntarme dónde estás y por qué no haces algo para ayudar.

Entonces recuerdo que tú siempre eres bueno. Estás obrando en este mundo y en mi vida todo el tiempo. Preocuparme o asustarme es una señal de que necesito empezar a hablar contigo y no dejar de hacerlo. Puedo orar en silencio en mi corazón, o puedo orar en voz alta. De cualquier modo, Señor, ayúdame a aprender *a confiar en ti con todo mi corazón*. En lugar de *depender de mi propio entendimiento*, tratando de adivinar las cosas por mi cuenta, necesito venir a ti cuando estoy confundido.

No quiero ser una persona insistente que te exige explicaciones de por qué ocurren las cosas de ese modo. Pero estoy aprendiendo que siempre puedo preguntar: «¿Cómo quieres que vea esta situación?» y «¿Qué quieres que haga ahora mismo?».

Te ruego que me enseñes a confiar en ti día a día y a no preocuparme por lo que pueda pasar mañana, la semana que viene o el próximo mes. Me encanta oírte susurrarme esta preciosa promesa: *«No temas, yo te ayudaré»*.

En tu nombre confiable, Jesús, *Amén*

LEE POR TU CUENTA

SALMOS 37:12-13; PROVERBIOS 3:5; ISAÍAS 41:13 (NVI)

PODEROSO PARA SALVAR

*Cristo vive en mí. Lo que ahora vivo en el cuerpo, lo vivo por
la fe en el Hijo de Dios, quien me amó y dio su vida por mí.*
—Gálatas 2:20 (NVI)

Querido Jesús:

Estoy agradecido de que *estés conmigo* y seas poderoso. Así como el sol es el centro de nuestro sistema solar, tú eres el centro de mi vida y de todo lo relacionado conmigo. Los planetas nunca se olvidan de girar alrededor del sol, y yo no quiero dejar de pensar en ti, Jesús. Tú eres el *poderoso* que creó todo el universo.

Cuando confío en ti como mi Salvador, ¡vienes a *vivir dentro de mí*! Quiero que esa verdad penetre profundamente en mi corazón. Eso significa que no necesito preocuparme de si tengo suficiente fuerza o valor para hacer las cosas que quieres que haga. Tengo tu poder para ayudarme, ¡y eso siempre será suficiente!

Me gusta saber que *tu poder puede obrar a través de mí.* Incluso dices que *tu poder se perfecciona en mi debilidad.* Cuando pienso en todas estas cosas, dejo de preocuparme y siento paz.

¡Jesús, te ruego que me hagas recordar que tú vives en mí *y* eres poderoso! Estar seguro de esas maravillosas realidades ahuyenta mis preocupaciones y me llena de gozo. Gracias por utilizar tu imponente poder para fortalecerme y ayudarme.

En tu poderoso nombre, Jesús, *Amén*

LEE POR TU CUENTA

SOFONÍAS 3:17 (NTV); GÁLATAS 2:20 (NVI); EFESIOS 3:20; 2 CORINTIOS 12:9

EN TODO TIEMPO

Ni aun las tinieblas son oscuras para Ti, y la noche brilla como el día.
—Salmos 139:12

Querido Jesús:

Ayúdame a buscarte y encontrarte en los momentos difíciles de mi vida. Es fácil para mí hallarte cuando todo va bien y soy feliz. Te veo en las oraciones respondidas, en la belleza de la naturaleza, y cuando me estoy riendo y divirtiendo con la gente a la que quiero. Pero sé que también estás conmigo en todos mis momentos complicados. Es entonces cuando necesito buscarte más y encontrarte de verdad.

Así que, cuando empiece a pensar en cosas tristes que ocurrieron en el pasado, te ruego que me muestres cómo me ayudaste a pasar por ellas. Ayúdame a verte en el lugar exacto en el que estabas *realmente*: a mi lado. Y muéstrame cómo usaste los momentos difíciles para hacer crecer mi fe y mi amor por ti. Luego, cuando los problemas lleguen de nuevo a mi vida, te ruego que me recuerdes seguir agarrando fuerte tu mano.

La luz de tu presencia brilla incluso en mis días más oscuros, bendiciéndome y alumbrando mi camino como irrumpe el sol a través de las nubes. Tú me consuelas, me guías y me muestras qué camino tomar, paso a paso. Gracias por conducirme siempre más y más cerca de ti.

En tu nombre consolador, Jesús, *Amén*

LEE POR TU CUENTA

SALMOS 139:11-12; JUAN 1:5; SALMOS 73:23-24

CAPTURADO POR TI

¿No se dan cuenta de que su cuerpo es el templo del Espíritu Santo, quien vive en ustedes y les fue dado por Dios? Ustedes no se pertenecen a sí mismos.

—1 Corintios 6:19 (NTV)

Querido Jesús:

¡Tu amor ha capturado mi corazón y me *ha liberado*! Durante largo tiempo fui *un esclavo del pecado; el pecado me controlaba.* El egoísmo me controlaba. Siempre estaba pensando en lo que *yo* quería. Y debido a que lo que quería no siempre era bueno para mí, a menudo me sentía infeliz. Pero tan pronto como oré: «Jesús, te ruego que me salves de mis pecados», tú me liberaste. Ahora soy *como un esclavo tuyo y de tu justicia. Ya no me pertenezco. Tú me compraste* al morir en la cruz por mis pecados. Jamás seré capaz de pagarte por ello, pero puedo entregarte mi corazón. Y cuando lo hago, me llenas con tu gozo.

Como eres perfecto y bueno en todo lo que haces, no debo sentir temor de ser esclavo tuyo. *Fui comprado por ti,* así que te pertenezco. Pero sé que tú jamás serías malo conmigo. En cambio, me proteges y velas por mí. Estás trabajando para liberarme del pecado, el egoísmo, la preocupación y el temor, para que ya no puedan seguir gobernando sobre mí.

Mientras aprendo a seguirte más estrechamente, tu Espíritu se apodera más y más de mi corazón. Es igual que cuando tu Palabra afirma: *Donde está el Espíritu del Señor, hay libertad.* Señor, gracias por hacerme libre para amarte y ser amado por ti. ¡Ayúdame a amarte con todo mi corazón!

En tu poderoso y amoroso nombre, Jesús, *Amén*

LEE POR TU CUENTA

ROMANOS 6:17-18; 1 CORINTIOS 6:19-20 (NTV); 2 CORINTIOS 3:17

CANTARÉ ALABANZAS A TI

Alaba, alma mía, al Señor. Alabaré al Señor toda mi vida.

—Salmos 146:1-2 (NVI)

Querido Jesús:

¡Eres tan grande, glorioso y comprensivo que jamás podría alabarte o agradecerte demasiado! Eres digno de todas mis alabanzas, ¡y de mucho más! *Las alabanzas de tu pueblo son tu trono.* Así que, cuando te alabo, ¡llego a acercarme realmente a ti! A veces, estallo en alabanzas en voz alta, como cuando me sorprendes con una bendición especial, o cuando pintas un colorido arcoíris o un amanecer en el cielo. Otras veces, sobre todo en los días complicados, necesito recordarme todas las razones que tengo para estar agradecido. Entonces puedo alabarte en silencio por ello.

Ser agradecido es una forma maravillosa de disfrutar pasando tiempo en tu presencia. Un corazón agradecido tiene espacio suficiente para ti. Cuando te doy las gracias por los buenos regalos que derramas en mi vida, recuerdo que cada bendición viene de ti. Ayúdame a darte las gracias también en los momentos difíciles, ¡confiando en tu bondad en *todo* tiempo!

Te ruego que me enseñes a llenar mis días con alabanzas a ti por las cosas grandes y las pequeñas. La alabanza gozosa como esta me ayuda a vivir más cerca de ti, Señor.

En tu gran nombre, Jesús, *Amén*

LEE POR TU CUENTA

SALMOS 22:3 (PDT); SALMOS 146:1-2 (NVI);
1 TESALONICENSES 5:18; SALMOS 100:4

MI PRÍNCIPE DE PAZ

Jesús vino y se puso en medio de ellos, y les dijo: «Paz a ustedes».
—Juan 20:19

Querido Jesús:

¡Pasar tiempo contigo es una de mis cosas favoritas! Tú eres mi *Príncipe de Paz*. Me encanta escucharte susurrar las mismas palabras que les decías a tus discípulos cuando tenían miedo: *«¡Paz a ustedes!»*.

Puedo tener tu paz en todo momento y todo el tiempo, porque tú siempre estás conmigo. Eres mi compañero constante y mi amigo eterno. Cuando mantengo mis pensamientos en ti, puedo sentir tu paz y tu presencia en mi corazón. Tú eres el Rey de reyes, el Señor de señores y el Príncipe de Paz. ¡Jesús, eres digno de toda mi adoración y alabanza!

Necesito tu paz durante todo el día. Esta me ayuda a hacer las cosas cuando tú quieres que las haga; como estar tranquilo cuando los demás se molestan, o sentarme con un chico nuevo en el almuerzo, a pesar de que yo también soy un poco tímido. Sin embargo, a veces me gusta tomar atajos. Cuando es para llegar antes a clase está bien, pero hacerlo en mi fe *no* es correcto. Apresurarme en mis oraciones o leyendo la Biblia no me hace ningún bien. Si quiero estar más cerca de ti, necesito tomarme tiempo.

Por favor, sigue *mostrándome cómo vivir* y *guiándome por el camino de la paz*. Ayúdame a disfrutar cada momento de mi camino contigo.

En tu digno nombre, Jesús, *Amén*

LEE POR TU CUENTA

ISAÍAS 9:6; JUAN 20:19; SALMOS 25:4; LUCAS 1:79

MI DIOS Y MI SALVADOR

Espero confiadamente que Dios me salve,
y con seguridad mi Dios me oirá.
—Miqueas 7:7 (NTV)

Querido Jesús:

Tú eres el Creador del universo. Estoy muy feliz de que *estés conmigo* y *a mi favor.* ¡Eres lo único que necesito! Si siento que está faltando algo en nuestra relación es porque necesito estar en contacto contigo más a menudo. Mi vida rebosa como una fuente con tus bendiciones. Ayúdame a ver todas las cosas buenas que has derramado cada día y a darte las gracias por cada una de ellas. Como confío en ti, no tengo que preocuparme por nada. Jesús, puedo traerte mis problemas y oraciones sabiendo que tú te ocuparás de ellos.

Una de las cosas que estoy aprendiendo es que no son los momentos duros de mi vida los que más me molestan. Es la forma de pensar en ellos lo que empeora las cosas. Comienzo por intentar averiguar cómo solucionar mis problemas o dejarlos marchar. Actúo como si todo dependiera de mí. Y lo que sigue pasando por mi mente es: «¡Necesito solucionar esto!». ¡Estos pensamientos corren por mi cabeza como una manada de lobos hambrientos que se comen toda mi paz! Me olvido de que *tú* estás a cargo. Cada vez que se me olvide, te ruego que me ayudes a dejar de pensar en los problemas y a pensar en cambio en tu paz. Enséñame a *mirarte en busca de ayuda* y a *esperar que me salves.* Sé que *tú me oirás* y responderás mis oraciones porque tú eres Dios, ¡mi Salvador!

En tu nombre que salva, Jesús, *Amén*

LEE POR TU CUENTA

ISAÍAS 41:10; ROMANOS 8:31-32; JUAN 10:10; MIQUEAS 7:7 (NTV)

¡ETERNAMENTE
Y PARA SIEMPRE!

*¡Den gracias al Señor, porque él es bueno! Su
gran amor perdura para siempre.*
—Salmos 136:1 (NTV)

Querido Jesús:

¡Tú eres bueno y tu amor perdura para siempre! Esa es una hermosa promesa tuya para mí. La mejor forma de decir cómo me siento es *dándote las gracias* y *cantando canciones de alabanza a tu nombre*. Por favor, ayúdame a hacerlo más y más cada día.

Estoy muy agradecido por tu bondad, Señor. No existe ni una mota de maldad en ti. Jamás eres malo o cruel. Incluso cuando las cosas se ven mal en este mundo, puedo saber que tú estás haciendo algo bueno. Realmente estás obrando para hacer lo mejor para mí y para *todo* tu pueblo. Ayúdame a *vivir por lo que creo*, que tú eres bueno, y *no por lo que veo* que está sucediendo en el mundo que me rodea.

Darte las gracias y alabar tu nombre me da fuerzas para avanzar día tras día. La acción de gracias y la alabanza desvían mis ojos de la preocupación y los dirigen hacia el tesoro que tengo en ti. Ser agradecido también me recuerda que tú eres mi Creador y Salvador. Cuanto más te alabo, más nos acercamos. ¡Y cuanto más nos acercamos, más feliz estoy de que tu amor por mí continúe eternamente y para siempre!

En tu nombre amoroso, Jesús, *Amén*

LEE POR TU CUENTA

SALMOS 100:4-5; 2 CORINTIOS 5:7; SALMOS 136:1 (NVI)

¡EL MEJOR AMIGO!

Los escondes en el refugio de tu presencia, a salvo.
—Salmos 31:20 (NTV)

Querido Jesús:

Puedo venir a ti cuando todo es maravilloso, y puedo *hacerlo cuando estoy cansado y llevando una pesada carga* de problemas. Encuentro descanso y nuevas fuerzas en la paz de tu presencia. Estoy agradecido por *tu paz. Es más grande y extraordinaria de lo que jamás podría comprender.* Y está esperándome cada vez que la necesito. Lo único que tengo que hacer es venir a ti y pedirla.

Enséñame a *esconderme en el refugio de tu presencia, donde estoy a salvo.* Incluso mientras hago todas las cosas cotidianas de la vida, como salir con mis amigos, terminar mis tareas y memorizar las tablas de multiplicar, puedo estar en el lugar seguro de tu presencia y protección. Tú no estás limitado por el tiempo y el espacio como lo estoy yo. Eso significa que puedes estar a mi lado ahora mismo *y* podrás estar en el futuro al mismo tiempo, despejando mi camino. ¡Eres el mejor amigo que jamás podría tener!

Recuérdame traerte mis problemas y dejar que tú los lleves por mí. Tu Palabra me dice que *en este mundo tendré aflicciones. Pero no debo permitir que eso me asuste. Tú ya has vencido al mundo.* Puedo tener paz porque tú estás conmigo y tu poder me protege.

En tu nombre poderoso, Jesús, *Amén*

LEE POR TU CUENTA

MATEO 11:28; FILIPENSES 4:7; SALMOS 31:20 (NTV); JUAN 16:33 (NVI)

SI EL MUNDO
FUERA PERFECTO

*Yo estaba muy preocupado e intranquilo, pero tú
me consolaste y me llenaste de alegría.*
—Salmos 94:19 (PDT)

Querido Jesús:

Me consuelas cuando estoy preocupado. ¡Y me llenas de alegría! Este mundo me da muchos motivos para estar preocupado. Hay tantos que ni siquiera puedo contarlos. Dondequiera que miro, veo dificultades y problemas. Te ruego que me ayudes a dejar de pasar tanto tiempo observando esos problemas y me enseñes a fijarme cada vez más en *ti*. Si tan solo susurro tu nombre, Jesús, recuerdo que tú estás conmigo, y que eres más grande y fuerte que cualquier dificultad que pudiera tener. Eso me ayuda a sentirme mejor ahora mismo. Mi corazón se siente más ligero y mi día parece más radiante.

A veces comienzo a imaginar lo increíble que sería no tener dificultad o problema alguno. Pero entonces me doy cuenta de que si el mundo fuera perfecto, jamás sabría cómo es sentir tu consuelo. En lugar de permitir que los problemas me asusten, puedo escoger verlos como recordatorios para buscar tu presencia, tu paz y tu amor. Siempre estás preparado para darme estos regalos preciosos e invisibles cuando vengo a ti. Y me llenas de *un gozo que nadie podrá apartar de mí.*

Me siento alentado y bendecido por tu reconfortante invitación: «*Vengan a Mí, todos los que están cansados y cargados, y Yo los haré descansar*». ¡Jesús, vengo a ti!

En tu nombre maravilloso, Jesús, *Amén*

LEE POR TU CUENTA

SALMOS 94:19 (PDT); JUAN 16:21-22; MATEO 11:28

LO PRIMERO

*Me viste antes de que naciera. Cada día de mi
vida estaba registrado en tu libro.*
—Salmos 139:16 (NTV)

Querido Jesús:

Estoy agradecido de que *puedas lograr muchísimo más de lo que
pudiera pedir o imaginar*. Me gusta orar por cosas grandes y maravillosas,
¡pero sé que tú eres capaz de hacer cosas *mucho* más grandes y maravillosas! Siempre estás obrando en mi vida, incluso cuando no puedo ver lo
que estás haciendo.

A veces, cuando no puedo ver las cosas buenas que estás haciendo
ahora mismo, empiezo a sentirme estancado. Y solo desearía que mi situación pudiera cambiar. Sin embargo, como tú eres Dios, puedes mirar la
imagen panorámica: el pasado, el presente y el futuro. Todo al mismo tiempo.
Y estás obrando de formas que ni siquiera puedo empezar a comprender.

Te ruego que me ayudes a aprender a seguir pensando en ti a lo largo
del día. En realidad, quiero recordar que debo empezar mi día hablando
contigo. Cuanto más espero, más difícil parece lograrlo. Pero cuando lo
primero que hago por la mañana es orar a ti, es más fácil seguir conversando contigo a lo largo del día. Me alegro de poder traerte mis peticiones
de oración y mis alabanzas.

A veces pienso que estoy demasiado ocupado para orar. Luego
recuerdo que no estoy solo cuando hago mis faenas. Tú estás trabajando
conmigo aquí mismo, en mis tareas, deberes y prácticas. Y *tu poder está
obrando en mí.* ¡Me siento fuerte cuando pienso en cómo tú puedes hacer
mucho más de lo que yo pueda pedir o imaginar!

En tu poderoso nombre, Jesús, *Amén*

LEE POR TU CUENTA

EFESIOS 3:20 (NTV); MATEO 19:26; SALMOS 139:16 (NTV); SALMOS 5:3

TRES PALABRAS

*Él desbordó su bondad sobre nosotros junto con
toda la sabiduría y el entendimiento.*
—Efesios 1:8 (NTV)

Querido Jesús:

Ayúdame a *estar siempre gozoso* y a *orar sin cesar.* Estoy aprendiendo que estar «siempre gozoso» no es lo más fácil. Pero siempre *es* posible hallar algo por lo que estar gozoso cuando pienso en ti. ¡Derramas mucho consuelo y ánimo en mis días! Esto posibilita que *esté gozoso* y *tenga esperanza* aun cuando luche con los mayores problemas.

La Biblia me dice que *dé gracias en toda circunstancia,* sin importar lo que esté sucediendo. Cuando tengo problemas para ser agradecido, me ayuda orar: «Jesús, muchas gracias». Esta oración solo tiene tres palabras, pero me ayudan a mirar alrededor y ver lo mucho por lo que tengo que estar agradecido. Y lo mejor es que quisiste sufrir y morir en la cruz para poder ser mi Salvador.

Incluso cuando me siento triste o desanimado, sigue siendo un buen momento para darte las gracias. Te ruego que me enseñes a alabarte por cada cosa buena tan pronto como la vea. Estas alabanzas añaden brillo a mis bendiciones y gozo a mi corazón. ¡Gracias, Jesús!

En tu nombre gozoso, Jesús, *Amén*

LEE POR TU CUENTA

1 TESALONICENSES 5:16-18; ROMANOS 12:12;
EFESIOS 1:7-8 (NTV); SALMOS 95:2

MI GUÍA ETERNA

¡Este Dios es nuestro Dios eterno!
¡Él nos guiará para siempre!
—Salmos 48:14 (NVI)

Querido Jesús:

Tú eres mi pastor. Me guías y me proteges. ¡Eres el pastor perfecto y cuidas maravillosamente de mí! Me amas con un amor *inagotable* que jamás termina. Lo sabes *todo* de mí: las cosas en las que soy genial y en las que no soy tan bueno. Conoces mis fortalezas y mis debilidades, mis luchas y mis pecados. Conoces todos mis secretos, incluso los que nadie sabe. Debido a que tú sabes todas las cosas, puedes guiarme de una forma perfecta.

Jesús, ayúdame a caminar a través de este mundo confiando y dependiendo de ti. Estoy aprendiendo que incluso mientras estás aquí conmigo en el presente, también lo estás en el futuro. Y preparas cuidadosamente el camino que seguiré. Apartas de mi sendero muchos peligros y problemas. Y me das todo lo que necesito para pasar los desafíos y las dificultades que aún están ahí.

Incluso si camino por el valle más oscuro, no temeré, porque tú estás a mi lado. Tu cercanía me da consuelo y gozo. Mientras hablo contigo, confiaré en que tú me guiarás cuidadosamente a través de este día y de cada día de mi vida. Tú eres *mi Dios y mi guía por los siglos de los siglos.*

En tu nombre consolador, Jesús, *Amén*

LEE POR TU CUENTA

SALMOS 23:1; ÉXODO 15:13 (NVI); SALMOS 23:4 (NTV); SALMOS 48:14 (NVI)

PODER Y GOZO

Hay esplendor y majestad ante su presencia; poder
y alegría en su templo santo.

—1 Crónicas 16:27 (PDT)

Querido Jesús:

Te ruego que llenes cada momento con tu presencia para que pueda ver las cosas del modo en que tú las ves. Cuando estoy alrededor de alguien que me pone nervioso, normalmente me enfoco en lo que pienso que está mal con esa persona. Pero en lugar de ese enfoque negativo, necesito mirarte a *ti* a través de los ojos de mi corazón. Al contemplarte puedo dejar pasar esas cosas que me molestaban. La Biblia me enseña que *juzgar a los demás* es una trampa peligrosa, y he visto cómo me aleja de ti. Quiero estar cerca de ti, así que te ruego que me ayudes a enfocarme en ti y a *estar más alegre, porque tú eres mi Salvador.*

¡Hay mucho *poder y gozo en ti,* Jesús! Cuanto más *pongo mis ojos en ti,* más fuerzas y gozo me das. Por favor, enséñame a ser consciente de ti aun cuando estoy ocupado con otras cosas. Puedo hacerlo, porque me creaste con este cerebro increíble, capaz de pensar en varias cosas al mismo tiempo. ¡Gracias por ello! Quiero aprender a mantener mis ojos en ti, Señor, disfrutando de tu presencia cada minuto del día

En tu nombre fuerte, Jesús, *Amén*

LEE POR TU CUENTA

MATEO 7:1; HABACUC 3:18; 1 CRÓNICAS 16:27 (PDT); HEBREOS 12:2

ERES SANTO

Honren al Señor por la gloria de su nombre; adoren
al Señor en la magnificencia de su santidad.
—Salmos 29:2 (NTV)

Querido Jesús:

Ayúdame a *alabarte y adorarte, porque eres santo.* Señor, estoy agradecido por todo lo que me das, pero no quiero que tus regalos sean la única razón de mi alabanza. ¡Tú eres Dios! Y sé que eres perfecta y completamente santo. Aún no lo entiendo muy bien, pero un día *te conoceré del todo,* tan perfectamente santo como eres.

Incluso ahora, pensar en cuán perfecto eres me hace querer adorarte. No existe ni una sola mota de pecado en ti. Tu bondad pura me deleita y asombra. No puedo esperar para cantar con los ángeles un día: *«Santo, santo, santo es el* Señor *Todopoderoso; toda la tierra está llena de tu gloria».*

Estoy descubriendo que cuando te alabo, comienzo a cambiar. Me convierto cada vez más en la persona que diseñaste que fuera. No puedo comprenderte de una forma perfecta y completa, pero *puedo* aprender más sobre ti en la Biblia. Te ruego que uses tu Palabra para enseñarme quién eres realmente y cómo quieres que viva. ¡Entonces podré alabarte aún mejor!

En tu nombre asombroso, Jesús, *Amén*

LEE POR TU CUENTA

SALMOS 29:2 (NTV); 1 CORINTIOS 13:12; ISAÍAS 6:3 (NVI)

NADA EN TODO EL MUNDO

*«Yo he venido para que tengan vida, y para
que la tengan en abundancia».*
—Juan 10:10

Querido Jesús:

Ayúdame a detenerme y descansar en tu presencia. Y recuérdame, por favor, que *nada en todo el mundo podrá separarme de tu amor*. Porque cuando el día está siendo realmente duro, cuando lo he estropeado todo y se diría que todo lo hago mal, es difícil recordar que me amas. A veces se infiltran pequeñas dudas en mis pensamientos y me pregunto si me he equivocado demasiadas veces. Cuando me siento *verdaderamente* mal conmigo mismo, incluso me pregunto si podrías dejar de amarme. ¡Pero tu Palabra me promete que eso es imposible! Tu amor no depende de que lo haga todo bien. Es un regalo de tu parte para mí, y es mío eternamente.

Al recordar que no perderé tu amor, puedo relajarme y vivir mi *vida en abundancia*. Cuando las cosas van bien, quiero disfrutar de esos momentos buenos sin preocuparme de que haya algún problema esperándome en el camino que tengo por delante. Y cuando *esté* tratando con algún problema, puedo contar contigo y con tu amor para fortalecerme. Sé que siempre habrá dificultades. Así es este mundo. Pero estoy aprendiendo que aún puedo *tener paz*, porque te tengo a *ti*. Puedo sonreír y *ser valiente* en los momentos complicados, porque me das esta maravillosa promesa: *«¡Yo he vencido al mundo!».*

En tu nombre todopoderoso, Jesús, *Amén*

LEE POR TU CUENTA

ROMANOS 8:38-39; JUAN 10:10; JUAN 16:33

DAS, DAS Y DAS

Pero a todos los que creyeron en él y lo recibieron,
les dio el derecho de llegar a ser hijos de Dios.
—Juan 1:12 (NTV)

Querido Jesús:

Tú nunca te quedas sin gozo y siempre deseas compartirlo conmigo. Sin embargo, a veces me olvido de pedirlo y otras veces estoy demasiado ocupado sintiéndome molesto, preocupado o autocompadeciéndome. Cuando eso ocurra, te ruego que me recuerdes que tú estás aquí mismo conmigo, esperando para bendecirme con tu alegría. Ayúdame a abrir siempre mis brazos y aceptar tu gozo, como si recibiera un gran abrazo.

Tan rápido como acudo a ti y paso algo de tiempo en tu presencia, comienzan las bendiciones. Siento la luz de tu amor brillando sobre mí mientras *me transformas para ser más como tú,* poco a poco. Cuantos más momentos pasamos juntos, más comienzo a *entender lo ancho, largo, alto y profundo que es tu amor.*

Derramas tu vida y tu amor en mí, y lo único que tengo que hacer es *recibir* estos increíbles regalos. Casi parece demasiado bueno para ser cierto. A muchas personas solo les interesa lo que pueden obtener para sí mismas, pero tú solo das, das y das. Cuanto más creo y confío en ti, más puedo recibir las bendiciones que me das. Señor, ayúdame a *estar quieto en tu presencia y conocer que tú eres Dios,* ¡el único que me ayuda y me ama para siempre!

En tu bendito nombre, Jesús, *Amén*

LEE POR TU CUENTA

2 CORINTIOS 3:18; EFESIOS 3:16-18; JUAN 1:12 (NTV); SALMOS 46:10

DESCANSAR EN TI

Me infunde nuevas fuerzas. Me guía por sendas
de justicia haciendo honor a su nombre.

—Salmos 23:3 (NVI)

Querido Jesús:

Te ruego que me ayudes a relajarme y a disfrutar de este día. A veces voy apresurado todo el tiempo pensando en lo que tengo que hacer. Me ocupo de las cosas del colegio, las mascotas y las tareas. Voy al ensayo, como y paso un rato con los amigos. Pero estoy tan ocupado corriendo de una cosa a la siguiente que a veces me olvido de las bendiciones que derramas en mi día. Como las suaves y blancas nubes en el cielo, el dorado resplandor del sol, o ese nuevo amigo con el que acabo de cruzarme.

Recuérdame que cuando estoy relajado, me amas del mismo modo que cuando estoy trabajando duro para que todo esté hecho. No soy salvo por lo que hago. *Soy salvo por gracia, porque creo en ti,* Jesús. ¡Qué increíble *regalo de tu parte!* Cuando creo en ti me convierto en tu hijo, ¡un miembro de tu familia para siempre!

Ayúdame a *descansar en ti,* incluso en mis días más ocupados. Descansar en ti me ayuda a pensar con mayor claridad. Me enseñas sobre lo que es importante y lo que en realidad no lo es. *Me das nuevas fuerzas* y *me guías por sendas de justicia.* Descansar contigo es como estar tumbado *en verdes pastos, junto a aguas de reposo,* disfrutando de tu paz.

En tu nombre apacible, Jesús, *Amén*

LEE POR TU CUENTA

EFESIOS 2:8-9; SALMOS 62:5 (NVI); SALMOS 23:3 (NVI); SALMOS 23:2

APRENDIENDO A SOLTAR

Dichosos los que saben aclamarte, Señor, y
caminan a la luz de tu presencia.
—Salmos 89:15 (NVI)

Querido Jesús:

Estás enseñándome que necesito aprender a soltar. No quiero aferrarme tan fuerte al dinero, o a los juguetes, o a otras cosas que no deseo compartir con los demás. También necesito aprender cómo dejar de intentar controlar a todos y todo. Pero solo puedo deshacerme de las cosas con tu ayuda. Eso comienza cuando dedico tiempo a descansar en tu presencia. Cuando me siento contigo a la luz de tu amor, me ayudas a ver lo que más importa: amarte a ti y amar a los demás. No debo tener miedo de compartir lo que tengo, porque puedo confiar en que tú me das todo lo que necesito.

¡Soy tan feliz de que siempre estés conmigo y nunca cambies! ¡Tú eres el mismo ayer, hoy y por los siglos! Cuando aprendo a confiar en que te ocupas de cada situación a la que me enfrento, recuerdo tu promesa de que nunca soltarás mi mano. Me encanta oírte susurrarme a través de tu Palabra: «*Yo soy el* SEÑOR, *tu Dios, que sostiene tu mano derecha; yo soy quien te dice: "No temas. Yo te ayudaré"*».

Gracias porque puedo *vivir a la luz de tu presencia.* Esa es una bendición que nadie podrá quitarme jamás.

En tu nombre amoroso, Jesús, *Amén*

LEE POR TU CUENTA

SALMOS 89:15 (NVI); HEBREOS 13:8; ISAÍAS 41:13 (NVI)

TU GOZO Y TU PAZ

Todo lo que Dios es habita corporalmente en Cristo, incluso en su vida en la tierra. En Cristo, ustedes están completos y no necesitan nada más, pues él es cabeza de todos los gobernantes y poderes.
—Colosenses 2:9-10 (PDT)

Querido Jesús:

Gracias por todas las formas en que me haces completo, juntando las piezas de mi vida. Eres mi amigo fiel cuando me siento solo. Me das esperanza y ánimo cuando tengo ganas de rendirme. Y eres la luz que sigue brillando en cada momento de mi vida. Jesús, no me gusta sentirme solo, sin esperanza o con miedo. Pero utilizas esos sentimientos para recordarme que acuda a ti. Y correr a ti *siempre* es una buena elección. Cada vez que me sienta triste, solo o atemorizado, ayúdame a recordar que tú estás aquí, junto a mí.

Estoy aprendiendo que la mejor forma de empezar mi día es decir: «Confío en ti, Jesús». Luego, necesito seguir diciéndolo y haciéndolo durante todo el día. Si dependo así de ti, descubro algo maravilloso cuando llega la hora de irme a la cama. Me doy cuenta de que has enviado al gozo y la paz para que sean mis compañeros durante el día. No recuerdo exactamente cuándo ocurrió, ¡pero sucedió! Esos dos amigos estuvieron conmigo a cada paso del camino.

Señor, gracias por tu gozo y tu paz, ¡y por todas las bendiciones que me das! La forma perfecta de terminar mi día es pensar en estas bendiciones y alabarte. *Que todo lo que respira te alabe.* ¡Especialmente yo!

En tu nombre santo, Jesús, *Amén*

LEE POR TU CUENTA

2 CORINTIOS 4:6; COLOSENSES 2:9-10 (PDT); SANTIAGO 1:4; SALMOS 150:6

MI CAOS DE ERRORES

La sabiduría está con los humildes.

—Proverbios 11:2

Querido Jesús:

Cuando lo estropeo todo, es difícil no seguir pensando en mi error. Entonces acabo sintiéndome horrible. Ayúdame a no ser tan duro conmigo mismo. Sé que tú puedes sacar algo bueno de todo, incluso de mis errores. No puedo mirar atrás y cambiar lo que ya he hecho, de modo que es una pérdida de tiempo seguir pensando en ello. En su lugar, ayúdame a traer ese error ante ti. Como tú eres increíblemente creativo, puedes encontrar una forma de entretejer mis buenas elecciones y las malas convirtiéndolas en una hermosa obra de arte.

La cuestión es que seguiré cometiendo errores. Jesús, no quiero, e intentaré no hacerlo. Pero tú y yo sabemos que a veces me equivocaré, porque soy humano. Pensar que puedo o debería ser perfecto es una forma de orgullo. Ayúdame a *ser humilde* y admitir mis errores. Después de todo, son esas equivocaciones las que me recuerdan cuánto te necesito. Y también me ayudan a ser más amable y comprensivo cuando las personas que me rodean cometen errores.

Estoy muy agradecido de que sepas cómo sacar algo hermoso de las equivocaciones que cometo. Mi función es confiar en ti y observar lo que harás en mi vida.

En tu maravilloso nombre, Jesús, *Amén*

LEE POR TU CUENTA

ROMANOS 8:28; PROVERBIOS 11:2; PROVERBIOS 3:5; MIQUEAS 7:7

LA ESCALADA

En cambio, nosotros somos ciudadanos del cielo, de donde anhelamos recibir al Salvador, el Señor Jesucristo.
—Filipenses 3:20 (NVI)

Querido Jesús:

A veces mi vida es como escalar una enorme montaña. Ayúdame a seguir subiendo contigo en lugar de intentar hacerlo solo.

Hay días en los que el sendero es tan llano que es fácil avanzar. Estoy aprendiendo que tú proporcionas esos días relajados para darme un descanso de la escalada y prepararme para los tramos más difíciles que tengo por delante. Hoy es uno de esos días duros. Esta montaña que estamos escalando es tan alta que ni siquiera puedo ver la cima. Está oculta entre las nubes. No puedo saber lo lejos que hemos llegado ni cuánto queda por escalar. Pero cuanto más alta es la montaña por la que me llevas, mejor puedo ver el hermoso escenario alrededor.

Cada día tiene un desafío, otro sendero que recorrer. Unos son cortos y fáciles de recorrer con rapidez. Otros son realmente largos y difíciles de escalar. Pero sea el camino corto y fácil, o largo y complicado, es una aventura asombrosa porque estoy viajando contigo, Señor.

Cuanto más alta sea esta montaña por la que vamos, más empinado llegará a ser el sendero. ¡Pero mayor será también mi aventura! Te ruego que sigas recordándome que cuanto más subimos, más cerca estoy de mi mayor meta: ¡vivir contigo para siempre en el cielo!

En tu impresionante nombre, Jesús, *Amén*

LEE POR TU CUENTA

MATEO 17:1-2; HABACUC 3:19; FILIPENSES 3:20-21 (NVI)

APRENDIENDO A PENSAR MÁS COMO TÚ

*«Pero el Defensor, el Espíritu Santo que el Padre va
a enviar en mi nombre, les enseñará todas las cosas
y les recordará todo lo que yo les he dicho».*
—Juan 14:26 (DHH)

Querido Jesús:

Cuando pienso en lo grande que eres, quiero celebrar. *Tus pensamientos no son mis pensamientos. Tus caminos no son mis caminos. Como los cielos son más altos que la tierra, así son tus caminos más altos que los míos. Y tus pensamientos más altos que mis pensamientos.* ¡Eres el Rey del universo y, sin embargo, siempre puedo hablarte! Mi mente no puede comprender por qué lo haces, por qué te inclinas y me prestas atención. Pero gracias, Jesús. ¡Gracias por amarme tanto!

Aunque eres mucho más grande y alto que yo, me estás enseñando a pensar como tú, con amor, amabilidad y sabiduría. Cuando paso tiempo contigo, leyendo tu Palabra y orando, mis pensamientos comienzan a ser más como los tuyos. Cuando confío en ti como mi Salvador, tu Espíritu viene a vivir dentro de mí. ¡Y siempre continúa con su obra para transformarme! Él guía mis pensamientos e incluso trae a mi mente versículos de la Biblia que necesito recordar justo en el momento preciso.

Hablar contigo y aprender de ti fortalece mi fe, y me ayuda a estar preparado para cualquier problema o desafío que venga. ¡Señor, pasar tiempo contigo me bendice más de lo que podría pedir o imaginar!

En tu majestuoso nombre, Jesús, *Amén*

LEE POR TU CUENTA

ISAÍAS 55:8-9; COLOSENSES 4:2; JUAN 14:26 (DHH)

NUNCA ABURRIDO

En ti pondré mi confianza.

—Salmos 56:3 (NTV)

Querido Jesús:

Gracias por este día de vida, Señor. Es un regalo precioso y único. Y confío en que estarás conmigo en cada momento de este día. Aunque si no puedo sentir tu presencia todo el tiempo, sé que siempre estás aquí.

Cuando te doy las gracias y confío en ti, es más fácil para mí ver las cosas del modo en que tú las ves. Aprendo a ver a los demás como personas a las que amas y a ver los problemas como una oportunidad para aprender más de ti. Eso fortalece mi fe. De modo que te ruego que me enseñes a agradecerte y confiar cada vez más en ti.

Ayúdame a considerar este día como una aventura que has planeado cuidadosamente para mí. Tú eres mi guía y conoces cada detalle de mi vida. Así que, en lugar de buscar la forma más fácil de pasar este día, intentaré seguirte a dondequiera que me lleves. Estoy emocionado de ver todo lo que has planeado para mí.

Vivir cerca de ti nunca es aburrido o monótono. Estoy aprendiendo a buscar sorpresas cada día. Te ruego que me ayudes a encontrarlas todas y cada una. Algunos días, nuestras aventuras juntos son divertidas y fáciles. Otros días son desafiantes y difíciles. Pero no temeré. ¡Porque sé que tú siempre estás cerca!

En tu nombre protector, Jesús, *Amén*

LEE POR TU CUENTA

SALMOS 118:24; ISAÍAS 41:10; SALMOS 56:3 (NTV); SALMOS 145:18

VIVIR CERCA DE TI

He de ver la bondad del Señor en esta tierra de los vivientes.

—Salmos 27:13 (NVI)

Querido Jesús:

Vengo a ti, deseando descansar en ese lugar seguro *entre tus brazos*. Hay momentos en que hacer lo correcto es fácil, apenas tengo que pensar en ello. Otras veces es mucho más complicado y me canso. Estoy tratando de ver esos momentos como oportunidades para practicar vivir cerca de ti, pero necesito tu ayuda para hacerlo.

Cuando estoy agotado, a veces empiezo a compadecerme. Pero lo que realmente debería hacer es darte las gracias por estar siempre aquí para darme todo lo que necesito. Tienes un suministro inagotable de energía, fuerza, sabiduría y amor, ¡y estás deseando compartirlo conmigo!

Ayúdame a apoyarme en ti durante todo el día y a disfrutar de estar tan cerca de ti. Estoy aprendiendo a estar agradecido por necesitarte tanto. Porque mientras más me apoyo en ti, más veo cuánto puedo confiar en ti, Jesús. ¡Tú nunca me decepcionas! Cuando pienso en los días difíciles que he tenido en el pasado, acabo pensando en ti y en cómo siempre has estado ahí conmigo, ayudándome a cada paso del camino. ¡Tenerte a mi lado lo hace todo mejor!

En tu nombre guía, Jesús, *Amén*

LEE POR TU CUENTA

DEUTERONOMIO 33:27 (NVI); ROMANOS 8:26;
FILIPENSES 4:19; SALMOS 27:13-14 (NVI)

CADA VEZ MÁS BRILLANTE

De esta manera sigo adelante hacia la meta, para ganar el premio que Dios ofrece por medio de su llamado celestial en Cristo Jesús.

—Filipenses 3:14 (NBV)

Querido Jesús:

La Biblia me dice que *el camino de los justos es como la luz del amanecer, que cada vez brilla más hasta que se hace de día.* ¡Este maravilloso versículo es para mí! Puedo brillar de forma resplandeciente porque tú me has cubierto con tu perfecta bondad, con tu justicia. Estas *ropas de salvación* que me has dado no pueden perderse ni ser robadas, y nunca se convertirán en harapos. Nunca tendrán agujeros ni pasarán de moda. Este *manto de justicia* tuyo es *mío* para siempre, ¡como yo soy *tuyo* para siempre!

A lo largo de este día, ayúdame a ser consciente de ti. Gracias porque tu amorosa presencia está siempre conmigo. Recuérdame mirar a ti en cualquier problema que enfrente. Ayúdame a caminar cerca de ti y a fijar mis ojos en la meta: mi hogar en el cielo contigo. Ahora mismo, mi imagen del cielo es un poco confusa y borrosa. Es como cuando el sol comienza a salir por la mañana y lo único que puedo ver son esos pocos rayos de luz. Pero un día contemplaré toda la gloria del cielo. Y será mucho más brillante que el sol resplandeciente de un día claro de verano. ¡El cielo será más resplandeciente y hermoso que cualquier cosa que pueda imaginar!

En tu nombre brillante y resplandeciente, Jesús, *Amén*

LEE POR TU CUENTA

PROVERBIOS 4:18 (PDT); ISAÍAS 61:10; SALMOS 23:3; FILIPENSES 3:14 (NBV)

227

ESTOY ENTRENANDO

Aprendieron a renovar su forma de pensar por medio del Espíritu,
y a revestirse del nuevo ser que Dios creó a su imagen para
que practique la justicia y la santidad por saber la verdad.
—Efesios 4:23-24 (PDT)

Querido Jesús:

¡Estoy muy agradecido de ser *un hijo de Dios*! Algún día, cuando estemos cara a cara, ¡*te veré como realmente eres*! Pero por ahora, estoy entrenando. Estás enseñándome a *revestirme de un nuevo ser y a renovar mi forma de pensar*. Eso no quiere decir que deje de ser yo. Aún tengo mi propia personalidad. Pero me estás ayudando a ser más amoroso, amable y sabio, a ser más como *tú*. Lo asombroso es que cuanto más me parezco a ti, ¡más me convierto en la persona única y exclusiva que tú diseñaste que fuera!

En el momento en que te pido que me salves de todos mis pecados, soy adoptado en tu familia real. Me convierto *en heredero de Dios* nuestro Padre, igual que tú. Eso significa que puedo compartir todas las maravillosas bendiciones que él tiene para ti como hijo suyo. Pero también significa que *compartiré tu sufrimiento*. Por eso quedan aún momentos difíciles y problemas. Cuando aparezcan, ayúdame a recordar que debo acudir a ti. No importa lo mucho que se compliquen las cosas, ayúdame a actuar como un hijo de Dios, un miembro de tu familia real. Te ruego que me recuerdes que esos momentos difíciles pueden hacerme más como tú, Jesús. Además, tengo una meta increíble: *ver tu rostro* en el cielo. Cuando te vea allí, cara a cara, ¡*estaré satisfecho*!

En tu nombre real, Jesús, *Amén*

LEE POR TU CUENTA

1 JUAN 3:2; EFESIOS 4:22-24 (PDT); ROMANOS 8:17; SALMOS 17:15 (PDT)

LEVANTO MIS MANOS

Levanten sus manos hacia el santuario, y alaben al Señor.
—Salmos 134:2 (NTV)

Querido Jesús:

Cuando me siento débil y cansado, me encarta oírte decir: «*Ven a mí*». Jesús, contigo encuentro mi lugar seguro para descansar, donde puedo fortalecerme.

Sé que siempre estás a mi lado, pero a veces lo olvido, y permito que los demás roben mi atención y la aparten de ti. A veces esto ocurre porque me ocupo haciendo cosas como ensayar, o realizar los deberes escolares y las tareas de la casa. Otras veces es porque mis amigos no están siendo buenos conmigo. Cuando me vengo a dar cuenta, empiezo a sentirme como si llevara una *pesada carga*. Entonces se me complica más y más seguir adelante.

Cuando eso ocurra, te ruego que me recuerdes acudir a ti en busca de ayuda. Tú prometes tomar mi carga y llevarla en mi lugar. Cuando hablo contigo de mis problemas, tu luz brilla sobre cada uno y me muestra el camino a seguir. Esa misma luz penetra en mi corazón, reconfortándome y dándome la fuerza para continuar.

Señor, abro mi corazón a tu amorosa presencia. Y *levanto mis manos en alegre alabanza* a ti. Me encanta pasar tiempo contigo porque *en ti hallo descanso*; puedo relajarme y ser yo mismo. Estoy muy agradecido de que *des fuerza a tu pueblo y lo bendigas con paz.*

En tu pacífico nombre, Jesús, *Amén*

LEE POR TU CUENTA

MATEO 11:28; SALMOS 134:2 (NTV); SALMOS 62:1 (NVI); SALMOS 29:11

MI GUARDA Y MI GUÍA

«Yo les doy vida eterna [...] y nadie las arrebatará de Mi mano».

—Juan 10:28

Querido Jesús:

Tu Palabra promete que, pase lo que pase, no debo *tener miedo, porque tú estás a mi lado, protegiéndome y guiándome todo el camino.* A pesar de que nunca me abandonas, debo admitir que muchas veces olvido que estás conmigo.

Cuando empiece a sentir miedo, ayúdame a usar ese temor como una alarma que me despierte y me haga recordar venir a ti. En lugar de permitir que mi miedo se haga cada vez más grande, puedo acudir a ti y dejar que la luz de tu presencia brille sobre mí. Cuando me relajo en la calidez de tu amor y tu luz, mis temores se derriten como cubos de hielo bajo el sol en un día de verano. ¡Tu maravilloso amor me hace sentir mucho mejor! Quiero amarte más, Jesús, y confiar más en ti también.

Estoy agradecido de que me sigas guardando y guiando dondequiera que voy. Me proteges de muchos problemas y peligros, de cosas de las que ni siquiera sé. Y como te pertenezco, mi alma está a salvo eternamente. *¡Nadie puede arrebatarme de tu mano!* Estarás conmigo y *me guardarás* todo el camino al cielo.

En tu nombre que nos guarda y guía, Jesús, *Amén*

LEE POR TU CUENTA

SALMOS 23:4; JUAN 10:28; SALMOS 48:14

TÚ ERES MI ROCA

El Señor es mi roca, mi fortaleza y mi salvador; mi
Dios es mi roca, en quien encuentro protección.
—Salmos 18:2 (NTV)

Querido Jesús:

Tú eres como una *alta roca de seguridad*. Eres mi Roca. *Puedo correr a ti y estar a salvo* en cualquier momento y en el cualquier lugar. No importa lo que esté sucediendo a mi alrededor, yo puedo descansar en el apacible lugar de tu presencia, tomándome un descanso en mi intento de averiguar todas las respuestas a mis problemas.

¡Son tantas las cosas que no entiendo! ¡Y tantas cosas que no puedo controlar! Pero esto no debería sorprenderme. La Biblia me dice que *tus caminos son más altos que mis caminos. Y tus pensamientos más altos que mis pensamientos, como los cielos son más altos que la tierra.*

Cuando el mundo que me rodea sea confuso y parezca que los chicos malos ganan, ayúdame a pensar en ti en lugar de preocuparme por todos esos problemas. Tú eres la luz que sigue brillando, independientemente de lo que esté ocurriendo. Y cuando escojo confiar en ti, tu luz puede brillar a través de mí en este mundo turbulento. Puedo contarles a los demás *las buenas nuevas que traen gozo a todo el mundo*: que *tú eres Cristo,* nuestro Señor y Salvador.

Me gusta venir a ti susurrando tu nombre y cantando canciones de alabanza. Mientras sigo mirándote, tu luz ilumina mi día.

En tu brillante nombre, Jesús, *Amén*

LEE POR TU CUENTA

SALMOS 61:2; SALMOS 18:2 (NTV); ISAÍAS 55:9; LUCAS 2:10-11

ME MANTIENES A SALVO

En mi lecho me acuerdo de ti.

—Salmos 63:6 (NVI)

Querido Jesús:

Ayúdame a recordar *aferrarme a ti*, a estar tan cerca de ti como pueda. Sé que me estás sosteniendo, y *tu mano me mantiene seguro*. Gracias por usar los momentos difíciles de mi vida para fortalecer mi fe y hacerla más pura. Una *fe fuerte y pura vale más que el oro. El oro se puede destruir,* pero la fe verdadera jamás se puede arruinar o perder.

Cuando me aferro fuerte a ti, mi fe crece y encuentro consuelo en ti. Cuando cuento contigo en los momentos difíciles y veo cómo me cuidas, aprendo que también puedo confiar en ti con mis problemas futuros. Me has estado mostrando que siempre puedo tener la confianza de que me ayudarás cuando lo necesite.

Señor, a veces *pienso en ti mientras estoy tumbado en la cama.* En mitad de la noche o en medio de un momento complicado, tu mano está sosteniéndome y manteniéndome a salvo. ¡Tu mano es superfuerte! ¡Es lo suficientemente fuerte para manejar todos los problemas del mundo entero! Por tanto, cada vez que tenga ganas de rendirme, escogeré mirarte a ti. La Biblia me dice que debo *mirarte a ti y a tu fortaleza* siempre.

Me encanta la promesa que me das en tu Palabra: «*No temas, porque Yo estoy contigo; no te desalientes, porque Yo soy tu Dios. Te fortaleceré, ciertamente te ayudaré, sí, te sostendré con la diestra de Mi justicia*».

En tu poderoso nombre, Jesús, *Amén*

LEE POR TU CUENTA

SALMOS 63:6, 8 (NVI); 1 PEDRO 1:7; SALMOS 105:4; ISAÍAS 41:10

AGOSTO

*Me buscarán y me encontrarán, cuando
me busquen de todo corazón.*

—Jeremías 29:13

PUEDO CAMINAR EN TU LUZ

Jesús les habló otra vez, diciendo: «Yo soy la luz del mundo».
—Juan 8:12

Querido Jesús:

Enséñame a *vivir en la luz de tu presencia, regocijándome en ti y alabando tu bondad.* Hay mucha oscuridad en este mundo. Ocurren muchas cosas tristes y malas. Pero tu luz resplandece con mucho más brillo que todo, más resplandeciente que el sol, ¡y nunca se apaga!

Cuando tu bondad se encuentra con la maldad de este mundo, crea un camino para poder mostrar lo poderoso que eres realmente. Así que estaré atento a tus milagros, Señor. ¡Estoy impaciente por ver todas las cosas asombrosas que harás!

Cuando esté luchando con mis problemas, es importante que siga alabándote y regocijándome en ti. Una de mis formas favoritas de hacerlo es susurrar tu nombre. *Jesús.* Esta oración de una sola palabra te alaba y además me protege. ¡Tu poderoso nombre jamás pierde su poder para ayudarme!

Puedo alabarte por tu bondad incluso en mis días más oscuros. Jesús, cuando creo en ti, con la luz de tu gloria tejes *ropas de salvación.* ¡Y me las entregas para que las vista eternamente! Puedo caminar con gozo durante este día porque estoy caminando en tu luz, envuelto en tu *manto de justicia* y bondad.

En tu nombre poderoso, Jesús, *Amén*

LEE POR TU CUENTA

JUAN 8:12; SALMOS 89:15-16; HECHOS 4:12; ISAÍAS 61:10

EL MAYOR REGALO

Lleguemos ante él con acción de gracias;
aclamémoslo con cánticos.
—Salmos 95:2 (NVI)

Querido Jesús:

¡Gracias por el regalo de este nuevo día! Quiero estar agradecido por cada momento. Esa es la forma de hallar gozo en mi día. De hecho, estoy descubriendo que las cosas buenas llegan a ser aún mejores cuando me acuerdo de darte las gracias por ellas. Y ya que cada bendición de mi vida proviene realmente de ti, necesito darte las gracias durante todo el día. Alabarte y agradecerte me acerca a ti, ¡que es precisamente donde quiero estar!

Confío en ti como mi Salvador, y me has bendecido con tu gracia. La gracia es el increíble regalo de tu perdón. No lo gané y no lo merezco. Pero aun así tú perdonas todos mis pecados. Nadie puede quitarme ese regalo. Jesús, ¡te pertenezco para siempre! *Nada en todo el mundo podrá separarme de tu amor.*

Te ruego que sigas recordándome que siempre estás conmigo, en cada paso, durante todo el día. Ayúdame a encontrar todas las bendiciones y momentos felices que esparces a mi alrededor. ¡No quiero perderme ni uno solo! Sin embargo, sé que aun con todas las cosas buenas que me envías, mi mayor tesoro eres *tú*, Jesús. ¡Tú eres el *regalo demasiado maravilloso que no se puede explicar*!

En tu preciado nombre, Jesús, *Amén*

LEE POR TU CUENTA

SALMOS 95:2 (NVI); EFESIOS 2:8-9; ROMANOS 8:38-39;
2 CORINTIOS 9:15 (NBV)

DESTELLOS DE GOZO

Den gracias al Señor por su gran amor.

—Salmos 107:8 (NVI)

Querido Jesús:

Me estás enseñando que el gozo es algo que se puede elegir. No puedo controlar lo que sucede en mi día, pero *puedo* escoger estar alegre en vez de malhumorado. Puedo hacerlo, porque *me hiciste un poco menor que los ángeles.* Me diste este cerebro asombroso que me permite pensar las cosas detenidamente y tomar decisiones.

Me has estado mostrando que mis pensamientos importan de verdad, porque se convierten en sentimientos y acciones. Por eso es extremadamente importante tener buenos pensamientos. Si paso tiempo reflexionando en todas las cosas que no me gustan, comienzo a sentirme triste y desanimado.

Siempre que me siento triste, necesito detenerme y recordar las cosas que son *siempre* un motivo de gozo. Como saber que *siempre estás conmigo,* siempre *cuidas de mí,* y me amas con *un gran amor* inagotable.

Gracias por darme tu Espíritu para recordarme todas esas verdades maravillosas de la Biblia. Cada vez que me estanco en mitad de un problema, eso es lo único que puedo ver al principio. Pero si me acuerdo de buscarte, pronto puedo ver la luz de tu presencia brillando a través de mi problema. ¡Veo destellos de tu gozo resplandeciendo sobre mí, *llenándome de gozo*!

En tu gozoso nombre, Jesús, *Amén*

LEE POR TU CUENTA

SALMOS 8:5; GÉNESIS 28:15; SALMOS 107:8 (NVI); ROMANOS 15:13

CADA SEGUNDO

«Yo soy el buen pastor; el buen pastor da Su vida por las ovejas».
—Juan 10:11

Querido Jesús:

Tú eres mi *buen pastor*. De verdad quiero mantener mi enfoque en ti para que seas el centro de mis pensamientos.

Ni siquiera puedo contar en cuántas cosas pienso durante el día. La familia y los amigos, mis animales, los deportes, mis deberes y clases; ¡hay tantas cosas en mi mente! Ayúdame a no permitir que ninguna de ellas te excluya. Porque cuanto más pienso en ti, más puedes hacer en mí y a través de mí. Pensar en ti me hace feliz porque te amo, Jesús.

Ayúdame a recordar que tú estás conmigo cada minuto de cada día, velando por mí y amándome de una forma perfecta. ¡Estás *siempre* pensando en mí! Y la Biblia me dice que *tu amor inagotable rodea a los que confían en ti*. Señor, te ruego que me ayudes a confiar más en ti.

Te interesas por cada uno de mis pensamientos y mis sentimientos, por todo lo que digo o hago. Me estás enseñando a ser consciente de tu amor y tu presencia aun cuando estoy ocupado con otras cosas.

Este mundo cambia rápido, pero tú sigues siendo *el mismo ayer, hoy y por los siglos*. Por tanto, puedo contar contigo siempre para que me ayudes. Mientras te mantengo en mis pensamientos, te ruego que me muestres el camino que tú quieres que recorra, y *me des tu paz*.

En tu siempre amoroso nombre, Jesús, *Amén*

LEE POR TU CUENTA

JUAN 10:11; SALMOS 32:10 (NTV); HEBREOS 13:8; JUAN 14:27

EL DIOS QUE ME SALVA

¡El Señor vive! ¡Alabada sea mi Roca! ¡Exaltado sea Dios mi Salvador!

—Salmos 18:46 (NVI)

Querido Jesús:

¡Gracias por ser mi *Señor viviente, mi roca y el Dios que me salva!* Ayúdame a pasar más tiempo contigo cada día, pensando en tu grandeza y en lo bueno que eres conmigo. No conozco a muchas personas en este mundo a las que les guste hacer promesas. Incluso cuando las hacen, no siempre las mantienen. Pero *tú* cumples cada promesa que has hecho.

En lugar de pensar en las cosas que van mal en mi día y en el mundo, quiero pasar más tiempo pensando en ti. Comenzando hoy; comenzando en este preciso minuto. No solo eres mi Señor viviente y mi roca fuerte, sino que además eres *el Dios que me salva.* Confío en ti como mi Salvador, Jesús. Tu muerte en la cruz paga por mis pecados y *me salva totalmente.* Puedes hacerlo porque tú eres el *Dios eterno,* el Dios que vive para siempre y gobierna el cielo y la tierra.

No tengo que preocuparme por que dejes de amarme si no soy lo suficientemente bueno. ¡Es *tu* bondad la que me mantiene seguro y a salvo en tu amor! Nunca me dejarás ni te rendirás conmigo. Esa promesa me da fuerzas y me consuela cuando camino a través de este mundo con todos sus problemas. ¡Un día viviré contigo para siempre, y jamás tendré otra preocupación, problema o dificultad!

En tu impresionante nombre, Jesús, *Amén*

LEE POR TU CUENTA

SALMOS 18:46 (NVI); HEBREOS 7:25 (NVI);
DEUTERONOMIO 33:27; 2 CORINTIOS 5:21

SEGURO Y A SALVO

*En este mundo afrontarán aflicciones, pero
¡anímense! Yo he vencido al mundo.*

—Juan 16:33 (NVI)

Querido Jesús:

Te ruego que me ayudes a dejar de intentar hacerlo todo perfecto, y también a dejar de preocuparme porque las cosas no sean impecables. En vez de preocuparme y molestarme, quiero venir a hablar contigo. Sé que puedo contarte cualquier cosa. Puedo *entregarte todas mis preocupaciones, porque me cuidas*. Estoy *seguro en el refugio de tu presencia.*

Hay momentos en los que estoy ocupado con mis pensamientos y otras cosas, y en poco tiempo comienzo a alejarme de ti. Cuando eso ocurre, ya no me siento seguro y a salvo; me siento asustado y preocupado. Pero esos sentimientos son en realidad un regalo tuyo. Me recuerdan que me vuelva a ti y *al amor que tenía por ti al principio.* Jesús, quiero mantenerte en el centro de mis pensamientos y sentimientos, mis planes y acciones, donde te corresponde estar. Cuando tú eres el centro de mi vida, todo funciona mejor. ¡Ayúdame a vivir de este modo cada día!

Has puesto mis pies en la senda que conduce al cielo, y estás caminando a mi lado a cada paso del camino. Cuando me encuentro con problemas en este mundo, tú susurras esta promesa bíblica: «¡Anímate! *¡Yo he vencido al mundo!*». Gracias, Jesús, por ayudarme siempre. ¡En tu presencia estoy maravillosamente seguro y a salvo!

En tu nombre reconfortante, Jesús, *Amén*

LEE POR TU CUENTA

1 PEDRO 5:7 (NTV); SALMOS 31:20 (NTV);
APOCALIPSIS 2:4; JUAN 16:33 (NVI)

ESPERAR PACIENTEMENTE

El Señor es un Dios fiel. Benditos son los que esperan su ayuda.
—Isaías 30:18 (NTV)

Querido Jesús:

La Biblia afirma que *benditos son los que esperan tu ayuda.* Señor, sabes que no soy muy bueno esperando. Pero estás enseñándome que merece la pena. Me gustan los planes, tomar decisiones y hacer que las cosas ocurran. Y me has estado mostrando que hay un tiempo para cada cosa, pero también existe una espera. Un tiempo para sentarme, hablarte, leer tu Palabra y confiar en tus planes para mí.

Por difícil que me resulte, eso me hace sentir realmente bien. He visto cuántas maravillosas bendiciones me das por medio del tiempo que pasamos juntos. Muchas de las cosas buenas que has prometido están en el futuro. Mientras descanso en tu presencia, me estás preparando para esas bendiciones futuras. Aún no puedo verlas con claridad, pero confío en que están ahí.

Otras bendiciones son para ahora. He descubierto que una de esas bendiciones de ahora es en realidad esperar, porque espero *contigo.* Mientras lo hago, recuerdo que tú eres bueno y tienes el control. Cuando los problemas exijan que aguarde con paciencia y me pregunte por qué esperar tanto, recuérdame que debo *confiar en ti con todo mi corazón y no apoyarme en mi propio entendimiento.*

En tu nombre lleno de esperanza, Jesús, *Amén*

LEE POR TU CUENTA

ISAÍAS 30:18 (NTV); SALMOS 40:1; SALMOS 143:8; PROVERBIOS 3:5

MI AYUDA Y MI ESCUDO

Nuestra alma espera al Señor;
Él es nuestra ayuda y nuestro escudo.
—Salmos 33:20

Querido Jesús:

Tú eres mi ayuda y mi escudo. Me encanta poder usar la palabra «mi». No eres solo *una* ayuda o *un* escudo. ¡Eres *mío*, ahora y siempre! Esta promesa eterna me fortalece y me anima mientras camino contigo cada día. Has dicho que *nunca me dejarás ni te olvidarás de mí.* ¡Puedo contar contigo siempre!

Como *eres mi ayuda,* no debo tener miedo de no poder hacer algo que necesite hacer. Cada vez que la tarea a la que me enfrento parezca demasiado difícil, como perdonar a alguien que me ha hecho mucho daño o invitar a un nuevo amigo a la iglesia, puedo acudir a ti y decir: «No puedo hacerlo por mí mismo». Entonces, de repente, me resulta más fácil confiar en ti. Estoy aprendiendo que *todo lo puedo en ti,* Jesús. Tú eres el *que me fortalece.*

También necesito que seas *mi escudo.* Gracias por protegerme de tantos peligros, no solo de los físicos, sino también de los que tienen que ver con mis pensamientos y mis sentimientos. A veces veo la forma en que me proteges. En otras ocasiones destruyes el problema antes de percatarme siquiera de que está ahí. Es reconfortante saber que tu poderosa presencia siempre vela por mí. *No temeré, porque tú estás conmigo.*

En tu nombre protector, Jesús, *Amén*

LEE POR TU CUENTA

SALMOS 33:20; DEUTERONOMIO 31:8 (PDT); FILIPENSES 4:13; SALMOS 23:4

PERFECTAMENTE AMADO

Den gracias al Señor, porque él es bueno, porque su amor es eterno.
—Salmos 107:1 (DHH)

Querido Jesús:

Estoy muy agradecido de que me entiendas por completo. Me regocijo porque me amas con un amor perfecto que nunca se acaba. Sin embargo, a veces me preocupo pensando en que si los demás me conocieran de verdad, no les gustaría. Eso puede complicar que haga amigos. Algunos días estoy un poco solo. Pero mi corazón sonríe en cuanto recuerdo que tú lo sabes absolutamente todo sobre mí, ¡y aun así me amas!

Jesús, no tengo que fingir contigo. ¡Jamás! Conoces mi verdadero yo. No puedo ocultarte nada. Y no quiero hacerlo. Ayúdame a descansar en esta maravillosa verdad: *me conoces por completo*, ¡y aun así te deleitas en mí!

En lugar de esforzarme por ganar tu amor, puedo relajarme en él. Nada podría hacer que dejaras de amarme. Soy tuyo, Jesús. Fui comprado con tu preciosa sangre en la cruz, así que te pertenezco para siempre. Me llamas tu amigo, *y* eres mi hermano. ¡Soy miembro de tu familia real! Necesito seguir repitiéndome esta verdad una y otra vez para no olvidarla nunca. Tu amor me transforma y me ayuda a verme como tú me ves, ¡como alguien perfectamente amado!

En tu nombre gozoso, Jesús, *Amén*

LEE POR TU CUENTA

SALMOS 107:1, 43 (DHH); 1 CORINTIOS 13:12;
SALMOS 149:4-5; EFESIOS 1:5-6

EN QUÉ PIENSO

Piensen en el ejemplo que él [Jesús] nos dejó, pues siguió adelante a pesar de tanta oposición por parte de los pecadores. Por tanto, no se cansen ni pierdan el ánimo.

—Hebreos 12:3 (NBV)

Querido Jesús:

A veces siento que los problemas de este mundo, los míos y los de los demás, están reclamando mi atención a gritos. Estas dificultades pueden comenzar a ocupar tanto espacio en mis pensamientos que *llego a cansarme, pierdo el ánimo* y quiero desistir. Cuando esto ocurra, te ruego que me recuerdes que puedo elegir en qué pensar. En lugar de permitir que la fealdad llene mi mente, puedo decidir pensar en *ti*. Entonces tu luz brillará en cada rincón de mi mente, desvaneciendo esos pensamientos oscuros.

Por favor, ayúdame a no estancarme recordando los errores que he cometido en el pasado. Ese tipo de pensamientos recurrentes me hacen sentir fatal. Recuérdame que hoy es un nuevo día y que estás ayudándome a convertirme en una persona nueva y mejor. Cada momento es otra oportunidad para estar contigo y acercarme más a ti, disfrutando de tu presencia. Incluso en mis peores días, puedo elegir buscarte a *ti* en medio de mis problemas en vez de pensar en las cosas que están yendo mal.

Jesús, me animas y me alientas con tus fuertes palabras: «*En mí puedes tener paz. En este mundo tendrás tribulación. ¡Pero confía! ¡Yo he vencido al mundo!*».

En tu nombre poderoso, Jesús, *Amén*

LEE POR TU CUENTA

HEBREOS 12:3 (NBV); SALMOS 34:6-7; JUAN 16:33

TÚ CONOCES EL CAMINO

«Ya te lo he ordenado: ¡Sé fuerte y valiente! ¡No
tengas miedo ni te desanimes! Porque el Señor tu
Dios te acompañará dondequiera que vayas».

—Josué 1:9 (NVI)

Querido Jesús:

Gracias por tus reconfortantes palabras, que vienen directamente de tu corazón: *«Yo estoy contigo, y te protegeré por dondequiera que vayas».* ¡Señor, me encanta eso! Esta vida es una aventura real y está esperándome para que sea parte de ella. Aunque estoy emocionado, también me pone un poco nervioso. Estoy ansioso por descubrir todas las alegrías, maravillas y bendiciones a lo largo del camino. Pero sé que también habrá desafíos y dificultades.

Cuando surjan los pensamientos de miedo, te ruego que me recuerdes que tú estarás cuidando de mí y protegiéndome, esté donde esté. Si estoy en otro país, tú estás allí. Si estoy en casa de alguien, tú estás a mi lado. Si estoy en la escuela o el parque, tú estás conmigo. ¡Gracias porque el consuelo de tu presencia es mío para siempre!

Estoy aprendiendo que lo más importante de esta aventura es tu promesa de acompañarme todo el viaje. Tu presencia va conmigo a cada paso, como mi sombra en un día soleado. No importa cuántos pasos dé, tú sigues ahí a mi lado. Mientras caminamos juntos, me gusta recordar que estás sosteniendo mi mano. Eres mi guía fiel; ayúdame a confiar en ti para que me muestres qué camino tomar. Tú conoces perfectamente la senda, así que no tengo que preocuparme por perderme. ¡Puedo descansar en tu presencia y disfrutar de la maravilla de compartir toda mi vida contigo!

En tu nombre consolador, Jesús, *Amén*

LEE POR TU CUENTA

GÉNESIS 28:15 (NVI); JOSUÉ 1:9 (NVI); SALMOS 32:8; SALMOS 48.14

TODA MI VIDA ES TUYA

Puesto que Dios nos ha mostrado tanta misericordia, les ruego que entreguen todo su ser como sacrificio vivo a Dios.

—Romanos 12:1 (PDT)

Querido Jesús:

Cuando comienzo el día sintiendo que no puedo afrontarlo, necesito detenerme y oírte decir: «*Mi gracia es todo lo que necesitas. Mi poder trabaja mejor en la debilidad*». Estoy muy feliz de que esta promesa utilice la palabra «*es*». No *fue*, o *será*, o *podría ser*. Dices *es*, y eso significa que tu gracia está siempre ahí para mí. Así que no tengo que preocuparme por sentirme débil. En cambio, puedo ser feliz, porque mi debilidad me recuerda que *te* necesito. Y cuando vengo a ti sintiéndome débil, me das toda la fuerza y la ayuda que me hacen falta.

Cuando paso mi día dependiendo de ti, consigo hacer mucho más. Me bendice y asombra vivir y trabajar contigo cada momento de cada día. ¡Tú eres el *Rey de reyes y Señor de señores*, y quieres estar conmigo y ayudarme! Casi parece demasiado bueno para ser verdad, pero *es* verdad. ¡Gracias, Jesús!

Pensar en estas maravillosas bendiciones hace que quiera entregarte toda mi vida, como *un sacrificio vivo*. La Biblia afirma que entregarme a ti es una forma de adorarte. Sé que el gozo que me das ahora es solo una pequeña muestra del banquete de gozo que me espera en el cielo. *¡Ese gozo está lleno de tu gloria!*

En tu nombre gozoso, Jesús, *Amén*

LEE POR TU CUENTA

2 CORINTIOS 12:9 (NTV); APOCALIPSIS 19:16;
ROMANOS 12:1 (PDT); 1 PEDRO 1:8

LA VIDA CONTIGO

Porque en Él vivimos, nos movemos y existimos.
—Hechos 17:28

Querido Jesús:

¡Vivir mi vida contigo es la aventura más increíble! Veo a mucha gente corriendo durante el día. Van de una cosa a la siguiente como si no pudieran parar, e intentan hacer las cosas sin tu ayuda. A veces parece que eso les funciona y a veces parece que no. Pero sé que en realidad se están perdiendo algo. ¡Porque vivir y trabajar contigo es lo mejor!

Cuando dependo de ti, Señor, la perspectiva que tengo de mí y del mundo cambia por completo. Empiezo a darme cuenta de todas las formas maravillosas en las que obras. Me despierto por la mañana feliz y emocionado por ver lo que vas a hacer.

Sé que necesito de ti y tu ayuda. Algunos días olvido lo mucho que te necesito, pero en el fondo de mi corazón, siempre lo sé. Me estás mostrando que ser débil es en realidad un regalo tuyo, porque *tu poder trabaja mejor en mi debilidad.* ¡Lo he visto con mis ojos! Por eso intento estar preparado para cambiar mis planes si me lo pides, confiando en que tus planes son muchísimo mejores que los míos. Cuando *creo en ti, puedo vivir, hacer lo que necesito hacer y ser quien soy a través de ti.* Estoy agradecido de que vivas en mí, Jesús.

¡Es asombroso saber que *estoy en ti y tú estás en mí*! ¡Gracias por esta increíble aventura de compartir mi vida contigo!

En tu hermoso nombre, Jesús, *Amén*

LEE POR TU CUENTA

2 CORINTIOS 12:9 (NTV); HECHOS 17:28; JUAN 14:20

EN LA NOCHE

En Su manto y en Su muslo tiene un nombre escrito:
«REY DE REYES Y SEÑOR DE SEÑORES».
—Apocalipsis 19:16

Querido Jesús:

Ayúdame a *recordarte cuando esté tumbado en la cama,* preparado para dormir. Y si me despierto durante la noche, entonces te ruego que me ayudes a *pensar en ti* también. En esos momentos en los que no puedo dormir, comienzan a revolotear por mi mente todo tipo de pensamientos, como polillas volando alrededor de una luz. Si no controlo esos pensamientos y los dirijo hacia ti, empiezo a preocuparme y a sentirme ansioso.

Estoy aprendiendo que la mejor manera de dejar de preocuparme es pensar en *ti* y contarte todo lo que está llenando mi mente. La Biblia me enseña a *entregarte todas mis preocupaciones, porque tú tienes cuidado de mí.* Cuando recuerdo que estás cuidándome, puedo relajarme y descansar en tu presencia.

Mientras pienso en ti durante la noche, te ruego que me recuerdes quién eres en realidad. Me gusta pensar en todas las formas en que eres perfecto: en tu maravilloso amor, gozo y paz. Siento consuelo y seguridad cuando pienso en tus nombres: Pastor, Salvador, Príncipe de Paz. Me regocijo en tu majestad, sabiduría, misericordia y gracia. Me deleito en tu poder y gloria; ¡tú eres el *Rey de reyes y Señor de señores!* Te adoro, Señor, y disfruto de este tiempo estando contigo. Esos pensamientos aclaran mi mente y me ayudan a descansar en paz.

En tu nombre apacible, Jesús, *Amén*

LEE POR TU CUENTA

SALMOS 63:6 (NVI); 1 PEDRO 5:7; APOCALIPSIS 19:16

ESTE LUGAR Y MOMENTO

*Cada cual debe vivir de acuerdo con lo que el Señor le
ha asignado, y tal como era cuando Dios lo llamó.*
—1 Corintios 7:17 (PDT)

Querido Jesús:

Ayúdame a *vivir la vida que me has dado para que viva,* y a aprender a estar feliz y satisfecho. Necesito tener cuidado de no comparar mi vida con la de ninguna otra persona. Además, no debería comparar la forma en la que son *hoy* las cosas con cómo solían ser en el pasado. Me estás enseñando a dejar todas esas comparaciones recordando que tú *me has llamado* a vivir en este lugar y momento por una razón. Entonces, incluso mis momentos más duros comienzan a parecer mejores. Sé que me ayudarás a brillar independientemente de dónde esté, sin importar lo que ocurra. Si estoy en una situación complicada, puedo confiar en que me das todo lo que necesito para afrontarla. Incluso me ayudarás a encontrar algunas razones para estar agradecido y alegre.

Como tú eres tan asombrosa e inagotablemente sabio, no tengo que preguntarme si tu manera es la mejor. Cuando no entienda lo que estás haciendo, ayúdame a confiar en ti de todos modos. Abre mis ojos para ver todas las formas en las que estás obrando en cada momento de mi día. Te ruego que me recuerdes buscar lo bueno que estás sacando de mis problemas, ¡y esperar a encontrarlo!

Día tras día estoy aprendiendo a aceptar las cosas tal como son, incluso mientras espero que tú las mejores. ¡Puedo estar alegre ahora, porque sé que algún día tendré un gozo perfecto e inagotable contigo en el cielo!

En tu nombre sabio, Jesús, *Amén*

LEE POR TU CUENTA

1 CORINTIOS 7:17 (PDT); ROMANOS 11:33-34; FILIPENSES 4:12

NECESITO ALABARTE

¡Griten alabanzas alegres a Dios, habitantes de toda la tierra!
¡Canten de la gloria de su nombre! Cuéntenle
al mundo lo glorioso que es él.
—Salmos 66:1-2 (NTV)

Querido Jesús:

Ayúdame a encontrar mi gozo en ti porque me amas y eres *mi fortaleza*. Veo que es realmente importante mantener el gozo en mi vida, sobre todo en medio de los momentos difíciles. Cuando estoy luchando con un problema, necesito tener especial cuidado con mis palabras y pensamientos. Si pienso demasiado en todas las cosas que van mal, me desanimo cada vez más. Ese tipo de pensamientos roban mi fuerza. Tan pronto como me doy cuenta de que esto está sucediendo, necesito detener mis pensamientos de inmediato, volverme a ti tan rápido como pueda, y pedirte que *me muestres lo que debería hacer.*

Cuando estoy en medio de las dificultades, es un buen momento para pasar tiempo alabándote. Porque alabarte me acerca a ti. Puedo adorarte con mis propias palabras y con cánticos de alabanza. También puedo leer promesas y orar alabanzas de tu Palabra: «*Dios, fortaleza mía, cantaré alabanzas a ti. ¡Cantaré de la gloria de tu nombre!*».

Es importante para mí recordar que mis problemas vienen y van, pero *tú* nunca te vas. Permaneces aquí conmigo. ¡Puedo contar contigo, Jesús! Tú eres eterno, igual que mi relación contigo. Solo estar en tu presencia me da gozo. Mientras me deleito en tu amor que nunca falla, tú me fortaleces.

En tu glorioso nombre, Jesús, *Amén*

LEE POR TU CUENTA

SALMOS 59:17; SANTIAGO 1:2; SALMOS 143:8 (PDT); SALMOS 66:1-2 (NTV)

TU SUAVE SUSURRO

Pero enseguida Jesús les dijo: «Tengan ánimo, soy Yo; no teman».
—Mateo 14:27

Querido Jesús:

Cuando parezca que mi día es demasiado para manejarlo, te ruego que me recuerdes volverme a ti. Mientras paso tiempo contigo, me encanta oírte decir: *«Ten ánimo, soy yo; no temas».* Esas palabras me hacen sentir valiente, Jesús. Ayúdame a recordar escucharte cada día.

Cuando estoy molesto o preocupado por algo, no siempre es fácil para mí escucharte. Mis pensamientos se vuelven tan ruidosos que zumban en mi mente como una carrera de automóviles, y me cuesta oír tu *suave susurro.* Pero cuando te pido que me ayudes, calmas mis pensamientos y puedo oírte mejor. Señor, ¡gracias!

Estoy feliz de que seas el *Príncipe de Paz* y estés conmigo todo el tiempo. Nunca dejas de ayudarme; no hay día en que no estés al control. ¡*Nada* me ocurre que tú ya no sepas! Eso no significa que jamás estaré triste, dolido o enfadado. Pero significa que eres capaz de tomar incluso mis momentos más difíciles y usarlos para bien. Así que, cuando parezca que estoy en una tormenta de problemas, escucharé tu voz diciendo: «¡Ten ánimo! ¡Soy yo!». Entonces comenzaré a buscar señales de que estás conmigo en la tormenta. La Biblia promete que, si *te busco con todo mi corazón, te encontraré.*

En tu nombre que tranquiliza, Jesús, *Amén*

LEE POR TU CUENTA

MATEO 14:27; 1 REYES 19:12; ISAÍAS 9:6; JEREMÍAS 29:13

TODA LA HISTORIA

David encontró fuerzas en el Señor su Dios.

—1 Samuel 30:6 (NTV)

Querido Jesús:

Ayúdame a *confiar en ti y no tener miedo*. A veces este mundo es un lugar aterrador. Ocurren cosas a mi alrededor que no entiendo y empiezo a asustarme. Pero estoy aprendiendo que esas historias aterradoras no cuentan *toda* la historia. Dejan fuera la parte más importante, ¡te dejan fuera *a ti*! No hablan de quién eres y no cuentan nada sobre las cosas asombrosas que estás haciendo en este planeta.

Cuando mi mundo parece un lugar aterrador, necesito volverme a ti. Tú siempre estás ahí para consolarme y animarme. Me gusta pensar en David, el de la Biblia. Aun cuando los hombres amenazaban con atacarlo y apedrearlo, *él encontró fuerzas en ti, Señor*. Puedo hacer lo que hizo David. ¡Puedo venir a ti en oración y recordar lo increíble que eres! Me siento seguro cuando pienso en tu poder y tu gloria, y en tu *amor inagotable*. Estoy en un emocionante viaje contigo, Jesús, ¡y nuestro camino me conducirá directamente al cielo!

Mientras sigo pensando en ti, mi temor desaparece. *Confiaré en ti y no temeré. Tú eres mi fortaleza y mi canción.*

En tu nombre fuerte, Jesús, *Amén*

LEE POR TU CUENTA

ISAÍAS 12:2; 1 SAMUEL 30:6 (NTV); SALMOS 33:5 (NTV)

LA AVENTURA
DE VIVIR CONTIGO

Alabemos al Dios y Padre de nuestro Señor Jesucristo, que
por su gran misericordia nos ha hecho nacer de nuevo.

—1 Pedro 1:3 (DHH)

Querido Jesús:

Me hablas a través de la Biblia, y me encanta oírte decir estas palabras: «*Te doy vida eterna y jamás morirás. Y nadie podrá arrebatarte de mi mano*». ¡Esta es la mejor noticia! Me has prometido *grandes bendiciones, guardadas para mí en el cielo. Estas no pueden destruirse, marchitarse o perder su belleza.*

Cuando confío en ti como mi Salvador, me das el regalo de la vida eterna. Ese maravilloso regalo es como una luz que nunca deja de brillar, ni siquiera en mis días más oscuros y complicados. Su resplandor me anima a seguir intentando hacer lo que es bueno y justo, y a continuar siguiéndote. Entonces la maldad de este mundo no puede arrastrarme.

Sé que habrá problemas que afrontar. Algunos días me sentiré como si estuviera nadando por frías aguas a través de la oscuridad. Pero prometes: «*Cuando pases por las aguas, estaré contigo. Cuando pases por los ríos, no te cubrirán*». Ayúdame a seguir aferrándome fuerte a tu mano, confiando en que *nada en todo el mundo podrá separarme de tu amor.* ¡En vez de preocuparme o tener miedo, quiero disfrutar de la aventura de vivir contigo!

En tu nombre fuerte y confiable, Jesús, *Amén*

LEE POR TU CUENTA

JUAN 10:27-28; 1 PEDRO 1:3-4 (DHH); ISAÍAS 43:2; ROMANOS 8:39

UN NUEVO MODO DE PENSAR

La palabra de Dios es viva y poderosa.
—Hebreos 4:12 (NTV)

Querido Jesús:

Ayúdame a pensar más y más como tú. Cuando estoy preocupado, necesito detenerme y dedicar un tiempo a pensar las cosas contigo. Si me relajo en tu presencia, *tus brazos* me envuelven en un fuerte y reconfortante abrazo, y me llenan de tu paz. Es maravilloso tomarse un descanso de pensar tanto en mis problemas y solo disfrutar de este tiempo *mirándote a ti.*

A veces me gusta sentarme en silencio contigo y descansar en tu presencia. Otras veces me gusta leer mi Biblia, decirte palabras de alabanza o cantarte. Estoy aprendiendo que puedo usar los versículos de la Biblia en mis oraciones y alabanzas. Cuando mis oraciones están llenas de tu propia Palabra, me siento más seguro de estar orando como tú quieres.

Señor, ¡hay tanto ruido en este mundo! Todos los teléfonos, ordenadores, tabletas y demás pantallas tiran de mí, tratando de hacerme pensar como el mundo, no *a tu manera.* Pero te pido que *me cambies y me des un nuevo modo de pensar.* Quiero pensar más como tú, Jesús. Mientras transformas mi manera de pensar, te ruego que ayudes a que mis pensamientos y actitudes reflejen más y más de tu amor.

En tu nombre poderoso, Jesús, *Amén*

LEE POR TU CUENTA

DEUTERONOMIO 33:27 (NVI); SALMOS 34:5;
HEBREOS 4:12 (NTV); ROMANOS 12:2

ES UNA BATALLA

Estén quietos, y sepan que Yo soy Dios.
—Salmos 46:10

Querido Jesús:

A veces es difícil para mí sentarme en silencio en tu presencia, especialmente cuando parece que todo y todos están en movimiento. Siempre puedo pensar en alguna otra cosa que podría o debería estar haciendo: como mis tareas. O mis deberes escolares. O practicando mis clases de música. Pero tomarme tiempo para hablar contigo me acerca a ti, y esa es una bendición por la que vale la pena luchar. ¡Así que no me rendiré!

Te ruego que me ayudes a ganar esta batalla de pasar tiempo tranquilo contigo, Jesús. Quiero enfocarme en ti y en tu Palabra. Estoy muy agradecido de que seas *Emmanuel, Dios con nosotros.* Cuando me relajo en tu presencia, mis preocupaciones y temores se desvanecen. Puedo oírte susurrar: «*Quédate quieto, y conoce que yo soy Dios*».

Cuanto más tiempo me centro en ti, más me regocijo de lo grande que eres y puedo confiar en que tienes el control de todo. *Tú eres mi refugio y mi fortaleza. No temeré,* aun *si la tierra cambia o los montes caen al fondo del mar.* ¡Tú eres la roca inamovible con cuya presencia siempre puedo contar!

Cuando pienso en lo enormes que son tu poder y tu gloria, mis problemas parecen muy pequeños. Sé que *tendré problemas en este mundo.* ¡Pero puedo *tener confianza* cuando recuerdo que *tú ya has vencido al mundo*!

En tu nombre invencible, Jesús, *Amén*

LEE POR TU CUENTA

MATEO 1:23; SALMOS 46:10; SALMOS 46:1-2; JUAN 16:33

INCLUSO EN LOS DÍAS DESASTROSOS

*«Les dejo la paz. Es mi propia paz la que les doy, pero no se la
doy como la da el mundo. No se preocupen ni tengan miedo».*

—Juan 14:27 (PDT)

Querido Jesús:

Ayúdame a confiar en ti cada día, pero sobre todo en los días desastrosos en los que nada parece ir bien. ¡Me das tanta paz cuando estoy en tu presencia! No quiero que esa paz se vea sacudida por lo que sucede a mi alrededor. Aunque ahora mismo vivo en este mundo, mi alma te pertenece en la eternidad. Por tanto, cuando empiezo a sentirme estresado, necesito separarme del mundo y entrar en tu presencia, como si viniera a ver a mi mejor amigo. Cuando dejo de intentar tener el control de todo en mi vida, me ayudas a relajarme. Entonces me llenas de *una paz tan grande que no la puedo comprender.*

La Biblia me dice que *dependa de ti y de tu fuerza, que siempre vaya a ti en busca de ayuda.* No permitas que lo olvide. Te ruego que me enseñes a ver mi vida, mis problemas y este mundo de la forma en que tú los ves. Jesús, me encanta oírte decir estas reconfortantes palabras: *«No te preocupes. No temas. ¡Sé valiente! ¡Yo he vencido al mundo!».* Puedo regocijarme incluso en los días más difíciles porque me das *tu paz,* ¡y es lo suficientemente grande para enfrentar *cualquier cosa* en este mundo!

En tu nombre todopoderoso, Jesús, *Amén*

LEE POR TU CUENTA

FILIPENSES 4:6-7; SALMOS 105:4; JUAN 14:27 (PDT); JUAN 16:33

DESENREDAR LOS NUDOS

Me digo: «El SEÑOR es todo lo que tengo y necesito»;
por eso siempre tendré esperanza en él.
—Lamentaciones 3:24 (PDT)

Querido Jesús:

Por favor, arregla los enredos en mi vida. A veces, mis pensamientos y sentimientos se retuercen como un nudo, y no tengo ni idea de qué pensar o hacer, o tan siquiera de cómo orar. De modo que acudo a ti tal como soy, con mis nudos de problemas y sentimientos mezclados, y te pido que los endereces todos.

Algunas de mis complicaciones son una mezcla de mis propios problemas y los de otra persona: un amigo o alguien de la familia. A veces no tienen nada que ver conmigo, son los problemas de otro, pero me veo arrastrado hacia el lío. Necesito descubrir cuál *es* mi problema y cuál *no*. Quiero responsabilizarme de mis errores, pero no de los errores de los demás. Te ruego que me ayudes a desenredar todos estos problemas, Señor.

Me estoy dando cuenta de que convertirme en un mejor cristiano es algo que iré aprendiendo cada vez más durante toda mi vida. En lugar de intentar desenredar los nudos por mí mismo, necesito seguir *acudiendo a ti en busca de ayuda.* Puedo confiar en ti para que desenredes los lugares enmarañados a tu tiempo. Por favor, muéstrame cómo mantenerte en el centro de mis pensamientos, incluso cuando tengo problemas. Estoy muy agradecido de que estés siempre conmigo y de *poder decir: «El Señor es todo lo que tengo».* Puedo *depender de ti y de tu fuerza.*

En tu asombroso nombre, Jesús, *Amén*

LEE POR TU CUENTA

2 CORINTIOS 3:18; 1 CRÓNICAS 16:11; LAMENTACIONES 3:24 (PDT)

TÚ ESTÁS *POR* MÍ

El SEÑOR alce sobre ti Su rostro, y te dé paz.
—Números 6:26

Querido Jesús:

Si tú estás por mí, ¿quién puede estar contra mí? Te ruego que me ayudes a entender y creer esta poderosa verdad de que realmente estás *por* mí. En realidad, estás en mi equipo y a mi lado, ayudándome, guiándome y luchando por mí.

Cuando las cosas no van como quiero o cuando un amigo se vuelve contra mí, es fácil sentir que estoy solo. Entonces es muy importante recordar que tú estás conmigo y por mí todo el tiempo. Eso es cierto en los días en que saco buenas notas y soy capaz de sonreírle a todo el mundo, *y* en los días en que estoy malhumorado o siento que lo estoy fastidiando todo.

Puedo afrontar los problemas con calma y valentía cuando confío en que estás conmigo en esos momentos difíciles, animándome. Eres tan fiel y leal que sé que jamás me traicionarás ni te volverás en mi contra. Eso me da la confianza y el valor para continuar cuando las cosas se complican. Porque tú eres mi Salvador y te pertenezco eternamente, estoy siempre en tu amorosa presencia.

Es *tu* opinión sobre mí lo que importa, Señor, y tú afirmas que me amas. ¡De hecho, prometes que *nada en todo el mundo podrá separarme de tu amor*!

En tu nombre amoroso, Jesús, *Amén*

LEE POR TU CUENTA

ROMANOS 8:31; MATEO 28:20; NÚMEROS 6:26; ROMANOS 8:39

MI HOGAR ETERNO

En Cristo todos volverán a vivir.
—1 Corintios 15:22 (NVI)

Querido Jesús:

Me estás enseñando que el cielo es algo actual y, a la vez, futuro. Es de *ahora* porque estás conmigo en cada momento. Por tanto, caminar por la vida agarrado de tu mano es como si ya estuviera tocando un poco del cielo, solo por estar cerca de ti. También esparces pedacitos de cielo a lo largo de mi día: ¡como el resplandor del sol, que me ayuda a recordar *tu* luz que brilla mucho más resplandeciente! Y como las hermosas flores, los pajarillos en el cielo azul y los verdes árboles que me recuerdan que alabe tu santo nombre. Ayúdame a ver cada vez más tus maravillas mientras camino en la luz de tu amor.

Un día llegaré al final de mi camino en este mundo y hallaré una puerta al cielo. Solo *tú* sabes cuándo será. Hasta entonces, me estás preparando cada día, con cada paso que damos juntos. Me estás enseñando a pensar y a ver más como tú. Sé que enfrentaré problemas y desafíos, pero tú prometes que algún día veré el cielo, mi hogar eterno. ¡Pensar en esta maravillosa verdad *me llena de gozo y paz*! Mientras camino contigo por *la senda de la vida,* la promesa del cielo me fortalece y me da esperanza.

En tu nombre celestial, Jesús, *Amén*

LEE POR TU CUENTA

1 CORINTIOS 15:20-23 (NVI); HEBREOS 6:19;
ROMANOS 15:13; SALMOS 16:11 (RVR1960)

ME DAS MUCHO

El que no negó ni a Su propio Hijo, sino que lo entregó por todos nosotros, ¿cómo no nos dará también junto con Él todas las cosas?

—Romanos 8:32

Querido Jesús:

¡Este es un momento muy bueno y alegre en mi vida! *Mi copa* (mi vida) *rebosa de bendiciones.* Desde luego, ha habido momentos en los que me he sentido como si estuviera escalando un monte empinado, porque estaba teniendo muchos problemas. Pero ahora siento como si estuviera saltando por un campo de flores bañado por el sol. Ayúdame a disfrutar de este feliz y fácil momento con todo mi corazón. ¡Gracias por dármelo!

A veces me siento un poco culpable por aceptar estos buenos regalos. Pienso en las formas en que lo he estropeado todo, y no merezco todas las bendiciones que me das. Sin embargo, me has estado enseñando que este tipo de pensamiento es incorrecto. La verdad es que nadie es lo suficientemente bueno para *merecer* tus maravillosos regalos. ¡Pero me los das de todos modos! Estoy muy agradecido de que tu reino no consista en ganar y merecer. Consiste en creer y recibir.

En lugar de preocuparme por recibir tantos regalos de tu parte, quiero abrir mis manos y mi corazón para aceptar todas tus bendiciones. Ayúdame a estar agradecido por todas y cada una de ellas. ¡Entonces tu gozo al dar y mi gozo al recibir pueden unirse para crear un gozo aún mayor!

En tu generoso nombre, Jesús, *Amén*

LEE POR TU CUENTA

SALMOS 23:5; JUAN 3:16; LUCAS 11:9-10; ROMANOS 8:32

CONTAR CONTIGO

Te amo, Señor; tú eres mi fuerza.
—Salmos 18:1 (NTV)

Querido Jesús:

Me has estado mostrando que la mejor manera de vivir es contando contigo para ayudarme. Estoy aprendiendo a ser más agradecido por los tiempos difíciles, porque no todos son malos; puede salir algo bueno de ellos. Esto se debe a que son un recordatorio de que tú estás conmigo, listo para ayudar. Me estás enseñando a no preocuparme por las tareas difíciles que tengo que hacer. Estoy empezando a verlas como cosas que puedo usar para acercarme a ti. Me encanta recordar que tú eres *mi fuerza*. Especialmente cuando me siento cansado. Cuanto más dependo de ti, más fácil es y más feliz me siento.

Te ruego que me ayudes a mantenerte en el centro de mis pensamientos. Esto es mucho más fácil de hacer cuando estoy solo. Reconozco que cuando otras personas están a mi alrededor, a menudo me olvido de tu presencia. Comienzo a preocuparme por agradar a los demás, y ellos se convierten en mi foco. Cuando esto ocurra, por favor, recuérdame susurrar tu nombre: «Jesús». Esta oración de una palabra muestra que confío en ti y te pone de nuevo en el centro de mis pensamientos, donde te corresponde estar.

¡Tu cercanía es una maravillosa bendición! Vivir cerca de ti me ayuda a sentirme plenamente vivo. Viniste a este mundo para *darme vida, ¡vida en abundancia!*

En tu bendito nombre, Jesús, *Amén*

LEE POR TU CUENTA

SALMOS 18:1-2 (NTV); PROVERBIOS 29:25; JUAN 10:10

TODO ESTÁ EN TUS MANOS

Mi futuro está en tus manos.
—Salmos 31:15 (NTV)

Querido Jesús:

Mi futuro está en tus manos: mañana, la semana que viene, el próximo año. De modo que lo mejor que puedo hacer es *confiar en ti* en cada situación. Me estás enseñando a sentirme a salvo y seguro, aunque todo lo que me rodea está cambiando. Es un verdadero alivio saber que *tú* eres quien está a cargo de mi vida, no yo. Esto me libera, me libra de la preocupación y de preguntarme lo que debería hacer.

Eso no significa que esté bien sentarme sin hacer nada en todo el día, perdiendo el tiempo. Me has dado energía y habilidades, y sé que quieres que las use. Pero necesito hablar contigo *primero* respecto a lo que quieres que haga. Me estás enseñando a orar por todo y a buscarte en cada momento. Y estoy aprendiendo a buscarte en los lugares más inesperados, ¡porque tú eres un Dios de sorpresas!

Ayúdame a *regocijarme y a estar contento en este día que has hecho.* Por favor, orquesta todos los detalles de la forma que tú desees, Señor. Dado que estás a cargo de mi futuro, no tengo que preocuparme por hacer que las cosas sucedan más rápido. He visto cómo la prisa y la preocupación van de la mano. Y tú me dices que *no me preocupe por nada.* Así que, mientras espero contigo, te ruego que me bendigas con *tu paz, una paz tan grande que no la puedo comprender.*

En tu nombre fiel, Jesús, *Amén*

LEE POR TU CUENTA

SALMOS 31:14-15 (NTV); SALMOS 118:24; FILIPENSES 4:6-7 (NTV)

FELIZ AHORA MISMO

¡Feliz el pueblo cuyo Dios es el Señor!
—Salmos 144:15 (DHH)

Querido Jesús:

Te ruego que me ayudes a no tener miedo de estar feliz. Sé que eso puede sonar un poco simple. Pero a veces, cuando están ocurriendo cosas buenas, empiezo a preocuparme por lo que podría ir mal y por estropearlo todo. Comienzo a pensar en formas de proteger mi felicidad y no perderla, ¡y eso me preocupa todavía más! A veces siento como si ni siquiera fuese seguro relajarme y disfrutar de las cosas buenas que están pasando. Pero estos pensamientos son equivocados e incorrectos. Siempre hay algo por lo que puedo estar feliz, porque te pertenezco.

La Biblia me enseña a *dejar de esforzarme,* a estar quieto. Puedo relajarme porque *sé que tú eres Dios.* Solía pensar que necesitaba tener todo resuelto antes de poder tomarme un descanso y disfrutar de tu presencia. Estoy aprendiendo que jamás lo tendré todo resuelto, ni siquiera la mayoría de las cosas. Pero tú entiendes todo acerca de todo, ¡y tienes el control! Pensar en ello me hace sentir seguro, Jesús.

La Biblia afirma que me protegerás aunque *la tierra tiemble o las montañas se derrumben en el mar.* Así que no tengo que esperar a que todos mis problemas se solucionen para ser feliz. Este momento, ahora mismo, es el momento perfecto para sentirme feliz y *deleitarme en ti.* ¡Y es exactamente lo que voy a hacer!

En tu nombre gozoso Jesús, *Amén*

LEE POR TU CUENTA

SALMOS 144:15 (DHH); SALMOS 46:10;
SALMOS 46:1-2 (NTV); SALMOS 37:4

SONRÍES SOBRE MÍ

Que el Señor sonría sobre ti y sea compasivo contigo.

—Números 6:25 (NTV)

Querido Jesús:

¿Me ayudarías a seguir mirando en la dirección correcta hoy? Hay mucha belleza que ver en tu creación y tu pueblo. Cuando miro estas cosas, *las cosas que son buenas, justas y bellas*, me animo. Me creaste con la maravillosa capacidad de disfrutar de la belleza y la bondad. Estas bendiciones hacen que mi alma cante y me fortalecen. Además, me hacen sonreír.

Sin embargo, también veo cada día cosas malas y feas. A veces la gente dice cosas crueles y feas, a mí o a mis amigos. Ayúdame a saber cómo manejar estas cosas sin permitir que tomen el mando de mis pensamientos. Recuérdame traerte la fealdad a ti y pedirte que me muestres cómo la ves *tú*. Entonces puedo entregarte todo a ti y continuar con un corazón más ligero y feliz.

¡Este mundo está tan roto por el pecado! Aunque deseo que todo aquí sea perfecto (¡incluido yo!), sé que no es posible. No en esta vida. Pero *tú* eres perfecto y santo. Gracias por no rendirte conmigo, Señor, a pesar de que sigo pecando. Te alabo por estar a mi lado en este mundo lleno de pecado. Me bendices recordándome que fije mis ojos en el camino *correcto*, en ti y tus bendiciones. Cuando lo hago, *sonríes sobre mí* y *me llenas de gozo*.

En tu nombre santo y perfecto, Jesús, *Amén*

LEE POR TU CUENTA

FILIPENSES 4:8 (NTV); NÚMEROS 6:24-25 (NTV); HECHOS 2:28

TU AMISTAD

Ustedes reciban la herencia que Dios les tiene guardada en el cielo, la cual no puede destruirse, ni mancharse, ni marchitarse.
—1 Pedro 1:4 (DHH)

Querido Jesús:

Me gusta caminar cerca de ti, a tu lado, confiando en ti y dependiendo de ti para ayudarme. La amistad que me ofreces brilla con muchas preciosas promesas de la Biblia: me amas con un *amor perfecto que durará eternamente*. Siempre estás conmigo, en cada momento de mi vida. Sabes todo sobre mí y ya has pagado por todos mis pecados. Tienes una herencia de bendiciones *guardadas para mí en el cielo; su belleza no se puede destruir, marchitar ni mancharse*. Me guías en mi vida, ¡y algún día *me llevarás a la gloria* del cielo!

Todas estas promesas pintan el mismo cuadro: me amas y me creaste para necesitarte. De modo que eso debe significar que necesitarte solo es parte de ser humano. Ayúdame a considerarlo como una bendición. Cuando comprendo que necesitarte es realmente algo bueno, puedo relajarme en tu amorosa presencia. Empiezo a ver con mayor claridad que siempre estás conmigo, guiándome paso a paso. Además, aprendo a depender menos de mí y más de ti.

Ayúdame a vivir cada vez más cerca de ti, Señor, para que pueda disfrutar de tu maravillosa amistad. Me has invitado a caminar contigo y a confiar en ti a lo largo de mi vida, ¡y me encanta! También me gusta mucho oírte susurrar: «Amado hijo, estoy contigo».

En tu maravilloso nombre, Jesús, *Amén*

LEE POR TU CUENTA

JEREMÍAS 31:3; EFESIOS 1:7-8; 1 PEDRO 1:3-4 (DHH); SALMOS 73:24

SEPTIEMBRE

«Porque Yo soy el SEÑOR tu Dios, que sostiene tu diestra, que te dice: "No temas, Yo te ayudaré"».

—Isaías 41:13

LLENO DE BENDICIONES

«En la serenidad y la confianza está su fuerza».
—Isaías 30:15 (NVI)

Querido Jesús:

¡Por favor, lléname por completo de tu amor, gozo y paz! Son dones gloriosos resultantes de estar en tu presencia. Soy como un *vaso de barro* vacío que creaste para llenarlo de tus bendiciones celestiales hasta rebosar. Y estoy agradecido de que me hicieras de este modo. Estoy aprendiendo que sentirme cansado o débil no me impide ser lleno de tu Espíritu. De hecho, es en esos momentos más complicados cuando más derramas tu poder en mí, *dándome fuerzas por medio de tu Espíritu.*

Conforme caminamos juntos en este día, ayúdame a confiar en ti para darme las fuerzas que necesito a cada paso. No perderé mi tiempo ni mi energía preguntándome si puedo pasar el día de hoy solo por mi cuenta. En cambio, puedo relajarme porque sé que eres lo suficientemente grande y poderoso para manejar cualquier cosa que surja en mi camino.

Señor, me das todo lo que necesito. La Biblia me dice que *en la serenidad* (pasando tiempo a solas contigo) y en la *confianza* (contando contigo para cuidar de mí) *está mi fuerza.*

En tu poderoso nombre, Jesús, *Amén*

LEE POR TU CUENTA

2 CORINTIOS 4:7; EFESIOS 3:16; ISAÍAS 30:15 (NVI)

¿GRACIAS POR LOS PROBLEMAS?

«Yo soy la vid, ustedes los sarmientos; el que permanece en Mí y Yo en él, ese da mucho fruto, porque separados de Mí nada pueden hacer».
—Juan 15:5

Querido Jesús:

Cuando me tropiezo con un problema, mi primer pensamiento es huir de la dificultad. Pero me estás enseñando que esos problemas pueden ser bendiciones cuando me ayudan a crecer en mi fe. Te ruego que me recuerdes esto la próxima vez que surja una dificultad en mi vida. Que no olvide que puedo confiar en que tú sacarás algo bueno de ello. En lugar de preocuparme y estresarme por los problemas, quiero ser capaz de verlos como una oportunidad para confiar más en ti.

He comenzado a pensar en esos sentimientos estresantes como si fueran mi propia alarma incorporada, que me hace reconocer que te necesito. Gracias por estar siempre a mi lado y mostrarme cómo mis luchas pueden enseñarme a acudir a ti en busca de ayuda.

A este mundo le encanta aconsejar: «Deberías aprender a hacerlo todo por tu cuenta. ¡Sé independiente!». Sencillamente, eso no es posible ni bueno. En lugar de intentar ser completamente independiente, quiero aprender a depender cada vez más de ti.

Puede parecer una locura, pero estoy aprendiendo a darte las gracias por mis problemas en este mundo. Ellos me ayudan a ver cuánto te necesito. ¡Y me muestran lo maravilloso que será vivir en un cielo libre de problemas eternamente contigo!

En tu nombre santo y asombroso, Jesús, *Amén*

LEE POR TU CUENTA

JUAN 15:5; 2 CORINTIOS 4:7-8; EFESIOS 5:20

TÚ NO ABANDONAS

«Mi gracia es todo lo que necesitas; mi poder
actúa mejor en la debilidad».
—2 Corintios 12:9 (NTV)

Querido Jesús:

¡Tú eres *mi fortaleza*! Prometes que siempre estás preparado para ayudarme y fortalecerme, y esto me anima mucho. En los días en que me siento fuerte, agradezco esta promesa. Pero cuando me siento débil, me aferro a tu promesa como a un chaleco salvavidas. Es entonces cuando estoy superagradecido por tu ayuda. Sé que puedo clamar a ti en cualquier momento: *«¡Señor, sálvame!».* ¡Y lo harás!

Estoy agradecido de que *me salves por tu amor,* un amor que nunca se acaba. Si siento que me estoy hundiendo bajo todos mis problemas, necesito agarrarme a algo que no me abandone, algo en lo que pueda confiar con todo mi corazón. ¡Ese «algo» eres tú! Tu poderosa presencia no solo me da fuerzas, sino que también me sostiene y no me abandona.

Como siempre estás cerca, no me preocupo por los momentos en que me siento débil. De hecho, la Biblia me dice que *tu poder actúa mejor en mi debilidad.* Estoy aprendiendo que tu poder y mi debilidad encajan perfectamente, como una mano en un guante. Te ruego que me ayudes a estar agradecido por mi debilidad y a confiar en tu fuerza.

En tu nombre fuerte, Jesús, *Amén*

LEE POR TU CUENTA

SALMOS 59:17; MATEO 14:30; SALMOS 31:16 (NVI); 2 CORINTIOS 12:9 (NTV)

AÚN ASÍ ME ALEGRARÉ

Aunque los rebaños mueran en los campos y los establos
estén vacíos, ¡aun así me alegraré en el Señor!
—Habacuc 3:17-18 (NTV)

Querido Jesús:

Cuando mi mundo se ve oscuro y aterrador es cuando necesito acercarme más a ti. Puedo hacerlo *abriéndote mi corazón* y contándote todos mis problemas. Confío en que estás escuchándome y te preocupas. Me siento seguro cuando recuerdo lo grande y poderoso que eres; tienes el control incluso cuando parece que todo se derrumba.

A veces realmente lucho con lo roto y lleno de tristeza que está este mundo. Lo mejor que puedo hacer cuando estoy luchando es pasar tiempo leyendo la Biblia. Es ahí donde hallaré fuerzas, valor y esperanza. Me encanta este versículo de un modo especial: «*Aun así me alegraré en el Señor. Me gozaré en el Dios de mi salvación*». El profeta Habacuc escribió estas palabras cuando su nación estaba a punto de ser invadida por un terrible enemigo. Las palabras de Habacuc me recuerdan que por malas que puedan ponerse las cosas, yo tendré una buena razón para estar alegre: tú estás conmigo.

Señor, gracias por escuchar siempre mis problemas. Te ruego que me ayudes a confiar en ti y a hallar gozo mientras me guías a través de los momentos complicados. Tus caminos son a menudo un misterio para mí. Pero sé que tú siempre haces lo mejor. Así que *pondré en ti mi confianza y volveré a alabarte.* ¡Tú me fortaleces!

En tu nombre lleno de esperanza, Jesús, *Amén*

LEE POR TU CUENTA

SALMOS 62:8; HABACUC 3:17-19 (NTV); SALMOS 42:5 (PDT)

MI TESORO INCALCULABLE

Todo ha sido creado por medio de Él y para Él.
—Colosenses 1:16

Querido Jesús:

Mi vida es un maravilloso regalo que tú me has hecho. Abro, pues, mis manos y mi corazón para recibir este día de vida, ¡y recibirlo con gratitud! Me encanta saber que eres mi Amigo y Salvador, pero también necesito recordar que eres mi Creador. La Biblia afirma que *todo fue creado por medio de ti y para ti.* Mientras transcurre este día, ayúdame a ver señales de tu amorosa presencia a lo largo del camino. Y por favor, enséñale a mi corazón a escuchar mientras susurras: «*Estoy contigo y te protegeré dondequiera que vayas*».

En los días brillantes y felices puedo hablarte de las muchas alegrías que me has dado. ¡Darte las gracias por ellas me hace aún más feliz! En los días difíciles, puedo agarrarme fuerte de tu mano y confiar en que mantendrás tu promesa de *que me ayudarás.*

Mi vida en este cuerpo es un regalo asombroso, pero mi vida espiritual es un tesoro precioso y eterno. Porque te pertenezco, podré vivir contigo para siempre. Me darás un maravilloso cuerpo nuevo que jamás enfermará o se cansará. Gracias por el regalo incalculable de la salvación. *¡Por gracia soy salvo porque creo!*

En tu nombre salvador, Jesús, *Amén*

LEE POR TU CUENTA

COLOSENSES 1:16; GÉNESIS 28:15 (NVI); ISAÍAS 41:13; EFESIOS 2:8

EL HÁBITO DE CONFIAR

*Entonces el padre del muchacho gritó: «Yo
creo. ¡Ayúdame a creer más!».*
—Marcos 9:24 (DHH)

Querido Jesús:

Estoy tratando de aprender un nuevo hábito. Sea lo que sea que me pase hoy, bueno o no tan bueno, quiero acordarme de orar: «Confío en ti, Jesús». No es fácil, sobre todo cuando los problemas aparecen, pero sé que valdrá la pena. Decirte que confío en ti me ayuda a creer que estás a mi lado en cada situación. A veces susurro estas palabras de confianza y a veces las pronuncio en voz alta. Señor, *¡yo creo! ¡Ayúdame a creer más!*

Me gusta pasar tiempo pensando en lo digno de confianza que eres; siempre puedo contar contigo. ¡Y pienso en lo maravilloso que eres también! *Tu amor inagotable* me da mucho gozo, y *tu poder y tu gloria* me asombran. Cuando recuerdo que tú tienes el control, puedo ver todo lo que está ocurriendo a través de la luz de tu amorosa presencia. Esto me ayuda a no tener miedo. Los problemas se convierten en una oportunidad para demostrar que confío en ti, pase lo que pase. Y cuando aprendo a ser más agradecido por tus bendiciones, me doy cuenta de que cada cosa buena viene de tu mano.

Este hábito de declarar mi confianza en ti me mantiene cerca de ti. Y fortalece nuestra amistad. Confío en ti, Jesús. ¡Ayúdame a confiar en ti cada vez más!

En tu nombre fiel, Jesús, *Amén*

LEE POR TU CUENTA

MARCOS 9:24 (DHH); SALMOS 143:8 (NTV);
SALMOS 63:2 (NTV); ISAÍAS 40:10-11

LA LUZ DEL MUNDO

Oh Señor, tú eres mi lámpara; el Señor ilumina mi oscuridad.
—2 Samuel 22:29 (NTV)

Querido Jesús:

Tú eres mi lámpara. Iluminas mi oscuridad. Tú eres la luz del mundo. También eres la luz de mi vida y quiero seguirte. Necesito tu luz porque cada día tropiezo con algún tipo de oscuridad en este mundo. Podría ser alguien importante para mí que está enfermo, otro chico al que están acosando o un amigo herido por mi propio egoísmo. A pesar de haber tanta oscuridad, puedo *ser valiente* porque sé que *has vencido al mundo.* En lugar de pensar en mis problemas, necesito mantenerte en el centro de mis pensamientos. ¡Jesús, tú iluminas la oscuridad!

Me has invitado a caminar contigo por *el camino que conduce a la paz.* Eso es lo que quiero hacer, pero otras muchas cosas intentan robar mi atención y alejarme de ti. Algunas son tonterías, como los programas de televisión o los juegos de computadora a los que juego a veces. Y luego hay algunas tareas que *tengo* que hacer, como mis deberes escolares y cuidar de mi mascota. Por favor, enséñame a pensar en ti todo el tiempo, incluso mientras estoy haciendo otras cosas.

Cuando tú ocupas el centro de mis pensamientos, puedo disfrutar de la paz de tu presencia en los momentos difíciles y en los buenos. Jesús, cuando te presto atención, ¡ahuyentas la oscuridad con tu luz!

En tu nombre brillante y resplandeciente, Jesús, *Amén*

LEE POR TU CUENTA

2 SAMUEL 22:29 (NTV); JUAN 8:12; JUAN 16:33; LUCAS 1:76, 79

SUFICIENTES PROBLEMAS

*«Yo soy el Alfa y la Omega, el Principio y el Fin. Al que tiene sed,
Yo le daré gratuitamente de la fuente del agua de la vida».*

—Apocalipsis 21:6

Querido Jesús:

Tú les enseñaste a tus discípulos que *cada día tiene bastantes problemas propios*. Eso significa que probablemente tendré algún problema hoy y cada día. Sea grande o pequeño, te ruego, Señor, que me ayudes a estar tranquilo cuando la dificultad aparezca.

Los problemas surgen y me sorprenden, pero es reconfortante saber que a *ti* nunca te toman por sorpresa. Tú eres *el Principio y el Fin*. ¡Sabes todo lo que sucederá! Y lo mejor de todo, siempre estás conmigo. Me consuelas y me guías en los momentos más complicados.

Tener *suficientes* problemas en mi día puede incluso ser una bendición: manteniéndome enfocado en el hoy. A mi cerebro le gusta estar ocupado. Si no tengo suficiente en qué pensar hoy, podría empezar a preocuparme por mañana.

Estoy aprendiendo que mis problemas pueden ayudarme a vivir más cerca de ti. Mientras trabajamos juntos para ocuparnos de ellos, veo que *puedo* estar tranquilo en los momentos difíciles. Pero lo que más importa es lo mucho que disfruto de mi cercanía contigo. ¡Tu amistad me hace muy, muy feliz!

En tu nombre fascinante, Jesús, *Amén*

LEE POR TU CUENTA

MATEO 6:34; APOCALIPSIS 21:6; ROMANOS 12:12

UN CAMINO ANCHO PARA MÍ

*Has trazado un camino ancho para mis
pies a fin de evitar que resbalen.*
—Salmos 18:36 (NTV)

Querido Jesús:

Creas un camino ancho para que yo lo siga a lo largo de mi vida *y guardas mis pies para que no resbalen* mientras lo recorro. ¡Esta promesa es tan reconfortante! Porque el control es tuyo, no necesito preocuparme por lo que sucederá ni preguntarme si podré arreglármelas.

Solo *tú* sabes lo que ocurrirá en el futuro. Y solo tú sabes exactamente si podré arreglármelas. Puedes intervenir en cualquier momento y cambiar mi situación para mantenerme a salvo. Podrías cambiarla solo un poco o podrías cambiarla mucho. Incluso puedes cambiar este día que estoy viviendo *hoy*, abriendo el camino por el que estoy caminando ahora mismo.

Lo que veo sobre todo es lo mucho que obras en cada parte de mi vida. Eliminas muchas dificultades para protegerme. Me ayudas a tomar buenas decisiones, y me muestras cuándo decir sí y cuándo decir no. Me animas cuando estoy decaído. La Biblia declara que *eres escudo para los que se refugian en ti*. Mientras camino contigo por mi senda, estoy aprendiendo que mi trabajo consiste en confiar en ti, apoyarme en ti, y hablarte de todo.

Sé que no me libras cada problema, pero estoy agradecido por cómo abres el camino para que yo pueda caminar sin resbalar ni caer. Esta es tan solo una de las muchas formas en las que *me bendices y me guardas.*

En tu bendito nombre, Jesús, *Amén*

LEE POR TU CUENTA

SALMOS 18:36 (NTV); SALMOS 18:30 (NVI); NÚMEROS 6:24-26

MI SALVADOR Y AMIGO

«Yo soy el que es, que siempre era y que aún
está por venir, el Todopoderoso».
—Apocalipsis 1:8 (NTV)

Querido Jesús:

Ayúdame a mantener mis ojos en ti y dedicarte mis grandes pensamientos. Es fácil desanimarse cuando solo pienso en lo menos importante. Pensar demasiado en las noticias, en mis propios problemas, o incluso en los problemas de las personas que me importan, puede hacer que pierda mi gozo. Es cierto que este mundo está lleno de dificultades, pero yo no debería estar pensando en eso. Recuérdame que tú estás conmigo y que *has vencido al mundo.*

Estás más cerca que el aire que respiro. Tú eres el *Rey de reyes y Señor de señores.* Y también eres el Dios que me ama, me salva y mi amigo eterno. ¡En ti tengo todo lo que necesito!

Alabarte es una de mis formas favoritas de recordar que tú estás conmigo. Hace que tu luz brille más resplandeciente en mi mundo, y aleja toda oscuridad y desánimo. Me encanta alabarte leyendo tu Palabra, cantando cánticos de los salmos. Llenar mi mente con verdades bíblicas me fortalece. Cuando los problemas aparecen en mi camino, la alabanza me acerca a ti y me recuerda que piense en quién tú eres de verdad: ¡mi Salvador y Amigo que es el Dios *Todopoderoso*!

En tu exaltado y santo nombre, Jesús, *Amén*

LEE POR TU CUENTA

JUAN 16:33; APOCALIPSIS 19:16; APOCALIPSIS 1:8 (NTV)

NI UNA MOTA

En ese día conocerán que Yo estoy en Mi Padre,
y ustedes en Mí y Yo en ustedes.
—Juan 14:20

Querido Jesús:

Cuanto más enloquece este mundo, más atención necesito prestarte. ¡Ayúdame a recordar que tú estás conmigo en todo momento y que ya ganaste la mayor victoria! La Biblia me dice que *yo estoy en ti y tú estás en mí.* Eso significa que puedo esperar una eternidad libre de problemas cuando viva contigo en el cielo. Allí no habrá ni una mota de temor o preocupación. En cambio, tendré perfecta paz y un amor eterno en tu presencia. Solo pensar en ese futuro asombroso contigo, *el Rey de Gloria,* ¡me llena de gozo!

Esta *esperanza para el futuro* me da fuerzas y me anima a continuar siguiéndote en este mundo pecador. Cuando empiezo a preocuparme por algo que he visto, oído o pensado, te lo puedo entregar directamente. No importa lo que esté ocurriendo, *tú* eres el que me guarda; no mis amigos, mis cosas ni lo popular que sea. Ayúdame a seguir acudiendo a ti y recordando quién eres: mi fuerte y glorioso Salvador y mi amigo eterno. ¡En ti estoy siempre a salvo y seguro!

En tu nombre todopoderoso, Jesús, *Amén*

LEE POR TU CUENTA

JUAN 14:20; SALMOS 24:7; PROVERBIOS 23:18; JUAN 15:13

LO MÁS IMPORTANTE

Pero sólo hay algo realmente importante. María ha elegido lo mejor, y nadie se lo puede quitar.
—Lucas 10:42 (PDT)

Querido Jesús:

Son muchas las cosas que tratan de robar mi atención hacia ti. Hay teléfonos, videojuegos y pantallas ruidosas en todas partes. Ahora el mundo es un lugar diferente a lo que era cuando diste este mandamiento: «*Quédense quietos y sepan que yo soy Dios*». Pero tu mandamiento es tan importante hoy como cuando tú lo afirmaste en aquel tiempo. Mi alma necesita tiempo en silencio contigo. En las horas tranquilas y silenciosas de la noche, el rocío cae sobre las flores y la hierba, y las refresca. Lo mismo ocurre cuando me siento en silencio contigo y *pienso en ti*. Tu presencia refresca mi mente y mi corazón.

Conforme va progresando el día, mi mente puede atascarse con cosas que en realidad no importan, como preguntarme qué piensa alguien de mí o si he aprobado ese examen. Entonces mis pensamientos empiezan a divagar, girando como las ruedas de un coche atascadas en el fango. Pero tan pronto empiezo a hablar contigo sobre lo que me está molestando, mis pensamientos se desatascan. Me ayudas a decidir lo que es importante o lo que no lo es. Y me recuerdas que lo más importante es estar cerca de ti.

Por favor, pon cada vez más pensamientos tuyos en mi mente. Ayúdame a seguir hablándote y disfrutando de tu presencia.

En tu nombre refrescante, Jesús, *Amén*

LEE POR TU CUENTA

SALMOS 46:10; HEBREOS 3:1; LUCAS 10:39-42 (PDT)

CONFÍO EN TI, SEÑOR

El camino de Dios es perfecto; la palabra del Señor es
intachable. Escudo es Dios a los que se refugian en él.
—2 Samuel 22:31 (NVI)

Querido Jesús:

La Biblia afirma que *tú eres escudo para todo el que se refugia en ti*, el que confía en ti. Ayúdame a recordar esta preciosa promesa cuando mi mundo parezca aterrador e inseguro. Es muy reconfortante saber que tú, personalmente, proteges a los que confían en ti. Tú eres mi lugar seguro en medio de la dificultad.

Hallar mi seguridad en ti significa que necesito *confiar en ti* y *contarte todos mis problemas.* No importa lo que ocurra en mi vida, siempre es el momento adecuado para decir: «Confío en ti, Señor». Por supuesto, no siempre puedo detenerme y contarte mis problemas a cada segundo. Podría estar en mitad de un examen de matemáticas, un partido o una charla con un amigo. Pero puedo susurrar: «Confío en ti», o incluso pensarlo, y tú lo oirás. Más tarde, puedo tomar tiempo para contarte todo lo que está sucediendo. Ser capaz de hablarte cada vez que lo necesito es un gran alivio. Fortalece nuestra relación y me ayuda a determinar qué hacer.

Cada vez que me sienta preocupado o asustado, puedo volverme a ti y decir: «Jesús, tú eres mi escudo; confío en ti para que me protejas».

En tu nombre protector, Jesús, *Amén*

LEE POR TU CUENTA

2 SAMUEL 22:31 (NVI); SALMOS 46:1; SALMOS 62:8 (PDT)

UN AMOR QUE LLEGA
HASTA LOS CIELOS

Tu amor, Señor, llega hasta los cielos; tu fidelidad alcanza las nubes.

—Salmos 36:5 (NVI)

Querido Jesús:

Eres el amigo en el que puedo confiar por completo, con todo mi corazón. En lugar de permitir que las cosas que están sucediendo en este mundo me asusten, derramaré mi energía en confiar más y más en ti. Buscaré todas las formas en que estás obrando en el mundo. Y susurraré tu precioso nombre, «Jesús». Porque esa pequeña oración conecta inmediatamente mi corazón y mi mente contigo, como una llamada por teléfono a mi mejor amigo. *Estás cerca de todo el que ora a ti.* Por favor, envuélveme en tus brazos y consuélame con tu paz.

Ayúdame a recordar que eres amoroso y fiel. *Tu amor llega hasta los cielos, y tu fidelidad alcanza las nubes.* Eso significa que tu amor no tiene fin. ¡Es eterno e inagotable! Estoy agradecido de que *siempre* seas fiel, Señor. ¡Puedo contar contigo pase lo que pase!

Cuando dependo de mis propias fuerzas y capacidades, la cosa no funciona tan bien, y no te agrada. Enséñame a depender cada vez más de ti. ¡Tú eres mi Salvador, que murió y resucitó para que algún día pudiera estar contigo en la *gloria eterna* del cielo!

En tu impresionante nombre, Jesús, *Amén*

LEE POR TU CUENTA

SALMOS 145:18; SALMOS 36:5 (NVI); 2 CORINTIOS 4:17

ESPERAR
TAMBIÉN ES ADORAR

Los que confían en el Señor encontrarán nuevas fuerzas.
—Isaías 40:31 (NTV)

Querido Jesús:

Ayúdame a no intentar más que todo ocurra de prisa, cuándo *yo* quiero. No puedo controlar lo que sucede ni cuándo sucede. Solo puedo vivir hoy. Así que cada vez que una idea o algo que quiero hacer acapare mi atención, ayúdame a recordar que me debo detener y preguntarme si es parte de tu plan para mí hoy. Si no lo es, puedo dejártelo y confiar en que te harás cargo de ello. Luego puedo ocuparme de nuevo de lo que necesito hacer *hoy.* Cuando recuerdo vivir de este modo, mi vida es mucho más feliz y simple. La Biblia me enseña que *hay un tiempo justo para todo.*

Has prometido muchas bendiciones a *los que confían en ti: nuevas fuerzas,* esperanza y la seguridad de que siempre estás cerca. Confiar en ti y esperar tu tiempo perfecto es en realidad una forma de adorarte. Demuestra que estoy dependiendo de ti y me encuentro preparado para hacer tu voluntad.

Este mundo puede ser un lugar realmente desastroso y confuso. Pero estoy aprendiendo que vivir cerca de ti simplifica mi vida y le resta confusión. Jesús, te alabo porque *has vencido al mundo.* Gracias por *contarme estas cosas para que pueda tener paz en ti.*

En tu maravilloso nombre, Jesús, *Amén*

LEE POR TU CUENTA

ECLESIASTÉS 3:1-2; ISAÍAS 40:30-31 (NTV); JUAN 16:33

TAN BRILLANTE COMO EL SOL

El camino de los justos es como la primera luz del amanecer, que brilla cada vez más hasta que el día alcanza todo su esplendor.

—Proverbios 4:18 (NTV)

Querido Jesús:

Cuando estoy luchando y las cosas son especialmente difíciles, me resulta fácil pensar que jamás mejorarán. Cuanto más tiempo peleo con un problema, más me siento así. Cada vez se complica más imaginar estar feliz de nuevo. A veces pienso que debería rendirme y dejarme caer en la infelicidad. Entonces recuerdo que tú siempre estás a mi lado, Jesús. Ayúdame a aferrarme fuertemente a ti y a confiar en que tú eres capaz de *alumbrar mi oscuridad.*

En lugar de pensar en todo lo que va mal, me voy a centrar en *ti* recordando que *siempre estás conmigo. Estás sosteniendo mi mano* y animándome a *vivir por fe* mientras camino por este tiempo oscuro y complicado. ¡Una vez que empiezo a mirar mi vida a través de los ojos de la fe, es más fácil ver que *vendrán* tiempos más brillantes! ¡Es algo maravilloso por lo que alabarte!

Cuando te adoro en mis momentos oscuros y difíciles, me muestras *la primera luz del amanecer* en la senda que tengo por delante. Te ruego que me ayudes a continuar por ella, por tu camino para mí. Poco a poco, esa luz tenue brillará *cada vez más* y resplandecerá, ¡hasta brillar tanto como el sol!

En tu nombre asombroso, Jesús, *Amén*

LEE POR TU CUENTA

SALMOS 18:28 (DHH); SALMOS 73:23;
2 CORINTIOS 5:7; PROVERBIOS 4:18 (NTV)

ERES LO SUFICIENTEMENTE FUERTE

Confía al SEÑOR todas tus preocupaciones, porque él cuidará de ti; él nunca permitirá que el justo quede derribado para siempre.
—Salmos 55:22 (PDT)

Querido Jesús:

He estado cargando con todas mis preocupaciones y luchas, ¡y me estoy agotando! Mis músculos no son lo suficientemente fuertes para llevar estas pesadas cargas, pero la Biblia dice que puedo *confiarte todas mis preocupaciones* y *tú cuidarás de mí*. Te ruego que me ayudes a entregarte todas mis cargas, Señor, para que tú las lleves, como también dejaría que mi madre o mi padre llevaran mi pesada mochila por mí.

Cuando me doy cuenta de que algo me está molestando, necesito averiguar si el problema es realmente mío o de otra persona. Si es de otro, simplemente puedo dejarlo ir. Si es *mi* problema, puedo hablarte sobre ello y pedirte que me muestres qué quieres que haga.

Sin embargo, demasiado a menudo me aferro a mis preocupaciones y luchas hasta que acaparan por completo mi mente. Te ruego que me recuerdes traerte mi carga antes de quedar exhausto. Entregártela aligera mucho más mi corazón, ayudándome a disfrutar cada vez más de tu presencia.

Señor, has prometido *cuidar de mí. Usarás tus maravillosas riquezas para darme todo lo que necesito.* ¡Gracias por amarme y cuidarme tan bien!

En tu magnífico nombre, Jesús, *Amén*

LEE POR TU CUENTA

SALMOS 55:22 (PDT); ISAÍAS 9:6; FILIPENSES 4:19

COMPARTES CONMIGO TU GOZO

Grande es su fidelidad; sus misericordias son nuevas cada mañana.
—Lamentaciones 3:23 (NTV)

Querido Jesús:

Ayúdame a *confiar en ti y no tener miedo.* No quiero olvidar que *tú eres mi fortaleza y mi canción.* Me siento seguro y feliz cuando pienso en lo que significa tenerte como mi fuerza. Creaste el mundo y todo lo que hay en el universo, y lo hiciste con tu palabra. ¡Tu poder no tiene fin! Cada vez que tengo que enfrentarme a las cosas que me asustan o para las que no soy lo bastante fuerte, sé que puedo contar contigo y con tu poder para ayudarme.

Me has estado mostrando que tratar de luchar contra mis miedos realmente no funciona. ¡Eso solo me hace pensar aún más en ellos! En cambio, necesito pensar en *ti* y en *tu fidelidad* para conmigo. Porque cuando elijo *confiar en ti,* no hay límite en la fuerza que puedes derramar en mí.

Estoy muy agradecido de que seas mi canción y compartas tu gozo conmigo. ¡Me encanta caminar *por la senda de la vida* contigo, Jesús! Porque cuando vivo cerca de ti, *me llenas de gozo y satisfacción.* Este viaje en el que estamos me está conduciendo hacia mi hogar en el cielo, y cantaré tu canción felizmente contigo mientras caminamos juntos.

En tu gozoso nombre, Jesús, *Amén*

LEE POR TU CUENTA

ISAÍAS 12:2-3; SALMOS 56:3; LAMENTACIONES 3:22-23 (NTV); SALMOS 16:11

UN HERMOSO CUADRO

Por el camino de la sabiduría te he conducido,
por sendas de rectitud te he guiado.
—Proverbios 4:11

Querido Jesús:

Por el camino de la sabiduría me has conducido y por sendas de rectitud me has guiado. Pero aún hay momentos en los que me siento confundido y no sé realmente qué hacer. Algunos días pienso que he hecho lo correcto, pero todo va mal. Entonces recuerdo que a pesar de que tú hiciste *todo* del modo en que debía hacerse (lo hiciste todo perfectamente bien), muchas de las personas que te rodeaban aun así decidieron hacer lo incorrecto. Por tanto, sé que entiendes lo que siento.

Por favor, ayúdame a confiar en ti pase lo que pase. Cuando confío en ti, puedo hallar el camino correcto que debo seguir. En mi caminar por este día me enfrentaré con todo tipo de cosas, unas felices y otras tristes, unas correctas y otras incorrectas, unas grandes y otras pequeñas. Creo que tomarás todas esas cosas y harás que *ayuden* en *tu buen plan* para mi vida.

Ahora mismo, solo puedo ver un poco de la imagen panorámica de mi vida. Es como mirar unas cuantas piezas de la enorme imagen de un puzle. Por sí mismas, esas piezas no tienen sentido. Pero estoy aprendiendo a *vivir por fe, no por lo que puedo ver.* Confío en que *estás* guiándome por el camino correcto. ¡Y algún día todas las piezas encajarán en un hermoso cuadro! Señor, ¡gracias!

En tu gran nombre, Jesús, *Amén*

LEE POR TU CUENTA

PROVERBIOS 4:11; ROMANOS 8:28 (RVR1960);
PROVERBIOS 20:24; 2 CORINTIOS 5:7

CONOCERTE

«Y la manera de tener vida eterna es conocerte a ti, el único Dios verdadero, y a Jesucristo, a quien tú enviaste a la tierra».
—Juan 17:3 (NTV)

Querido Jesús:

Vengo a tu presencia hoy buscando descanso. Realmente necesito tomarme un respiro, porque mi mente ha estado demasiado ocupada juzgando a todo el mundo y todo lo que me rodea. Ahora, juzgar es casi un hábito: lo que alguien lleva puesto, lo que los amigos dicen, lo que no dicen, esto que ocurrió... ¡incluso el tiempo! Pero la Biblia me dice que debería estar ocupado *conociéndote* y siguiéndote. Cuando empiezo a actuar como si fuera el juez, es como si tratara de encargarme de tu trabajo. Por favor, Jesús, perdóname. Ayúdame a apartarme de esta forma de pensar pecaminosa y a seguir volviéndome a ti. Quiero pensar cada vez más en ti, disfrutando de tu amorosa presencia.

Enséñame a vivir como una oveja con su pastor, un siervo con el Rey y un trozo de arcilla con su alfarero. En lugar de dejar que mis opiniones y actitudes me moldeen, quiero que *tú* moldees mi vida. Ayúdame a confiar en ti para que hagas lo que quieras conmigo y a darte las gracias por ello. Me invitas a venir a ti en cualquier momento, pero no como igual a ti. ¡No hay nadie como tú! Solo tú eres el *Rey de reyes*. Mi corazón es el más feliz cuando me aferro fuerte a tu mano y te adoro mientras caminamos juntos.

En tu glorioso nombre, Jesús, *Amén*

LEE POR TU CUENTA

MATEO 7:1; JUAN 17:3 (NTV); ROMANOS 9:20-21; APOCALIPSIS 19:16

ERES SUFICIENTE

Y dará a luz un Hijo, y le pondrás por nombre Jesús,
porque Él salvará a Su pueblo de sus pecados.
—Mateo 1:21

Querido Jesús:

Tú eres *Emmanuel. Este nombre significa «Dios con nosotros».* Y este nombre tuyo me dice que *eres* suficiente, ¡todo lo que necesito!

Es bastante fácil creer cuando las cosas en mi vida van como quiero. Pero cuando me encuentro en momentos difíciles, sobre todo cuando los problemas aparecen uno detrás de otro, a veces comienzo a preguntarme si de verdad *estás* cuidando de mí. Antes de saberlo, mi mente da vueltas, vueltas y más vueltas mientras trato de averiguar cómo puedo mejorar las cosas. Una vez que mi cerebro se pone en marcha, es difícil parar. Tantos planes y posibilidades intentan irrumpir en mi mente que acabo sintiéndome agotado y más confundido aún.

En lugar de pensar tanto en mis problemas, es necesario que recuerde que *siempre estás conmigo.* Saber que estás listo para ayudarme en los problemas más grandes es algo por lo que puedo estar agradecido, sin importar lo que esté ocurriendo. Por supuesto, además debo intentar hacer lo posible para tomar decisiones buenas y sabias. Sin embargo, a pesar de que a veces lo estropee todo, sé que tú me darás la salida siempre que acuda a ti a ti en busca de ayuda. Elijo *estar gozoso y alegre, porque tú eres mi Salvador,* tú eres el Dios que me salva.

En tu nombre salvador, Jesús, *Amén*

LEE POR TU CUENTA

MATEO 1:21-23; MATEO 28:20; HABACUC 3:17-18 (NTV)

TU AMOR ME PERSIGUE

María, por su parte, guardaba todas estas cosas
en su corazón y meditaba acerca de ellas.
—Lucas 2:19 (NVI)

Querido Jesús:

¡*Tu amor me persigue todos los días de mi vida*! Solo tengo que acordarme de buscar las señales de tu amor y tu presencia en mi vida hoy.

Te revelas a mí de muchas formas. Estás en el versículo de la Biblia que surge en mi mente cuando lo necesito. Estás en las personas que me dicen palabras amables y útiles. Estás en las cosas buenas que ocurren por «accidente», las cuales en realidad son parte de tu plan perfecto. Te veo en la obra del mundo natural que me rodea: las flores que florecen, los árboles frondosos, las hormigas ocupadas y las ardillas saltarinas. Señor, tu amor está vivo y activo. Me busca con alegría y me encuentra (como en el juego del escondite), ¡y salta a mi vida! Por favor, abre los ojos de mi corazón para ver todas las formas en que me bendices, tanto las grandes *como* las pequeñas.

Quiero prestar suma atención a las diversas maneras en que te revelas en mi vida, *pensando* en lo que haces y almacenando esos pensamientos en mi corazón como monedas de oro en un cofre del tesoro. También comenzaré a escribir lo que percibo, para poder disfrutar de tus regalos una y otra vez. Estas señales de tu presencia me mantienen fuerte y preparado para afrontar cualquier problema que pudiera presentarse. ¡Ayúdame a recordar que *nada en todo el mundo podrá separarme de tu amor*!

En tu nombre maravilloso, Jesús, *Amén*

LEE POR TU CUENTA

SALMOS 23:6 (NVI); SALMOS 119:11; LUCAS 2:19 (NVI); ROMANOS 8:39

SEÑOR, TÚ TAMBIÉN ESTÁS ESPERANDO

Pero el Señor los espera, para tener compasión de ustedes; él está ansioso por mostrarles su amor.
—Isaías 30:18 (DHH)

Querido Jesús:

Estoy agradecido de que *tus misericordias jamás terminen. Son nuevas cada mañana.* Puedo iniciar cada día confiado, porque sé que tu suministro inagotable de bendiciones me está esperando, incluso si ayer me equivoqué o si las cosas no fueron como planeé.

Sé que oyes todas mis oraciones. Ni una sola se te escapa. Eso me ayuda a esperar tus respuestas y a no rendirme. Mientras me siento en tu presencia, ayúdame a sumergirme en tu amor y tu misericordia eternos como un árbol plantado cerca de un río que nunca se queda sin agua. Estas bendiciones tuyas mantienen mi espíritu saludable. No tengo que preocuparme, porque tú siempre cuidas de mí.

A pesar de que no has respondido aún algunas de mis oraciones, confío en que tú eres fiel y sabes lo que estás haciendo. Cumples todas tus promesas, a tu manera perfecta y en tu tiempo perfecto. Si me canso de esperar, te ruego que me recuerdes que *tú* también estás aguardando; esperando para *mostrarme tu compasión y amor.* Esperas el momento justo para bendecirme con todas las cosas que has estado preparando amorosamente para mí. Mientras paso tiempo contigo, me gusta recordar tu promesa de que *todo el que espera tu ayuda será feliz.*

En tu nombre fiel, Jesús, *Amén*

LEE POR TU CUENTA

LAMENTACIONES 3:22-24; JUAN 14:27; ISAÍAS 30:18 (DHH)

GRACIAS POR TODO

*Y den gracias por todo a Dios el Padre en el
nombre de nuestro Señor Jesucristo.*
—Efesios 5:20 (NTV)

Querido Jesús:

Te ruego que me ayudes a absorber *tu* paz como una esponja, hasta lo profundo de mi corazón. Cuando esté en silencio en la cálida luz de tu presencia, quiero sentir cada vez más tu paz. Esto no es algo que pueda hacer por mi cuenta, esforzándome. Lo único que tengo que hacer es abrir mi corazón y recibir tu paz como un regalo tuyo para mí.

Parece que dondequiera que vuelvo la mirada, la gente está hablando de crecer y aprender a ser independiente. Pero lo cierto es que no importa lo mayor que me haga, siempre necesitaré depender de ti. Eso es algo que he aprendido de mis problemas, Señor. ¡No soy lo suficientemente fuerte para pasar solo por las dificultades! En esos momentos difíciles, me acercas más y más, señalando pequeñas bendiciones sorpresa, una tras otra, como las conchas en la arena.

Me has estado enseñando a darte las gracias por mis momentos duros. Eso me resulta muy complicado de hacer, Jesús. Pero estoy aprendiendo que cuando confío lo bastante en ti para agradecerte por *todo*, entonces tú haces tu mejor obra en mí.

Estoy comenzando a ver que necesitarte en todo momento es un don maravilloso; ¡me ayuda a saber que estás siempre aquí para mí!

En tu nombre perfecto, Jesús, *Amén*

LEE POR TU CUENTA

JUAN 14:27; ISAÍAS 58:11; EFESIOS 5:20 (NTV)

REALMENTE LIBRE

Así que, si el Hijo los hace libres, ustedes serán realmente libres.

—Juan 8:36

Querido Jesús:

Estoy cansado de cargar con todos los errores que cometí en el ayer. Desearía poder volver atrás y hacer las cosas de forma diferente, borrar mis equivocaciones con una enorme goma de borrar y comenzar de nuevo. Pero no puedo cambiar el pasado ni deshacer los errores.

Sé que tú puedes hacer absolutamente todo, Señor. Pero ni siquiera *tú* eliges volver y cambiar el pasado. Por tanto, no quiero perder mi tiempo deseando que las cosas hubieran sido diferentes. En cambio, te pido que me perdones y me ayudes a aprender de mis errores para poder «escribir» hoy una página mejor en mi vida.

Cuando sigo pensando en todas las cosas que he hecho mal, es como si estuviera arrastrando todas esas equivocaciones con pesadas cadenas que envuelven mis tobillos. Pesan tanto que siento que apenas puedo moverme. ¡Es entonces cuando me gusta imaginarte viniendo a rescatarme y cortando esas cadenas! Viniste a este mundo para rescatar y *liberar* a todo el que *cree en ti*. De modo que quiero caminar en la verdad de que *soy realmente libre.*

Señor, estoy tan feliz de que saques cosas buenas de mis desastres, perdonándome y guiándome por nuevos caminos. Ayúdame a *aprender de ti* cuando hablo contigo de mis errores. Por favor, muéstrame los cambios que quieres que haga y *llévame por senderos de justicia.*

En tu nombre perdonador, Jesús, *Amén*

LEE POR TU CUENTA

MATEO 11:28-29; JUAN 8:36; SALMOS 23:3

UNA ESPECIE DE ESCALERA

El Señor te bendiga y te guarde.

—Números 6:24

Querido Jesús:

Ayúdame a ver mis problemas como una oportunidad para percibir las cosas por medio de tus ojos. Cuando todo va a mi manera, es fácil caminar como sonámbulo a lo largo de los días, limitándome a hacer lo de siempre. Pero cuando tropiezo con un problema que bloquea mi camino, de repente me despierto y presto atención.

Me estás mostrando que cuando me enfrento a algo que no puedo arreglar al instante, tú me estás proponiendo una elección. Puedo enfadarme y comenzar a compadecerme, con lo cual me sentiré mucho peor, *o* puedo elegir ver este problema como una especie de escalera. Sus peldaños me permiten «escalar» y ver mi vida como tú lo haces. Al observar las cosas desde arriba, puedo ver que hasta los problemas enormes no son tan grandes como me parecían. Comparado con tu poder, el problema más grande es tan solo *una pequeña dificultad* que durará un poco de tiempo.

Una vez que he visto mis problemas como cosas pequeñas, las cuales no durarán eternamente, soy capaz de volverles la espalda y acudir a ti, Jesús. Cuando me concentro en ti, *la luz de tu presencia* brilla sobre mí, *bendiciéndome y manteniéndome* cerca de ti. Mi corazón nunca está más contento que cuando paso tiempo contigo.

En tu brillante y radiante nombre, Jesús, *Amén*

LEE POR TU CUENTA

2 CORINTIOS 4:17-18 (NTV); SALMOS 89:15 (NVI); NÚMEROS 6:24-25

DONDE TÚ ESTÁS

Mi alma tiene sed de ti; todo mi cuerpo te anhela en
esta tierra reseca y agotada donde no hay agua.
—Salmos 63:1 (NTV)

Querido Jesús:

Hay momentos en los cuales mis pensamientos se estancan, como un zapato en el fango. El problema es que ellos suelen atascarse en algo que en realidad no tiene tanta importancia. Te ruego que me ayudes a sacar esos pensamientos «del fango» para poder pensar más en ti, Jesús.

Cuando mi mente no está ocupada, a menudo empiezo a pensar en el futuro. Planeo y planeo, tratando de averiguar cómo hacerlo todo a *mi* manera. Pero en realidad solo estoy perdiendo el tiempo. En primer lugar, no puedo controlar el futuro. Además, por lo general acabo cambiando de opinión de todos modos, ¡y a veces más de una vez en el mismo día! Sé que hay un momento para hacer planes, ¡pero no *todo* el tiempo! De hecho, ni siquiera la mayoría de las veces.

Quiero vivir *ahora mismo,* en el presente. Porque es donde tú estás. Cuando paso tiempo en tu presencia, tu amor me llena y soy capaz de relajarme. Me ayudas a apartar mis problemas y, en su lugar, a pensar en ti y tu amor. *Toda mi alma tiene sed de ti,* pero no suelo darme cuenta de la verdadera sed que tengo. Te ruego, pues, que sigas recordándome que tengo sed de *ti,* Señor.

Por favor, *llévame junto a aguas de reposo,* donde puedo descansar y disfrutar de tu presencia. ¡Gracias por amarme tanto!

En tu amoroso nombre, Jesús, *Amén*

LEE POR TU CUENTA

EFESIOS 3:16-18; SALMOS 63:1 (NTV); SALMOS 23:2-3

GOZO Y ESPERANZA

Gozándose en la esperanza.
—Romanos 12:12

Querido Jesús:

Eres el Señor de mi vida, y confío en ti. ¡De verdad! Pero a veces, cuando me dices «No» o «Ahora no», se diría que tiras de mí hacia atrás y me sujetas. Para ser sincero, no me gusta ese sentimiento. Es incómodo sentir que no tengo el control. Parte de mí quiere liberarse y tratar de controlarlo todo. La otra parte de mí sabe que siempre haces lo mejor. Y sentirme tan incómodo puede despertarme y recordarme que *tú* estás a cargo de mi vida.

Cada vez que me enfrente con algo que me entristezca, me enfade o me asuste, tengo que decidir. ¿Refunfuñaré y me quejaré y me enfadaré contigo? ¿O me acercaré a ti a través de la oración, cantando y leyendo mi Biblia? Cuanto más elijo estar cerca de ti y confiar en ti, más esperanza encuentro en *tu amor inagotable*.

Día tras día, me estás enseñando a *estar gozoso* mientras espero en tu presencia. Y estoy aprendiendo que *puedo* ser feliz, ¡porque *estar contigo es maravilloso*! Ayúdame a seguir confiando en ti, Señor, creyendo que *me levantarás cuando sea el momento justo*. Hasta entonces, *te entregaré todas mis preocupaciones porque tú cuidas de mí*, ¡estás cuidando bien de mí!

En tu poderoso nombre, Jesús, *Amén*

LEE POR TU CUENTA

SALMOS 33:22 (NTV); ROMANOS 12:12; SALMOS 16:11; 1 PEDRO 5:6-7 (NTV)

SIEMPRE ESTÁS HACIENDO ALGO NUEVO

«¡Voy a hacer algo nuevo! Ya está sucediendo, ¿no se dan cuenta?».
—Isaías 43:19 (NVI)

Querido Jesús:

Vengo a ti con un corazón que repite: «¡Gracias! ¡Gracias! ¡Gracias!». ¡Has llenado mi vida de muchas bendiciones! Un corazón agradecido me ayuda a ver cuánto me amas. También me hace sentir aún más feliz de que seas mi amigo. *Nada en todo el mundo podrá separarme de tu amor.* ¡Nada! Tu promesa de estar siempre conmigo me ayuda a sentirme a salvo y seguro. Cuando empiece a preocuparme, te ruego que me recuerdes que me estás guardando. Puedo confiar en ti por completo.

Estoy aprendiendo que nunca estaré al control de todo lo que ocurre en mi vida, pero no importa. Porque *tú* tienes todo el control, al cien por cien. Puedo *confiar en ti,* porque harás lo mejor para mí.

Usas los momentos difíciles para enseñarme a buscarte y conocerte mejor. Señor, ayúdame a agarrarme fuerte de tu mano en lugar de intentar hacer las cosas siempre de la forma antigua, fácil y cómoda. Quiero vivir mi vida como la aventura grande y maravillosa que es; una aventura que quiero compartir contigo, mi amigo eterno. ¡Siempre estás haciendo algo nuevo! Ayúdame a mantener mis ojos bien abiertos y a estar atento a todo lo que estás haciendo en mi vida.

En tu nombre maravilloso, Jesús, *Amén*

LEE POR TU CUENTA

ROMANOS 8:38-39; SALMOS 56:3-4; ISAÍAS 43:19 (NVI)

MI LUGAR SEGURO

*Mi Dios es mi roca, en quien encuentro protección. Él es
mi escudo, el poder que me salva y mi lugar seguro.*
—Salmos 18:2 (NTV)

Querido Jesús:

¡Tú eres aquel en el que puedo confiar por completo! Hay personas en las cuales confío *mucho,* pero cometen errores, y a veces esas equivocaciones me hieren. Y, Señor, este mundo... está loco y en continuo cambio. ¡Nunca sé lo que va a ocurrir! Por eso eres el único en quien puedo confiar perfectamente. ¡Tú nunca cambias! *Eres mi roca, puedo correr a ti en busca de seguridad.*

Puedo estar seguro de ti independientemente de lo que pase, porque eres mi lugar seguro. Cada vez que ocurre algo nuevo (formo parte del equipo de natación, mi amigo se pone enfermo o mi familia se muda a un lugar diferente), mi primer pensamiento es intentar hacerme cargo. Quiero hacer *algo* que me haga sentir un poco menos asustado y un poco más en control. Pero me estás enseñando a relajarme y dejarte tomar las riendas. *Eres mi protección y mi fortaleza,* y siempre vas conmigo dondequiera que voy. Te ruego que me ayudes a enfrentar los cambios de la vida sin miedo, incluso los que no me gustaría que se produjeran.

En lugar de permitir que mis pensamientos ansiosos corran por mi mente, necesito atraparlos y traértelos a ti en mis oraciones. Cuando empiezo a sentirme preocupado o asustado, puedo orar: «Jesús, ¡confío en ti!». Cuando te presento mis pensamientos turbulentos, calmas mis temores y me das tu paz. La Biblia promete que *si confío en ti, estaré a salvo.*

En tu nombre fuerte, Jesús, *Amén*

LEE POR TU CUENTA

SALMOS 18:2 (NTV); SALMOS 46:1-2;
2 CORINTIOS 10:5; PROVERBIOS 29:25 (PDT)

OCTUBRE

Y el Dios de la esperanza los llene de todo gozo y paz en el creer, para que abunden en esperanza por el poder del Espíritu Santo.

—Romanos 15:13

TÚ ERES MI ALEGRÍA

Estén siempre llenos de alegría en el Señor. Lo repito, ¡alégrense!
—Filipenses 4:4 (NTV)

Querido Jesús:

¡Tú eres mi alegría! Cada vez que pienso, susurro o digo estas cuatro palabras en voz alta, tu luz brilla en mi vida. Siempre estás conmigo, por lo que *el gozo de tu presencia* puede ser mío en cualquier momento. Aunque lo haya estropeado todo o esté preocupado por algo, puedo abrirte mi corazón diciendo: «¡Te amo, Jesús!». Me gusta pensar en todas las formas en que me amas y en todo lo que has hecho por mí. Estos pensamientos me llenan de *alegría en ti*, mi Salvador.

Como uno de tus seguidores, sé que me has dado el poder de estar por encima de los momentos difíciles al enviar tu Espíritu, el Espíritu Santo, a vivir dentro de mí. Él es mi ayudador y su poder no tiene límites. También me has dado esperanza para el futuro prometiendo que un día *volverás* a esta tierra. *Entonces me llevarás para estar contigo donde tú estás*... ¡eternamente!

Cuando mi día se vea oscuro, necesito recordar que tú eres *la luz del mundo*. Tu luz alumbra mi día del mismo modo en que el sol sale detrás de las nubes después de una mañana tormentosa y lluviosa. Cuando me relajo contigo, casi puedo oírte susurrar: «Amado hijo, yo soy tu alegría».

En tu hermoso nombre, Jesús, *Amén*

LEE POR TU CUENTA

SALMOS 21:6 (NBV); FILIPENSES 4:4 (NTV); JUAN 14:3 (NTV); JUAN 8:12

EL MAPA MÁS MARAVILLOSO

Guíame en Tu verdad y enséñame, porque Tú eres el
Dios de mi salvación; en Ti espero todo el día.
—Salmos 25:5

Querido Jesús:

¡Me guiarás a partir de ahora! Esta promesa me llena de mucha alegría y paz, porque sé que tú vas a dirigirme a través de cada día de mi vida, incluido hoy. Siempre puedo contar contigo. Como eres Dios, tú ya has ido delante de mí hasta el futuro y has preparado mi sendero. Al mismo tiempo, estás cerca de mí. *Sostienes mi mano. Me guías con tu consejo. Y más tarde me recibirás* en el cielo.

No siempre me resulta fácil tomar decisiones, así que a veces dependo de otras personas para que me ayuden. Algunos dan buenos consejos, pero otros no. Solo *tú* das el consejo perfecto en todo momento. Sé que puedo confiar en que me guiarás con sabiduría. *Siempre estás conmigo. Me guías en tu verdad, enseñándome* y mostrándome todo lo que necesito para tomar buenas decisiones. Te ruego que me ayudes a *confiar en ti durante todo el día.*

Mientras camino por la vida contigo, estoy agradecido por el maravilloso mapa que me has dado: la Biblia. *Tu Palabra es como una lámpara a mis pies y una luz en mi camino.* Ayúdame a seguir esta luz y a seguirte a ti, Jesús. Tú conoces el mejor camino para mí.

En tu nombre que me guía, Jesús, *Amén*

LEE POR TU CUENTA

SALMOS 48:14; SALMOS 73:23-24; SALMOS 25:5; SALMOS 119:105

¡NO CULPABLE!

Dios es tan rico en gracia y bondad que compró nuestra libertad con la sangre de su Hijo y perdonó nuestros pecados.

—Efesios 1:7 (NTV)

Querido Jesús:

Ayúdame a recordar que *no* estoy en un tribunal siendo juzgado. Tu Palabra promete que una vez que confío en ti como mi Salvador, soy perdonado. *No hay condenación,* no soy declarado culpable en la corte del cielo. ¡Muchas gracias por morir en la cruz y llevar el castigo por todos mis pecados! Cuando recuerdo lo que has hecho por mí, puedo vivir felizmente y lleno de gozo. ¡Es como salir y respirar aire fresco de nuevo después de haber estado encerrado unos cuantos días! Ayúdame a relajarme así en tu amor y a dejar de sentirme culpable por las cosas que he hecho mal.

Por supuesto, eso no significa que puedo seguir pecando sin más. Debo seguir intentando hacer lo correcto. Sin embargo, todavía peco y cometo errores, y después empiezo a sentirme culpable de nuevo. Ayúdame a creer que tu muerte en la cruz *me hace* realmente *libre,* Jesús. Pagaste el precio completo por mis pecados, de modo que ya no tengo que temer; soy *verdaderamente libre.*

Estoy aprendiendo que cuanto más cerca vivo de ti, más fácil es ver cómo quieres que viva. Y eso me ayuda a respirar cada vez más tu gozo y tu paz. ¡Me siento muy bendecido por el perdón y la bondad *que has derramado sobre mí*! ¡Te ruego que sigas obrando en mi corazón para que rebose de gratitud!

En tu nombre amoroso, Jesús, *Amén*

LEE POR TU CUENTA

ROMANOS 8:1; JUAN 8:36; EFESIOS 1:7-8 (NTV); COLOSENSES 2:6-7

CONSTRUIDO
SOBRE LA ROCA

*Siempre tengo presente al SEÑOR; con él a
mi derecha, nada me hará caer.*
—Salmos 16:8 (NVI)

Querido Jesús:

Tú eres aquel sobre quien estoy construyendo mi vida. Eres *mi roca*, y ni siquiera las tormentas más feroces y fuertes me podrán sacudir. ¡Te alabo, poderoso Señor!

Sin ti, no hay nada sólido sobre lo que construir mi existencia. Todo lo demás en este mundo es cambiante, incluso lo bueno. Puedo intentar construir mi vida sobre los buenos amigos, las buenas notas, o las cosas estupendas que tengo. Pero ninguna de esas cosas dura para siempre. Es como tratar de hacer un castillo de arena justo al lado del océano, donde será arrasado por las olas. Sin ti, Jesús, a fin de cuentas, todo *«carece de sentido»*. Pero mi existencia tiene significado, tiene sentido, porque tú eres mi Salvador y vives para siempre. Puedo construir mi vida sobre la roca sólida de tu presencia.

He descubierto que, si *siempre te tengo presente*, puedo caminar a lo largo de mis días menos temeroso. Me ayudas a saber el camino por el que andar y qué hacer. Tú eres el guía que siempre me acompaña. Cuando miro hacia adelante, imaginando el camino de mi futuro, sé que tú también estás *allí*. Casi puedo verte saludándome. ¡Me estás guiando paso a paso, en todo el recorrido hacia el cielo!

En tu nombre poderoso, Jesús, *Amén*

LEE POR TU CUENTA

2 SAMUEL 22:47; ECLESIASTÉS 1:2 (NTV); SALMOS 40:2; SALMOS 16:8 (NVI)

TUS CAMINOS
SON UN MISTERIO

Esperaré en el Dios de mi salvación. Mi Dios me oirá.

—Miqueas 7:7

Querido Jesús:

La Biblia me enseña que te preocupas por mí; ¡estás *cuidando de mí*! Pero cuando mis problemas empeoran en lugar de mejorar, es fácil sentir como si me estuvieras decepcionando. A veces me empiezo a preguntar si realmente te importa que esté pasando por un momento tan complicado. Sé que tienes el poder de arreglarlo todo, Señor. Pero no cambias las cosas que de verdad, de verdad quiero que cambies, y eso es duro para mí.

Por favor, cálmame cada vez que empiece a pensar de ese modo. Enséñame a estar *quieto* en tu presencia, en lugar de intentar forzarlo todo para que salga como yo quiero. Mas que ninguna otra cosa, solo quiero dejarme caer en tus fuertes brazos con un gran suspiro de alivio y dejar que me sujetes con fuerza. A pesar de que existen muchas cosas que no entiendo, puedo disfrutar de estar en tu presencia. Puedo descansar, sabiendo que tú jamás dejarás de amarme.

Tus caminos son a menudo un misterio para mí, y no puedo adivinarlos. Pero sé esto: tu amor es maravilloso, y nunca se acaba. Así que *buscaré tu ayuda. Esperaré en el Dios de mi salvación.* Porque tú eres mi Dios y *me oyes* cuando te llamo.

En tu nombre salvador, Jesús, *Amén*

LEE POR TU CUENTA

1 PEDRO 5:6-7; SALMOS 46:10; ÉXODO 33:14; MIQUEAS 7:7

ME AFERRO A
LA ESPERANZA

*Pido que les inunde de luz el corazón, para que puedan entender
la esperanza segura que él ha dado a los que llamó.*
—Efesios 1:18 (NTV)

Querido Jesús:

Ayúdame a *estar alegre porque tengo esperanza* en ti. A veces mis problemas y las dificultades de este mundo hacen difícil estar alegre. Pero estoy aprendiendo que una de las mejores maneras de encontrar gozo es esperar en ti y tus promesas.

Realmente me gustaría aprender más sobre esta *esperanza que me has dado.* La Biblia la denomina esperanza de *las ricas y gloriosas bendiciones que has prometido a tu pueblo.* Cuando decidí creer en ti, fue como si pusieras mi nombre en esas hermosas bendiciones y dijeras: «Aquí tienes. Estas bendiciones te pertenecen, porque ahora estás en mi familia real. Y tú me perteneces para siempre». Esto es lo que necesito recordar en esos días cuando los problemas tiran de mí hacia abajo. ¡Ayúdame a aferrarme a la esperanza con todo lo que tengo! Tu esperanza, tus promesas, me darán fuerzas para sobrellevar mis problemas y hallar gozo en medio de ellos.

Mi esperanza en ti es como un globo aerostático en mi corazón. Subo a la cesta debajo del globo confiando en ti. Esto me eleva por encima de mis problemas y llena mi corazón de alegría. Desde ahí arriba, puedo ver que mis problemas no son tan grandes y no durarán eternamente. Solo necesito confiar en ti y creer que tú no me decepcionarás.

Jesús, *yo creo. ¡Ayúdame a ver y confiar más en ti!*

En tu santo nombre, Jesús, *Amén*

LEE POR TU CUENTA

ROMANOS 12:12 (NVI); EFESIOS 1:18 (NTV); PROVERBIOS 23:18; MARCOS 9:24

¡PREPARADO PARA LA AVENTURA!

*Y estoy convencido de que nada podrá jamás
separarnos del amor de Dios.*

—Romanos 8:38 (NTV)

Querido Jesús:

¡Estoy preparado para la aventura de hoy! Listo para andar con valentía por el camino de mi vida, confiando en ti, el amigo que siempre está conmigo. Puedo ser valiente y tener confianza porque tu presencia me acompaña a cada paso del camino... hoy, mañana y siempre.

Ayúdame a no preocuparme ni tener miedo. Esos sentimientos son como ladrones que roban mi gozo. Enséñame a confiar en que tú me ayudarás a afrontar cualquier problema que aparezca en mi vida. A veces empiezo a preocuparme por lo que podría pasar o lo que podría ir mal. También sé que estoy tratando de averiguar cómo solucionar problemas que ni siquiera han sucedido aún (¡y problemas que podrían no ocurrir jamás!). Pero me estás enseñando a *mirarte solo a ti. Tú eres quien comenzó mi fe y quien la perfeccionará.* Cuando mantengo mis ojos en ti, Jesús, muchos de esos problemas por los que he estado preocupándome simplemente desaparecen.

Cuando empiece a sentir miedo, te ruego que me recuerdes que *tú estás sosteniendo mi mano* y *siempre me ayudarás.* La Biblia promete que *nada de lo que hay por encima de mí, nada de lo que hay debajo de mí, ni ninguna otra cosa en todo el mundo podrá separarme de tu amorosa presencia.*

En tu nombre glorioso, Jesús, *Amén*

LEE POR TU CUENTA

SALMOS 48:14; HEBREOS 12:2 (NVI); ISAÍAS 41:13; ROMANOS 8:38-39 (NTV)

HABLARTE

Tú eres mi Dios, y te doy gracias; Tú eres mi Dios, y yo te exalto.

—Salmos 118:28

Querido Jesús:

Ayúdame a no pensar en la oración como una tarea. Quiero verla como una oportunidad de hablar con aquel a quien más amo; ¡*tú*! Cuando *me deleito en ti,* mantenemos las conversaciones más dulces. ¡Y eso hace que quiera hablar cada vez más contigo!

Una forma fácil de empezar a hablarte es agradeciéndote por ser mi Salvador, mi Dios y mi Amigo. Darte las gracias me ayuda a conectar contigo, como si te llamara por teléfono. Sé que puedo orar y hablarte sobre todo tipo de cosas, porque tu respondes siempre a mi «llamada».

No existe nada que no pueda compartir contigo. Tú me comprendes por completo y sabes todo lo que está ocurriendo en mi vida. Me amaste tanto que pagaste el precio por mis pecados en la cruz. Moriste por mí, y por ello puedo confiar en que siempre harás lo mejor para mí. Puedo *derramar mi corazón ante ti,* Jesús. *tú eres mi refugio,* mi lugar seguro.

¡Son tantas las grandes promesas que la Biblia me da y a las que me puedo aferrar! Algunas de mis favoritas son: *tú te deleitas en mí* y me amas con un amor perfecto que nunca se acaba. Por favor, envuélveme con tus brazos mientras descanso aquí contigo. Ayúdame a creer que realmente soy tu querido hijo amado. Sé que nunca me soltarás, ¡y eso me llena de gozo!

En tu nombre alegre, Jesús, *Amén*

LEE POR TU CUENTA

SALMOS 37:4 (nvi); SOFONÍAS 3:17 (ntv); SALMOS 118:28; SALMOS 62:8

AYÚDAME A VER LO QUE ES VERDADERO

Y conocerán la verdad, y la verdad los hará libres.
—Juan 8:32

Querido Jesús:

Tú me entiendes muchísimo mejor que yo mismo. Por tanto, puedo venir a ti con mis problemas y preocupaciones, y tú me das el consejo perfecto. Cuando paso tiempo contigo en la luz de tu amor, puedo verme como soy en realidad, vestido con tu perfecta bondad. Sé que aún tendré luchas en este mundo. Pero estoy agradecido de que me ames en los días buenos y en los no tan buenos. ¡Tu Palabra promete que *nada en este mundo podrá separarme de tu amor!*

Me ayudas a ver lo que es verdadero y a vivir de la forma correcta, porque tú eres sabio. Puedo ser totalmente sincero contigo respecto a mis luchas y temores, y tú me ayudarás a tomar buenas decisiones. La Biblia afirma que *conocer la verdad me hará libre.* Tú *eres* la verdad, Jesús, y siempre sabes lo que es mejor para mí. Gracias por obrar en mi corazón para liberarme de mis pecados y vergüenza.

Señor, me estás enseñando a *deleitarme en ti* más que en ninguna otra cosa. ¡Realmente eres aquel a quien mi corazón más ama! Por favor, mantenme cerca de ti, recordándome a menudo tu amor por mí y tu presencia conmigo.

En tu nombre sabio, Jesús, *Amén*

LEE POR TU CUENTA

ISAÍAS 9:6; ROMANOS 8:39; JUAN 8:32; SALMOS 37:4 (NVI)

NO MÁS LÁGRIMAS

*Él enjugará toda lágrima de sus ojos, y ya no habrá muerte, ni habrá
más duelo, ni clamor, ni dolor, porque las primeras cosas han pasado.*
—Apocalipsis 21:4

Querido Jesús:

Tú conoces cada uno de mis problemas. *Has recogido todas mis lágri-mas en tu frasco.* Así que, por favor, ayúdame a no tener miedo de las lágrimas, o de los problemas que las provocan. Sé que puedes usar incluso mis problemas para algo bueno. Me estás enseñando a consolarme al saber que tú tienes el control. ¡Estoy aprendiendo a confiar en que sabes perfectamente lo que estás haciendo!

Puedes ver todos los tiempos y todos los lugares, ¡todo al mismo tiempo! Eso significa que tus formas de hacer las cosas en este mundo son mucho más grandes y mejores de lo que yo podría imaginar jamás. Si pudiera ver todo lo que tú ves, me asombraría la perfección con la que obras. Sin embargo, ahora mismo veo *las cosas de forma imperfecta, como reflejos confusos en un espejo.* La vida en este mundo parece a veces un misterio. Jesús, te ruego que me ayudes a confiar en ti cuando me sienta confundido.

Que tú recojas todas mis lágrimas en tu frasco me muestra lo mucho que me amas. Y la Biblia promete que algún día *enjugarás toda lágrima de mis ojos, y ya no habrá muerte, ni habrá más duelo, ni clamor, ni dolor.* ¡Habrá gozo, gozo y *más* gozo esperándome allí! ¡Así de maravilloso será el cielo!

En tu nombre asombroso, Jesús, *Amén*

LEE POR TU CUENTA

SALMOS 56:8; 1 CORINTIOS 13:12 (NTV); APOCALIPSIS 21:4

PUEDO, NO *TENGO QUE*

Cuando hagan cualquier trabajo, háganlo de todo corazón, como si estuvieran trabajando para el Señor y no para los seres humanos.
—Colosenses 3:23 (PDT)

Querido Jesús:

Cuando no tenga ganas de hacer la tarea, ayúdame a verla como una oportunidad y no como una faena desagradable. Me estás enseñando a cambiar mi forma de pensar con respecto a las cosas. Elijo pensar que *puedo* hacer algo, y no que *tengo que* hacerlo. Esto supone una gran diferencia en la forma de sentirme. Me ayuda a ser más agradecido. Todavía no me gusta lavar los platos o hacer mi cama, pero ahora puedo ver que soy dichoso de tener platos en los que comer y una cama en la que dormir.

Sé que esta nueva forma de pensar no es un truco de magia. Aún tengo que hacer el trabajo, pero puedo realizarlo con una sonrisa y no con el ceño fruncido, diciéndome: «*Puedo hacerlo*».

También estoy aprendiendo que es importante cumplir con una tarea y seguir trabajando. Algunas cosas requieren más tiempo, sobre todo las grandes tareas, como aprender las tablas de multiplicar o ayudar a limpiar el garaje. Si estoy cansado o tengo ganas de rendirme, necesito recordarme: «*¡Puedo* hacer esto!*». Y puedo estar agradecido de *ser capaz de* hacer las cosas que necesito hacer. Así que gracias, Jesús, por darme los músculos y la inteligencia para hacer estas cosas.

El agradecimiento elimina esos pensamientos de «tengo que» y me acerca a ti. *Cuando haga cualquier trabajo,* quiero *hacerlo de todo corazón.* Quiero *trabajar como si lo estuviera haciendo para ti.*

En tu nombre maravilloso, Jesús, *Amén*

LEE POR TU CUENTA

COLOSENSES 4:2; FILIPENSES 4:13; COLOSENSES 3:23 (PDT)

DI «¡NO!» A LA PREOCUPACIÓN

El Señor tu Dios vive en medio de ti. Él es un poderoso salvador.

—Sofonías 3:17 (NTV)

Querido Jesús:

Enséñame a vivir en este momento, ahora mismo. No quiero *preocuparme por el mañana.* Quiero enfocarme en tu presencia conmigo hoy, aquí y ahora. Quiero que mi vida consista en acercarme más y más a ti. Tal vez eso sea fácil para otros niños, pero no lo es para mí. Se diría que mi mente suele caer en la planificación y la inquietud.

Te ruego que me ayudes a decir «¡no!» a estas preocupaciones. El mundo en el que vivo está lleno de pecado y problemas. Eso significa que tengo un montón de cosas por las que podría preocuparme. Pero la Biblia me dice que *cada día tiene sus propios problemas.* Sabes exactamente a cuántas dificultades me enfrentaré hoy y hasta dónde puedo lidiar con ellas. Además, siempre estás conmigo, listo para entrar y fortalecerme, animarme y consolarme.

¡He descubierto que mi vida es mucho mejor cuando camino cerca de ti! Por eso debo seguir «atrapando» mis pensamientos y trayéndolos de vuelta a ti cuando divaguen. Puedo correr a tus brazos con una sonrisa en el rostro y gozo en mi corazón. Porque sé que me amas tanto que *te deleitas en mí y te gozas con mis cánticos.*

En tu deleitable nombre, Jesús, *Amén*

LEE POR TU CUENTA

MATEO 6:34; ISAÍAS 41:10; JUAN 10:10; SOFONÍAS 3:17 (NTV)

¡TU AMOR ES MÁS GRANDE!

«Mira, he escrito tu nombre en las palmas de mis manos».

—Isaías 49:16 (NTV)

Querido Jesús:

Cuando vengo a tu amorosa presencia, te pido que me guíes paso a paso a lo largo de este día. Sé que tu luz solo brilla un día a la vez, y ese día es hoy. Si trato de mirar hacia adelante, al futuro, solo se ve oscuridad. *Tu rostro resplandece sobre mí* únicamente en el presente, no en el pasado ni en el futuro. Es *ahora mismo* cuando puedo encontrar tu perfecto e inagotable amor, Jesús.

Tu amor por mí es incluso mayor que el amor de la mejor madre o el mejor padre en todo el mundo. Las madres y los padres buenos aman a sus hijos tanto que piensan mucho en ellos cada día y nunca se olvidan de ellos. ¡Pero tu increíble amor es mucho mayor y mejor! La Biblia me señala que *has escrito mi nombre en las palmas de tus manos.* Eso muestra lo precioso que soy para ti, Señor. ¡Tú jamás te olvidarás de mí!

Realmente quiero *conocer tu amor*, a pesar de que es demasiado grande para que pueda *conocerlo* o comprenderlo por completo. Pero, de todos modos, ese es mi objetivo. Admito que es grande, tanto que voy a necesitar la ayuda y el poder de tu Espíritu Santo. Por favor, lléname de tu maravilloso amor, Señor. ¡Y ayúdame a corresponderte con todo mi corazón!

En tu santo nombre, Jesús, *Amén*

LEE POR TU CUENTA

NÚMEROS 6:25 (RVR1960); ISAÍAS 49:15-16 (NTV); EFESIOS 3:19

LA BATALLA POR MIS PENSAMIENTOS

Tengan dominio propio y manténganse alerta. Su enemigo el diablo anda por ahí como un león rugiente buscando a quién devorar.
—1 Pedro 5:8 (PDT)

Querido Jesús:

Se está librando una gran batalla en este mismo instante, una batalla por mis pensamientos. Los cielos y la tierra se reúnen en mi cerebro, lo que significa que a pesar de *querer* tener pensamientos buenos y celestiales, ¡a veces se cuelan otros no tan buenos que provienen de este mundo pecador!

Señor, gracias por crearme con la capacidad de tener buenos pensamientos sobre cosas buenas. Una vez que dejo fuera el ruido de este mundo y oriento mis pensamientos hacia ti, es como si estuviera *sentado contigo en los cielos.* Esta es una bendición maravillosa, pero solo es para los que *creen en ti* y te pertenecen. Me creaste para querer pasar tiempo contigo. Cuando pienso en ti y tu Palabra, llenas mi mente de *vida y paz.*

Este mundo está siempre tratando de atraer mis pensamientos con las cosas que suceden a mi alrededor. Y muchas de esas cosas no son buenas, como las mentiras, el egoísmo y el alarde. Por favor, mantenme alerta en la batalla que se libra continuamente por mi mente. Recuérdame seguir conversando contigo, Jesús. Y guía mis pensamientos lejos de la preocupación y de vuelta a ti.

Señor, realmente quiero ganar esta batalla por el control de mi mente, hoy y siempre. Algún día disfrutaré de la paz y la vida libre de problemas en el cielo, ¡y eso será increíble!

En tu poderoso nombre, Jesús, *Amén*

LEE POR TU CUENTA

EFESIOS 2:6; JUAN 3:16; ROMANOS 8:6; 1 PEDRO 5:8 (PDT)

¡EL REY DE TODOS LOS REYES!

Bendito y único Dios todopoderoso, el Rey de todos los reyes y el Señor de todos los señores.

—1 Timoteo 6:15 (NTV)

Querido Jesús:

Vengo a ti buscando descanso en tu presencia. Pasar tiempo contigo me anima y me da más energía. Me asombra poder sentarme y hablar contigo, ¡el Creador del universo! Y puedo hacerlo en cualquier momento y en cualquier lugar, ¡incluso sentado en mi propia habitación!

Los reyes y los presidentes que gobiernan este mundo jamás permitirían que *cualquiera* viniera a verlos. Normalmente, la gente corriente casi nunca puede hablar con ellos. Incluso otros líderes tienen que concertar citas especiales y obtener un permiso. Estoy muy feliz y agradecido de que *tú*, el Rey de todo el universo, hables conmigo en cualquier momento.

Por favor, ayúdame a recordar que siempre estás conmigo, pase lo que pase. ¡*Nada* puede separarme de tu amorosa presencia! Cuando gritaste desde la cruz: «¡*Consumado es!*», la cortina del templo se rasgó en *dos, de arriba abajo*. Eso abrió el camino para que pueda hablarte cara a cara. No necesito tener permiso ni concertar una cita ni esperar en línea. Nadie permanece entre tú y yo diciendo: «No, no, no puedes hablar con él ahora mismo. Está ocupado». ¡Qué asombroso es que tú, *el Rey de todos los reyes*, estés siempre preparado para escucharme! ¡Eres mi mejor amigo para siempre!

En tu real nombre, Jesús, *Amén*

LEE POR TU CUENTA

COLOSENSES 1:16; JUAN 19:30; MATEO 27:50-51; 1 TIMOTEO 6:15 (NTV)

EL CREADOR DE TODO

En el principio Dios creó los cielos y la tierra.

—Génesis 1:1

Querido Jesús:

Estás conmigo todo el tiempo: cuando estoy jugando, haciendo mis deberes o hablando con los amigos. No existe un segundo del día en que no estés a mi lado. Eso facilita saber qué hacer y por dónde ir. En vez de preguntarme lo que vendrá en el futuro o preocuparme por lo que debería hacer si sucede *esto* o *aquello*, puedo simplemente hablar contigo. ¡Porque tú estás aquí mismo! Cuando necesito tomar una decisión, puedo confiar en que me mostrarás qué hacer.

Sin embargo, a veces empiezo a pensar en las decisiones que podría tener que tomar en el futuro y entonces me pierdo las que necesito tomar ahora mismo. El día transcurre sin pensar realmente en lo que estoy haciendo. Cuando vivo de este modo, mi vida comienza a parecer aburrida. Todo sigue las mismas viejas rutinas. No hay nada nuevo ni emocionante. ¡Es como si caminara sonámbulo a lo largo de mi día!

¡Pero *tú* eres el ser más creativo! ¡Creaste todo el universo! Y no quieres que lleve una vida sosa y aburrida. En cambio, me conduces a nuevas aventuras, mostrándome cosas emocionantes y enseñándome otras que no conocía. ¡Ayúdame a seguirte allá donde quieras que vaya!

En tu nombre maravilloso, Jesús, *Amén*

LEE POR TU CUENTA

SALMOS 32:8; GÉNESIS 1:1; ISAÍAS 58:11

UN CAMINO MEJOR

Tú guardarás en perfecta paz a todos los que confían en ti.

—Isaías 26:3 (NTV)

Querido Jesús:

A menudo busco seguridad y protección en el lugar equivocado, en las cosas de este mundo. Hago listas de todo lo que necesito para poder sentirme a salvo: amigos, familia, buenas notas o las cosas que me ayudarán a encajar. Mi objetivo es conseguir todo eso y asegurarme de mantenerlo. Entonces puedo relajarme, o al menos eso es lo que me digo. El problema es que, incluso cuando finalmente logro todas esas cosas, sigo sin poder relajarme. ¡Porque entonces me preocupo por mantenerlas! Cuanto más me esfuerzo por contar con todo lo que me parece necesario, peor me siento.

Me estás enseñando que hay un camino mejor para sentirme a salvo y seguro. En lugar de intentar señalar todo lo que tengo en mi lista, necesito *pensar en ti,* y seguir pensando en ti. *Tú* eres la razón por la que puedo sentirme seguro, porque siempre estás conmigo. La Biblia dice que *darás paz a todo el que confía en ti y depende de ti.* Hablar contigo también me ayuda a resolver lo importante y lo que en realidad no importa tanto.

Señor, te ruego que me enseñes a no *enfocarme en las cosas que puedo ver,* en este mundo y todas sus cosas, *sino en las cosas que no puedo ver,* tu amor y tu presencia.

En tu asombroso nombre, Jesús, *Amén*

LEE POR TU CUENTA

HEBREOS 3:1 (NBV); ISAÍAS 26:3 (NTV); 2 CORINTIOS 4:18

BUSCÁNDOTE

«Mis ovejas oyen Mi voz; Yo las conozco y me siguen».
—Juan 10:27

Querido Jesús:

Estoy continuamente en tu presencia. ¡Y *estar contigo me llena de gozo!* Eso significa que puedo tener gozo al margen de lo que ocurra a mi alrededor. Mientras camino a lo largo de este día, buscaré señales de tu presencia. A pesar de no poder ver tu rostro como puedo ver la cara de mis amigos, *sé* que estás aquí conmigo.

A veces te veo obrando de grandes formas. Las cosas maravillosas parecen «simplemente ocurrir», pero sé que en realidad son obra tuya. Otras veces te veo de maneras más pequeñas, como en una mariposa que vuela, o en el abrazo de un amigo cuando más lo necesito. Cuanto más te busco, más te encuentro. Así que te ruego que me ayudes a mantener mis ojos bien abiertos, buscándote en las cosas grandes y las pequeñas que sucedan hoy. No quiero perderme ni uno solo de tus destellos.

Quiero llenar mi mente y mi corazón de tus palabras en la Biblia. Es ahí donde me hablas de forma más clara. Prometes penetrar en mis pensamientos y acercarme a ti. Me encanta oírte decirme a través de tu Palabra: *«Oye mi voz. Te conozco y tú me sigues. Te doy vida eterna. Nadie te arrebatará de mi mano».*

En tu nombre todopoderoso, Jesús, *Amén*

LEE POR TU CUENTA

SALMOS 16:11; JEREMÍAS 29:13; JUAN 10:27-28

ESCALAR UNA MONTAÑA

¡El Señor Dios es quien me hace estar fuerte!

—Habacuc 3:19 (NBV)

Querido Jesús:

Eres mi fortaleza. Me guías a salvo por las montañas empinadas. Esta vida es una aventura, y puedo vivir cada momento en la hermosura y la gloria de tu presencia. Pero admito, Señor, que a veces me canso. Miro adelante en nuestro camino y todo cuanto veo son montañas muy empinadas que no puedo escalar por mí mismo. Pero entonces recuerdo que *siempre estoy contigo*, Señor. *Sostienes mi mano, me guías,* y me ayudas a escalar esas montañas.

Mi camino contigo no siempre es fácil. Algunos días siento como si estuviera caminando por matorrales espinosos en un bosque oscuro. A veces, el sendero por el que vamos se ve tan complicado que parece imposible continuar. Pero estoy aprendiendo que me ayudas a hacer lo imposible, *y me das gozo incluso durante los momentos más duros.* Así que estaré atento a todos los pequeños regalos de gozo que has colocado en mi camino. No importa cuántos de esos regalos pudiera haber, ninguno de ellos se puede comparar a *ti*, el amigo al que más amo. ¡Tú eres el mayor tesoro que podría encontrar!

Cuando me detengo y miro atrás, al punto de partida de mi viaje, puedo ver lo lejos que he llegado ya. Al tomar tiempo para relajarme contigo, siento la gloria de tu presencia rodeándome, ¡y eso hace que te ame aún más!

En tu glorioso nombre, Jesús, *Amén*

LEE POR TU CUENTA

HABACUC 3:19 (NBV); SALMOS 73:23-24; HEBREOS 1:3

VERTE MEJOR

Si fuera al oriente donde nace el sol, allí estarías; o
al occidente, al fin de los mares, allí estarías. Aun
allí me tomarías de la mano y me conducirías.
—Salmos 139:9-10 (PDT)

Querido Jesús:

Quiero hacer de ti el centro de mi búsqueda de protección y seguridad. He estado intentado que mi mundo parezca seguro con todas *mis* ideas y planes, pero nunca es suficiente. Entonces comienzo a desear conocer todo lo que va a ocurrir y lo que necesito hacer al respecto. ¡Eso también es imposible! Y no es bueno para mí. Si voy a crecer en mi fe, necesito aprender a confiar cada vez más en ti, sobre todo cuando me siento asustado o preocupado. En lugar de intentar asumir el control y hacer que todo salga bien, lo mejor que puedo hacer es agarrarme fuerte de tu mano y depender de ti para que me cuides.

Otra cosa que a veces deseo es no tener ningún otro problema. Pero estás mostrándome que esos problemas realmente pueden ayudarme a verte mejor. Mis dificultades pueden hacer que las cosas parezcan oscuras, pero es entonces cuando tu luz brilla más resplandeciente, animándome y consolándome.

Por favor, ayúdame a ver mis problemas como *una oportunidad de gran gozo.* No importa lo que esté sucediendo, incluso si me siento triste, o solo, o confundido; siempre hay una razón para el gozo. ¡Has prometido que contigo tengo un futuro libre de problemas esperándome en el cielo!

En tu gozoso nombre, Jesús, *Amén*

LEE POR TU CUENTA

SALMOS 139:9-10 (PDT); SANTIAGO 1:2 (NTV); FILIPENSES 4:4

ENVUELTO EN TU AMOR

Toda la alabanza sea para Dios, el Padre de nuestro Señor Jesucristo.
Dios es nuestro Padre misericordioso y la fuente de todo consuelo.
—2 Corintios 1:3 (NTV)

Querido Jesús:

Vengo a ti hoy en busca de ayuda y consuelo. ¡Eres mi mejor amigo, Jesús, y estoy muy alegre de poder caminar contigo durante el día de hoy! Sé que siempre estás a mi lado. Con solo pronunciar tu nombre recuerdo de inmediato que tu presencia está conmigo. Nunca me has decepcionado en el pasado, Señor, así que puedo confiar en ti para que me ayudes hoy. Estoy aprendiendo lo mucho que necesito tu ayuda en *todo* momento, con las cuestiones grandes de la vida *y* también con las pequeñas.

Cada vez que necesito consuelo, me envuelves en tus fuertes y amorosos brazos. ¡Eso me hace sentir mucho mejor! Y entonces soy capaz de *consolar a otros, del mismo modo que tú me consuelas a mí.* ¡Es como tener dos bendiciones en una! Mientras estoy consolando a otra persona con tu consuelo, algo de esa bendición penetra en mí.

¡Es un regalo tan increíble tener un amigo que siempre está conmigo! Cuanto más me vuelvo a ti, más aprendo lo fiel, amoroso y poderoso que eres. No importa las cosas difíciles que puedan ocurrir en mi vida, sé que *nada me podrá separar de tu amor y tu presencia.*

En tu nombre consolador, Jesús, *Amén*

LEE POR TU CUENTA

SALMOS 105:4; SALMOS 34:5 (DHH);
2 CORINTIOS 1:3-4 (NTV); ROMANOS 8:38-39

EL REGALO DE
TU PRESENCIA

*Pero que se alegren todos los que en ti se refugian; que
canten alegres alabanzas por siempre.*

—Salmos 5:11 (NTV)

Querido Jesús:

Siempre tengo un motivo para bailar, cantar y celebrar, ¡porque siempre estás conmigo! Me das este maravilloso regalo de tu presencia, y mi alabanza es uno de los regalos que puedo devolverte.

Estás enseñándome que alabarte y disfrutar de tu presencia es *mucho* más importante que tratar de hacerlo todo a mi modo. ¡Pero sigue siendo muy tentador intentar tomar el control! Ayúdame a dejar de esforzarme tanto por controlarlo todo. De todos modos, es imposible y resulta un insulto a *tu gran fidelidad* hacia mí.

Has dispuesto un camino a seguir para cada uno de tus hijos, y mi camino es diferente al de todos los demás. Así que es importante que te escuche, a través de tus palabras en la Biblia y por medio de la oración. Entonces sabré tomar el camino correcto.

Ayúdame a estar preparado para este día y para todo lo que tengo por delante. No debo temer a lo que podría pasar, porque tú estás siempre conmigo. Estoy seguro mientras esté aferrado a ti y confíe en ti en nuestro caminar juntos. Gracias Señor por la preciosa bendición de tu presencia. Te ruego que también *me bendigas con tu paz.*

En tu santo nombre, Jesús, *Amén*

LEE POR TU CUENTA

SALMOS 5:11 (NTV); LAMENTACIONES 3:22-23 (NTV);
JUDAS 24-25; SALMOS 29:11

¡SOLO QUIERO ADORAR!

Nosotros estamos recibiendo un reino que nadie puede hacer tambalear. Por eso seamos agradecidos y adoremos a Dios de la manera que a él le agrada. Hagámoslo con respeto y con temor.
—Hebreos 12:28 (PDT)

Querido Jesús:

Debido a que estás lleno de gracia y verdad, he recibido de parte tuya un regalo tras otro. ¡Cuando pienso en tu increíble regalo de la salvación, solo quiero alabarte y adorarte! *¡He sido salvado por gracia porque creo en ti!* Eso es un regalo comprado con tu propia sangre. *Yo no hice nada para salvarme.* Lo único que tenía que hacer era recibir este regalo preciado y creer, ¡e incluso en eso me ayudaste! ¡Gracias por darme un tesoro tan asombroso!

Desde que me convertí en hijo tuyo, estoy viendo que tu gracia está llena de muchas bendiciones distintas. Mis sentimientos de culpa se derriten bajo la cálida luz de tu perdón. Ahora que soy tu hijo, mi vida tiene significado y propósito. Tengo razones para levantarme por la mañana, y tengo objetivos para mi día. Mis relaciones con la familia, amigos e incluso con nuevas personas que voy conociendo son mejores ahora, porque puedo ofrecerles el amor y la gracia que me das.

Señor, te ruego que me recuerdes que pase tiempo pensando en todas tus bendiciones en mi vida y agradeciéndote por cada una de ellas. Esta actitud protege mi corazón y mantiene fuera las «hierbas» de la ingratitud que pueden crecer rápidamente. ¡Ayúdame a *ser agradecido* siempre!

En tu preciado nombre, Jesús, *Amén*

LEE POR TU CUENTA

JUAN 1:16; EFESIOS 2:8-9; JUAN 1:12; HEBREOS 12:28 (PDT)

CON TU AYUDA

*Con tu ayuda atacaré al enemigo, y sobre
el muro de sus ciudades pasaré.*
—Salmos 18:29 (DHH)

Querido Jesús:

La Biblia promete que estás conmigo y a *mi favor*. Cuando decido hacer algo que tú has planeado que haga, ¡nada puede detenerme! Por consiguiente, no desistiré por muchas dificultades que me encuentre en el camino.

Sé que habrá muchos altibajos mientras camino por mi senda contigo. Habrá días buenos y días no tan buenos. Pero *con tu ayuda* puedo manejar cualquier dificultad; puedo superar cualquier cosa que esté bloqueando mi camino. ¡Eres mi ayuda *siempre presente* y eres todopoderoso! Estas verdades sobre ti me dan el valor que necesito para continuar.

Algo que estoy aprendiendo es que mucho de mi estrés proviene de intentar hacer que las cosas sucedan cuando *yo* quiero. Pero tú estás a cargo del tiempo, y todo sucederá en tu tiempo perfecto. A pesar de que no soy tan bueno esperando, realmente quiero estar cerca de ti y hacerlo todo a *tu* modo. Te ruego que me dirijas paso a paso a lo largo del camino que has planeado para mí. Muéstrame dónde quieres que vaya y lo rápido que debería ir. En lugar de correr por delante de ti hacia mi meta, quiero estar cerca de ti. Ayúdame a confiar en que tú me llevarás allí en el momento exacto. Cuando disminuyo la velocidad, ¡puedo disfrutar realmente de esta aventura contigo!

En tu asombroso nombre, Jesús, *Amén*

LEE POR TU CUENTA

ROMANOS 8:31; SALMOS 18:29 (DHH); SALMOS 46:1; LUCAS 1:37

EL MEJOR MODO DE VIVIR

*En ti confían los que conocen tu nombre, porque
tú, Señor, jamás abandonas a los que te buscan.*
—Salmos 9:10 (NVI)

Querido Jesús:

Quiero caminar contigo a lo largo de un camino lleno de confianza y seguir hablándote mientras avanzamos juntos. ¡Ese es el mejor modo de vivir! Cuando intento ir a mi manera en vez de confiar en ti, acabo en el camino equivocado. Estoy agradecido de que seas lo suficientemente poderoso para tomar ese camino equivocado y convertirlo en una senda de vuelta a ti. Pero puedo perder mucho tiempo y gastar mucha energía en esos caminos erróneos. Tan pronto como me doy cuenta de que me he alejado de ti, necesito susurrar: «Jesús, confío en ti». Esta pequeña oración me ayuda a volver a ti y regresar al camino correcto.

Cuanto más confío en las cosas de este mundo, como ser popular, ser listo o ser bueno en los deportes, más difícil es para mí recordar que tú estás conmigo. Las preocupaciones y los miedos empiezan a llenar mis pensamientos. Me empujan cada vez más lejos de tu presencia. Para estar cerca de ti necesito seguir diciéndote: «Confío en ti». ¡Está bien dirigirte esta oración tan a menudo como necesite recordarlo! Este pequeño acto de fe me mantiene caminando contigo, paso a paso. Ayúdame a *confiar en ti con todo mi corazón. Muéstrame el camino que debo seguir.*

En tu nombre confiable, Jesús, *Amén*

LEE POR TU CUENTA

ISAÍAS 26:4; SALMOS 9:10 (NVI); SALMOS 25:4; PROVERBIOS 3:5-6

¡TUS PLANES SON MEJORES!

*Porque como los cielos son más altos que la tierra,
así Mis caminos son más altos que sus caminos, y
Mis pensamientos más que sus pensamientos.*

—Isaías 55:9

Querido Jesús:

Cuando las cosas no van como quiero, a menudo me enfado y digo o hago cosas hirientes. Te ruego que cada vez que comience a estar molesto y enfadado, me ayudes a dejar lo que estoy haciendo y *venir a ti*. Recuérdame pasar unos cuantos minutos simplemente disfrutando de tu presencia. Entonces, cuando *hablo contigo* de lo que me está molestando, me ayudas a ver las cosas del modo en que tú las ves. Me muestras lo que es realmente importante. Y me ayudas a saber qué hacer después. Antes de que me dé cuenta, puedo continuar, confiando en ti y estando cerca de ti.

Confieso que suelo enfadarme porque quiero tener el control. Planeo mi día, y luego espero que los demás sigan mis planes y no los estropeen. Justo entonces necesito recordar que *tú* tienes el control. Y así *como los cielos son más altos que la tierra, así tus caminos son más altos que mis caminos.* Ayúdame a no enfadarme o refunfuñar cuando las cosas no vayan como las había planeado. Por favor, usa esos momentos para recordarme que tú eres Dios y que yo soy tu muy amado seguidor. Ayúdame a *confiar en tu amor inagotable.*

Señor, enséñame a dejar mis planes a un lado con alegría, porque tus planes son increíblemente sabios, ¡y siempre son mucho mejores que los míos!

En tu sabio y maravilloso nombre, Jesús, *Amén*

LEE POR TU CUENTA

SALMOS 27:8 (NTV); ISAÍAS 55:9; 2 SAMUEL 22:31; SALMOS 13:5 (NTV)

TE TRAERÉ MIS PROBLEMAS

«¿Quién de ustedes, por mucho que se preocupe, puede añadir una sola hora al curso de su vida? Ya que no pueden hacer algo tan insignificante, ¿por qué se preocupan por lo demás?».
—Lucas 12:25-26 (NVI)

Querido Jesús:

Cuando aparezcan mis problemas, ayúdame a no pensar en ellos durante demasiado tiempo o con demasiada intensidad. Porque puedo quedarme atascado en esos pensamientos problemáticos y olvidarme de ti. Trato de averiguar cómo puedo resolver un problema lo antes posible. Es como si mi mente se preparara para una dura batalla, y mi cuerpo se pusiera todo tenso y ansioso. A menos que gane la batalla resolviendo el problema en ese instante, acabo sintiéndome derrotado y molesto conmigo mismo.

¡Estás mostrándome que hay una mejor manera! Cuando un problema comience a eclipsar mis pensamientos, necesito traértelo a ti. Por favor, recuérdame hablarte sobre ello y mirarlo *a la luz de tu presencia.* Esto me ayuda a ver el problema del modo en que tú lo ves. A veces incluso tengo que reírme de mí mismo por pensar que mi problema era tan enorme y terrible, ¡cuando en realidad no era para nada algo grande!

Sé *que en este mundo tendré aflicción.* Pero lo que más importa es que siempre *te* tendré conmigo. Y tú me darás todo lo que necesito para manejar cada problema que se presente en mi vida. Ayúdame a recordar traerte mis dificultades para poder verlas del modo en que tú las ves, en tu brillante luz.

En tu esplendoroso nombre, Jesús, *Amén*

LEE POR TU CUENTA

LUCAS 12:25-26 (NVI); SALMOS 89:15 (NVI); JUAN 16:33 (NVI)

ANCHO Y LARGO, ALTO Y PROFUNDO

Entonces Cristo habitará en el corazón de ustedes a medida que confíen en él. Echarán raíces profundas en el amor de Dios, y ellas los mantendrán fuertes.
—Efesios 3:17 (NTV)

Querido Jesús:

¡Es asombrosa la manera en que me amas! ¡Tu amor nunca me dejará! En este mundo nunca sé lo que va a pasar. Y cuando miro a mi alrededor, veo gente rompiendo sus promesas con más frecuencia de lo que puedo contar.

Pero tu promesa de amarme es una promesa que *jamás* será quebrantada, y estoy muy agradecido. *Puede que las montañas se muevan, y que los montes desaparezcan, pero tu fiel amor por mí permanecerá.* ¡Montañas que se mueven y montes que desaparecen suena terrible! Pero al margen de *lo que* esté ocurriendo, tu amor no se moverá de mí ni desaparecerá. ¡Puedo construir toda mi vida sobre esa maravillosa verdad!

Jesús, es difícil para mí comprender lo mucho que me amas. Por favor, *fortaléceme a través de tu Espíritu.* Ayúdame a *comprender lo ancho y largo, alto y profundo que es tu amor.* ¡Gracias porque tu increíble amor es para mí! ¡Señor, realmente quiero conocer este amor que es más grande de lo que cualquier persona podrá conocer jamás!

Te pido que me liberes de la prisión de las mentiras que he creído acerca de mí. Ayúdame a verme del modo en que tú me ves: envuelto en *tu manto de justicia* y bondad, y brillando con tu amor.

En tu gran nombre, Jesús, *Amén*

LEE POR TU CUENTA

ISAÍAS 54:10 (NTV); EFESIOS 3:16-19 (NTV); ISAÍAS 61:10

UNA PROMESA PARA MÍ

*Corramos sin fallar la carrera que tenemos por delante. Quitemos
de nuestra vida [...] el pecado que nos hace caer tan fácilmente.*
—Hebreos 12:1 (PDT)

Querido Jesús:

Ayúdame a recordar que tú estás aquí conmigo mientras camino paso a paso a lo largo de este día. Tu presencia conmigo es una preciosa promesa que me consuela y me hace sentir seguro. Después de que murieras en la cruz y resucitaras, dijiste a tus seguidores: *«Pueden estar seguros de que estaré siempre con ustedes. Continuaré con ustedes hasta el fin del mundo».* Esa promesa es para *todos* los que te siguen. ¡Así que mi decisión de seguirte significa que tu promesa también es para mí!

Cuando he estado caminando contigo, he visto que tu presencia es una protección poderosa e importante. Existen muchos peligros en el camino a lo largo de mi vida. Algunos son invisibles, como sentir autocompasión. El orgullo, el egoísmo y la terquedad también son grandes problemas. Luego están las cosas que puedo ver y oír, que intentan desviar mi atención de ti. Si aparto mis ojos de ti y sigo a otra persona, es cuando estoy en verdadero peligro. Incluso los buenos amigos pueden conducirme por el camino equivocado si permito que sean más importantes que tú.

Gracias por mostrarme que la manera de permanecer en el camino de la vida es seguir prestándote atención a ti, Jesús. Tu amor y tu presencia están siempre conmigo, siempre protegiéndome. Me siento feliz y a salvo cuando recuerdo que tú estás cuidando tan bien de mí.

En tu nombre protector, Jesús, *Amén*

LEE POR TU CUENTA

MATEO 28:20; HEBREOS 12:1 (PDT); SALMOS 16:11 (NVI)

PUEDO CORRER A TI

Los que confían en su propia inteligencia son necios, pero el que camina con sabiduría está a salvo.
—Proverbios 28:26 (NTV)

Querido Jesús:

Sé que eres tú quien me mantiene a salvo. Pero a veces me ocupo tanto pensando y planeando que lo olvido. La preocupación crece dentro de mí, y mis pensamientos empiezan a divagar. Busco respuestas e intento averiguar la forma de sentirme seguro. ¡Y todo el tiempo *estás aquí mismo conmigo, sosteniendo mi mano*! Ayúdame a recordar que tu presencia está conmigo todo el tiempo.

En lugar de ser necio y *confiar en mí mismo*, quiero *vivir sabiamente* y confiar en ti para estar a salvo. Me estás enseñando que ser sabio significa confiar en ti más de lo que confío en mí o en cualquier otra persona. Puedo contarte mis problemas, porque siempre estás preparado para *guiarme con tu consejo* y ayudarme a *hacer lo que es correcto.*

Estoy agradecido de poder traerte cada una de mis preocupaciones, miedos y problemas. Sin embargo, a veces mis pensamientos y sentimientos se enredan en mi mente y me confundo. Es entonces cuando realmente me ayuda escribir mis oraciones para poder pensar con mayor claridad.

Mientras espero en tu presencia, te ruego que me muestres el camino que quieres que siga. Y guía mis pensamientos; ayúdame a seguir pensando en ti y en tu Palabra. Solo susurrar tu nombre, «Jesús», mantiene mi atención en ti. *Tú eres como una torre fuerte. Puedo correr a ti en busca de seguridad.*

En tu nombre fuerte, Jesús, *Amén*

LEE POR TU CUENTA

SALMOS 73:23; PROVERBIOS 28:26 (NTV); PROVERBIOS 18:10

CRECIENDO EN TI

Me llenarás de alegría en tu presencia
y de dicha eterna a tu derecha.

—Salmos 16:11 (NVI)

Querido Jesús:

Cuando estoy contigo, me llenas de gozo, paz verdadera y amor inagotable. Me encanta caminar contigo por la senda de la vida, porque puedo disfrutar de tu compañía a cada paso del camino. Estoy agradecido de que estés siempre a mi lado, ofreciéndome el gozo de tu presencia.

Prometes darme *verdadera paz* cuando *confío en ti* y *dependo de ti.* Te ruego que me ayudes a seguir hablando contigo, con palabras en voz alta, con mis pensamientos y con canciones de alabanza. Esto me ayuda a confiar en ti aún más.

Al pasar tiempo estudiando la Biblia, ella penetra en mi mente. Esto cambia mi forma de pensar y de vivir. Cuando pienso en quién eres, en lo bueno y maravilloso que eres, tu luz brilla en mi corazón y *me bendice con paz.*

Señor, quiero crecer en tu presencia *como un olivo creciendo en la casa de Dios.* Cuando la luz del sol de tu presencia brilla sobre mí, alimenta mi alma y me ayuda a crecer para ser más como tú, lleno de amor, gozo, paz y bondad. Y cuanto más *confío en tu amor inagotable,* ¡más me doy cuenta de lo seguro y protegido que estoy contigo!

En tu amoroso nombre, Jesús, *Amén*

LEE POR TU CUENTA

SALMOS 16:11 (NVI); ISAÍAS 26:3; SALMOS 29:11; SALMOS 52:8

NOVIEMBRE

Vengamos ante Su presencia con acción de gracias; aclamemos a Él con salmos.

—Salmos 95:2

EL ASOMBROSO
DON DE LA GRACIA

«Porque de tal manera amó Dios al mundo, que dio a su Hijo unigénito, para que todo aquel que cree en Él, no se pierda, sino que tenga vida eterna».

—Juan 3:16

Querido Jesús:

¡Gracias por el maravilloso, asombroso y glorioso don de la gracia! Le Biblia me enseña que *he sido salvo por gracia, porque creo* en ti. En eso consiste la fe, en creer en ti, confiar en ti como mi Salvador. *Yo no me salvé a mí mismo. Eso es un don tuyo.* ¡Incluso me ayudaste a tener la fe para creer en ti! Tengo la bendición inagotable de la *vida eterna* porque tú moriste en la cruz por mí. Ayúdame a recibir estos dones con un corazón alegre y a estar agradecido por ellos cada día. Nunca podré agradecerte lo suficiente por tu gracia.

Quiero dedicar un tiempo a pensar en lo asombroso que es que hayas perdonado todos mis pecados. Creer en ti fue el primer paso en mi viaje hacia la vida en el cielo contigo. Un día, este mundo viejo y problemático se acabará, y habrá *un cielo nuevo y una tierra nueva.* Has prometido que tendré un hogar allí para siempre, ¡contigo! *Eso* me da un enorme motivo de gozo cada día.

Mientras camino contigo hoy, intentaré recordar seguir agradeciéndote por el regalo invaluable de la gracia. Y al mismo tiempo que te agradezco, oro para que me ayudes a ver todos los demás dones que me das. ¡Entonces tendré aún más motivos para alabarte!

En tu nombre asombroso, Jesús, *Amén*

LEE POR TU CUENTA

EFESIOS 2:8-9; JUAN 3:16; MATEO 10:28; APOCALIPSIS 21:1

PACIENTE CUANDO LLEGAN LOS PROBLEMAS

Sean constantes en la oración.
—Romanos 12:12 (PDT)

Querido Jesús:

Gracias por llevar el castigo por todos mis pecados. Y gracias por envolverme en tu perfecta bondad. Tú eres la razón por la estoy tan *alegre; tengo esperanza* porque moriste por mí. Sé que voy de camino al cielo, y allí viviré contigo para siempre. Nada puede quitarme esa esperanza, y *nadie puede arrebatarme de tu mano.* ¡Contigo estoy a salvo y seguro para siempre!

La Biblia me enseña a *ser constante en la oración.* Eso significa que necesito seguir hablando contigo durante todo el día, especialmente cuando esté lidiando con muchos problemas. Pero en esos días difíciles, a veces me resulta más complicado acordarme de orar. Me canso mucho y me estreso. Por eso te doy las gracias por tu Espíritu Santo, que vive dentro de mí. Puedo pedirle que *controle mis pensamientos* y me ayude. Tu Espíritu me fortalece, guía mis pensamientos y me ayuda a orar cuando no sé qué decir. Estoy aprendiendo que mis oraciones no tienen que ser elegantes ni estar llenas de grandes palabras. Puedo hablarte directamente desde el corazón.

Señor, te ruego que me recuerdes seguir conversando contigo, sobre todo en esos días difíciles. Entonces puedo *ser paciente cuando los problemas lleguen,* porque espero contigo.

En tu nombre lleno de esperanza, Jesús, *Amén*

LEE POR TU CUENTA

JUAN 10:28; ROMANOS 12:12 (PDT); ROMANOS 8:6

CALMADO Y CONFIADO

Ellos no tienen miedo de malas noticias; confían
plenamente en que el Señor los cuidará.

—Salmos 112:7 (NTV)

Querido Jesús:

Te ruego que me enseñes a pensar y confiar en ti mientras recorro cada uno de mis días paso a paso. Tengo que admitir que demasiadas cosas pueden apartar mi atención de ti. En especial todo lo que se ve y oye en este mundo. Algunos días me distraigo tanto que siento como si estuviera subido en una montaña rusa, mirando todo el tiempo aquí, allá y a todas partes. Pero no quiero que otras cosas controlen mis pensamientos. ¡Quiero que mi atención esté en *ti*! Sé que es posible ser consciente de tu presencia, independientemente de lo que ocurra a mi alrededor. Es así como quiero vivir cada día.

Ayúdame a no permitir que las sorpresas me hagan tropezar. En lugar de molestarme o preocuparme cuando los problemas aparezcan en mi camino, quiero estar calmado y confiado, recordando que *tú estás conmigo*. Tan pronto como algo atrape mi atención, por favor, recuérdame hablar contigo sobre ello. Puedo compartir mis alegrías y tristezas contigo, Jesús. Sé que me ayudarás a averiguar qué hacer con las cosas buenas *y* las no tan buenas.

Señor, te pido que vivas y obres en mí cada día más. Y, por favor, obra también a través de mí. Quiero hacer brillar tu luz y tu paz en este mundo turbado.

En tu nombre apacible, Jesús, *Amén*

LEE POR TU CUENTA

SALMOS 112:7 (NTV); ISAÍAS 41:10; SALMOS 46:1-2;
1 TESALONICENSES 5:16-17

TÚ LLEVAS MI PESADA CARGA

*A ti, fortaleza mía, te cantaré salmos, pues tú, oh Dios, eres
mi refugio. Tú eres el Dios en quien puedo confiar.*
—Salmos 59:17 (NVI)

Querido Jesús:

Cuando pienso en todo lo que necesito hacer hoy, me doy cuenta de que lo que más necesito es confiar en ti lo suficiente como para apoyarme en ti. Todo el mundo se apoya en algo. A veces en la propia fuerza física y los músculos. En la inteligencia. En la belleza o el dinero. O en ser popular. Y parece que casi todo el mundo se apoya en la familia o los amigos.

Todas estas cosas son regalos tuyos. Quiero disfrutar y estar agradecido por ellos. Pero depender de ellos es arriesgado. Cada una de estas cosas puede decepcionarme. Mis músculos podrían no ser lo suficientemente fuertes para hacer algunos trabajos. No comprenderé todas las preguntas en clase. El dinero puede desaparecer, los amigos pueden mudarse, e incluso los miembros de la familia no siempre mantienen sus promesas.

Cuando tengo un problema que no puedo solucionar por mí mismo, empieza a ser lo único en lo que puedo pensar. Muy pronto me preocupo por cómo podré pasar el día. ¡Es una enorme pérdida de tiempo y de energía! Y lo peor de todo, me aleja de ti, Señor. Cuando esto ocurra, por favor abre mis ojos para verte en medio de mi problema. Ayúdame a «ver» que permaneces a mi lado, preparado para ayudarme tan pronto como te lo pida. En lugar de fingir que soy más fuerte de lo que en realidad soy, puedo apoyarme en ti. Cuando lo hago, tú *llevas mi pesada carga* y me muestras qué hacer. *¡Te canto alabanzas por ser mi fortaleza!*

En tu nombre maravilloso, Jesús, *Amén*

LEE POR TU CUENTA

PROVERBIOS 3:5; SALMOS 68:19 (NVI); SALMOS 59:17 (NVI)

OCUPADO HACIENDO
EL BIEN

No seas vencido por el mal, sino vence el mal con el bien.
—Romanos 12:21

Querido Jesús:

Ayúdame a *no dejarme vencer por el mal*. En cambio, ayúdame a *vencer el mal con el bien*. A veces parece que la mayoría de las cosas que están ocurriendo en este mundo son malas y feas. Oigo acerca de las luchas y las guerras. Algunos incluso *llaman bueno a lo malo y malo a lo bueno*. Todo esto puede ser aterrador *si* me olvido de seguir hablándote. Pero tan pronto como empiezo a hablar contigo, me siento mejor; me siento consolado. Tú lo comprendes todo, Señor. Conoces todos los pecados que hay en las mentes y *los corazones de las personas*. ¡Nada de este mal te sorprende!

En lugar de estar molesto por la oscuridad que me rodea, quiero brillar con tu luz e irradiar mayor resplandor. ¡Cuando parezca que el mal está venciendo, es cuando necesito esforzarme más que nunca por hacer algo bueno! A veces eso significa levantarme contra el mal, como defender a alguien que está siendo burlado. Otras veces, simplemente significa tratar de hacer todas las cosas buenas y útiles que pueda.

Por favor, enséñame a dejar de preocuparme por las cosas malas que están ocurriendo en este mundo. En cambio, quiero estar ocupado *haciendo las cosas buenas que has planeado para mí desde hace tiempo*.

En tu nombre poderoso, Jesús, *Amén*

LEE POR TU CUENTA

ROMANOS 12:21; ISAÍAS 5:20; JEREMÍAS 17:9; EFESIOS 2:10 (NTV)

LA MEJOR VIDA

El Señor oye a los suyos cuando claman a él por
ayuda; los rescata de todas sus dificultades.
—Salmos 34:17 (NTV)

Querido Jesús:

Ayúdame a vivir la mejor vida posible, dependiendo de ti en todo momento. Solía pensar que la mejor vida significaba ganar; no cometer errores, no estropearlo todo con mis palabras, sacar siempre buenas notas y ser el que hace reír a los demás. Pero intentar ganar en todo con mis propias fuerzas no ha funcionado. Es demasiado fácil acabar yendo por mi cuenta, olvidándome de ti. Pedirte que bendigas todo lo que he decidido hacer en realidad tampoco es depender de ti. Estoy viendo que necesito venir a ti con una mente y un corazón abiertos, y decir: «Por favor, muéstrame lo que *tú* quieres que haga, Jesús».

A veces me das un sueño que parece completamente inalcanzable. ¡Y si intento hacerlo por mí mismo, *sería* imposible! Pero cuando realmente dependo de ti, lo imposible se torna posible.

Vivir esta vida contigo es un camino de fe, y solo tú sabes cuál es el mejor camino para mí. Así que necesito aprender a seguir confiando en ti. Eso no significa que nunca más cometeré un error ni tendré otro problema. Pero sé que tú usarás mis fallos para aumentar mi fe y enseñarme a depender aún más de ti. ¡Gracias por ser tan digno de confianza!

En tu nombre confiable, Jesús, *Amén*

LEE POR TU CUENTA

SALMOS 34:17-18 (NTV); 2 CORINTIOS 5:7; FILIPENSES 4:13

LO MÁS IMPORTANTE SOBRE MI FUTURO

*«Por eso les digo que no se preocupen por lo que van
a comer ni por la ropa que se van a poner».*
—Lucas 12:22 (PDT)

Querido Jesús:

Cuando me siento en silencio contigo, mis temores y mis preocupaciones burbujean en mi mente como agua hirviendo en un fogón caliente. La mayoría de estas pompas de preocupación aparecen y luego desaparecen en la luz de tu presencia. Sin embargo, algunos de mis temores siguen burbujeando dentro de mí. La mayoría son preocupaciones sobre lo que podría suceder en el futuro. Mis pensamientos corren a centrarse en el futuro, en mañana, en la semana que viene, el mes siguiente o incluso el año próximo. Comienzo por imaginar lo grande que serán mis problemas futuros. ¡Entonces empiezo a preocuparme por no ser capaz de manejarlos! Pero en esos momentos llenos de temor, estoy olvidándome de lo más importante con respecto a mi futuro: no tengo que manejar nada por mí mismo. Tú estarás en él conmigo. Y prometes que *jamás me abandonarás ni me olvidarás*.

La próxima vez que una preocupación por el futuro me ataque, ayúdame a atraparla y traerla ante ti. Recuérdame que estás conmigo ahora y estarás conmigo entonces. Con esa verdad en mi mente, sé que puedo manejar incluso el más complicado de los problemas, porque tú estás a mi lado todo el tiempo.

Te ruego que me enseñes a mantener mis pensamientos en este momento presente. Es ahí donde puedo encontrarte y disfrutar de tu paz.

En tu nombre consolador, Jesús, *Amén*

LEE POR TU CUENTA

LUCAS 12:22-23 (PDT); DEUTERONOMIO 31:6 (PDT); 2 CORINTIOS 10:5

EL MAESTRO DEL TIEMPO

Dios es nuestro refugio.
—Salmos 62:8

Querido Jesús:

Mi vida está en tus manos. Y tus manos son capaces de cuidar de mí y de cada necesidad que pueda tener. Siempre estás velando por mí, así que te ruego que me ayudes a relajarme. Puedo confiar en que harás lo mejor para mí. Puedo dejar en tus manos todos esos «y si» y «cuándo» que dan vueltas en mis pensamientos, y confiar totalmente en que tú cuidas de mí.

Me doy cuenta de que no puedo controlar el tiempo, ni siquiera un poco. ¡Pero a veces *desearía* poder hacerlo! Cuando anhelo algo en el futuro, como mi cumpleaños, quiero avanzar rápido hasta ese día maravilloso. Pero querer avanzar no cambia el hecho de tener que esperar. Cuando estoy sufriendo y luchando en los momentos difíciles, quiero que todo se acelere para poder pasar esos momentos duros rápidamente. Pero de nuevo, simplemente tengo que esperar.

Señor, ayúdame a aceptar mis momentos de espera en lugar de luchar contra ellos. Y ayúdame a recordar que no tengo que esperar solo. Puedo relajarme porque sé que tú estás conmigo y que eres el Maestro del tiempo. Cuando *te cuento todos mis problemas*, puedo *confiar* en que tú comprendes mis luchas perfectamente. ¡Gracias por *amarme con un amor que durará eternamente*!

En tu nombre perfecto, Jesús, *Amén*

LEE POR TU CUENTA

SALMOS 31:14-15 (NVI); SALMOS 62:8; JEREMÍAS 31:3

MI ESPERANZA ESTÁ EN TI

En él se alegra nuestro corazón, porque
confiamos en su santo nombre.

—Salmos 33:21 (NTV)

Querido Jesús:

Estás entrenándome para seguirte en este camino de aventuras llamado «Vida». La senda por la que estoy caminando contigo a veces es complicada y desafiante. Hay días en que me conduces a lugares que no quiero ir. Por favor, ayúdame a recordar que tú sabes lo que estás haciendo, así que este camino es el perfecto para mí. Cuando mantengo mi atención en ti, siguiendo a donde vas, puedo oírte susurrar en mi mente: «Confía en mí, mi querido hijo amado».

Hoy me siento como si caminara por una jungla espesa. No puedo ver lo que está delante de mí, o detrás, o a los lados. Así que me aferraré fuerte a tu mano mientras camino a través de esta sombría oscuridad. A pesar de que no tengo ni idea de hacia dónde voy, sé que tú estás aquí mismo a mi lado, Jesús. Tu presencia conmigo es una verdad sólida como la roca. Confío en que tienes el control absoluto de esta situación. ¡Lo tienes!

Incluso cuando estoy rodeado por una jungla de problemas, necesito dejar de preocuparme por cómo saldré de este desastre. En lugar de enfocarme en mis problemas, quiero centrarme en disfrutar de ti y *mirar a ti en busca de ayuda*. A partir de este punto, hablaré contigo, *pondré mi esperanza en ti*, y observaré para ver lo que harás. *¡Tú eres mi protector y mi ayuda!*

En tu nombre protector, Jesús, *Amén*

LEE POR TU CUENTA

ISAÍAS 50:10; SALMOS 33:20-21 (NTV); MIQUEAS 7:7 (DHH)

UN VISTAZO DEL CIELO

*Bendito sea el Dios y Padre de nuestro Señor
Jesucristo, que nos ha bendecido con toda bendición
espiritual en los lugares celestiales en Cristo.*

—Efesios 1:3

Querido Jesús:

Me has estado mostrando que una actitud de agradecimiento abre las «ventanas» del cielo, y que tus bendiciones se derraman a través de esas ventanas como una ráfaga de sol después de una tormenta. Cuando te miro con un corazón agradecido, es como si tuviera un pequeño vistazo del cielo. A pesar de que aún no puedo vivir en el cielo, puedo disfrutar de pequeñas muestras de cómo será mi maravilloso hogar futuro. Estas diminutas muestras de las gloriosas maravillas me dan esperanza y me llenan de gozo.

La gratitud también abre mis ojos para ver más motivos por los que tengo que estar agradecido. Entonces eso me ayuda a ver incluso más cosas por las que darte las gracias, lo que me hace estar más agradecido, lo que... ¡Es como un círculo interminable de bendiciones y gran gozo!

Sin embargo, me doy cuenta de que ser agradecido no es una fórmula mágica. No puedo decir simplemente: «Quiero más bendiciones, así que le daré las gracias al Señor por algo». En cambio, la gratitud es una forma de decirte lo mucho que te amo y confío en ti. Me has estado entrenando para ser agradecido incluso en medio de mis problemas, sin pretender que todo esté bien. No importa lo que esté ocurriendo, *puedo estar alegre en ti, mi Salvador.* Estoy agradecido de que *seas mi protección y mi fortaleza. Siempre me ayudas en los momentos de dificultad.* ¡Gracias, Señor!

En tu nombre fuerte, Jesús, *Amén*

LEE POR TU CUENTA

EFESIOS 1:3; HABACUC 3:17-18; SALMOS 46:1 (NTV)

339

TE SEGUIRÉ

«El pastor llama a las ovejas por sus propios nombres;
ellas escuchan su voz y él las guía hacia afuera».

—Juan 10:3 (PDT)

Querido Jesús:

Me llamas por mi nombre y me guías. Me conoces, ¡hasta el más mínimo detalle! Nunca seré tan solo un hijo tuyo más. Obras en mi vida de las formas más maravillosas. Me encanta oírte susurrar en mi corazón: «Mi querido hijo amado, *sígueme».*

Después de que te levantaras de aquella tumba, María Magdalena te vio. Pero pensó que eras el jardinero. Tú solo le dijiste una palabra: *«¡María!».* Y cuando ella te oyó llamarla por su nombre, ¡inmediatamente supo quién eras! *María exclamó: «¡Raboní!» (que en hebreo quiere decir «Maestro»).*

Porque eres mi Salvador, Jesús, también me llamas por *mi* nombre. Lo susurras en lo profundo de mi alma. Cuando leo la Biblia, *me* hablas a través de todo lo que dice. Me recuerdas que me amas y que soy bendecido.

Especialmente me encantan estas hermosas palabras de bendición: *Te llamé fuera de las tinieblas a mi luz admirable, y te amo con un amor eterno.* Estos versículos de la Biblia me ayudan a saber lo muchísimo que me amas. Y estas verdades jamás cambiarán; ellas me dan una roca sólida sobre la que construir mi vida. Ayúdame a seguirte con gozo, Señor. ¡No puedo esperar a *contarte todas las cosas maravillosas que has hecho* por mí!

En tu magnífico nombre, Jesús, *Amén*

LEE POR TU CUENTA

JUAN 10:3, 27 (PDT); JUAN 20:16; 1 PEDRO 2:9; JEREMÍAS 31:3

TESORO OCULTO

Lo has bendecido para siempre; con tu presencia lo llenas de alegría.

—Salmos 21:6 (DHH)

Querido Jesús:

¡Me has estado enseñando algo muy bueno! Me estás enseñando que puedo estar siempre alegre, sin importar lo que ocurra en mi vida. *Puedo estar alegre porque tú estás conmigo.*

Algunos días son como si caminara sobre un sendero hermoso con gozo esparcido por todos lados, brillando como diamantes en el sol. En esos días resplandecientes y animados, estar contento es tan fácil para mí como respirar. Pero otros días son oscuros y sombríos, y el camino es difícil de seguir. Todo lo que veo son rocas de problemas opacas y grises. Me golpean los dedos del pie y trastornan mis pasos. Buscar gozo en esos días es como buscar un *tesoro oculto*.

Ayúdame a recordar que ni siquiera un día gris ocurre porque sí. Tú lo creaste, así que *no* es un error. Y estás conmigo cada segundo de él, desde la mañana hasta la noche. Incluso cuando me olvido de ti durante un rato, sigues aquí. ¡Tú nunca te olvidas de *mí*!

Estoy agradecido de poder hablar contigo sobre cualquier cosa que haya en mi mente. Me comprendes perfectamente y sabes con exactitud lo que está ocurriendo en mi vida. Estoy aprendiendo que cuando sigo hablando contigo, mi día comienza a brillar y animarse. ¡Aún el día más oscuro y gris puede ser un día alegre porque tú estás conmigo!

En tu nombre dichoso, Jesús, *Amén*

LEE POR TU CUENTA

SALMOS 21:6 (DHH); PROVERBIOS 2:4; COLOSENSES 1:16

LA FORMA
EN QUE ME VES

Los que acuden al Señor resplandecen de
alegría, jamás se decepcionarán.
—Salmos 34:5 (PDT)

Querido Jesús:

¡Quiero aprender más sobre las riquezas de tu regalo de salvación, incluido el gozo de sentirse perfecta y eternamente amado! Pero a menudo me juzgo basándome en las cosas que realmente no importan; cosas como mi aspecto, lo que siento, o lo bien que lo hago en la escuela o un partido.

Si miro al espejo y me gusta lo que veo, me siento más digno de tu amor. Cuando todo en mi vida va como quiero y pienso que lo estoy haciendo todo bien, es más fácil creer que soy tu querido hijo amado. A veces incluso me olvido de ti, y entonces me siento como si tuviera que averiguar cómo hacer las cosas mejor por mi cuenta.

En lugar de intentar arreglarme a mí mismo y todo lo demás, ayúdame a *fijar mis pensamientos en ti,* Jesús. Eso significa que necesito prestar realmente extrema atención a ti y lo que dices. Tú eres el que me ama en todo tiempo, incluso cuando estropeo todo. Y porque me has salvado de mis pecados, no te centras en mis errores. ¡Estoy muy agradecido de que me veas envuelto en *tu justicia* y bondad, y brillando en tu perfecto amor!

En tu santo nombre, Jesús, *Amén*

LEE POR TU CUENTA

EFESIOS 2:8-9; HEBREOS 3:1 (PDT); SALMOS 89:16; SALMOS 34:5 (PDT)

UN CAMINO PARA SEGUIR

Jesús le dijo: «¿No te dije que si crees, verás la gloria de Dios?».
—Juan 11:40

Querido Jesús:

Sé que tienes un plan para mi vida y un camino que quieres que siga. Pero a veces ese camino parece completamente bloqueado. Hay enormes pedruscos de problemas en el sendero y no puedo avanzar. Otras veces, el camino está cubierto de pequeñas rocas y obstáculos, así que tengo que caminar muy lentamente. Entonces, cuando es el momento justo, de repente te llevas todas las cosas que están bloqueando mi camino, y puedo caminar o correr tan rápido como quiera. Eso no es por nada que yo haya hecho. Es por *ti*, que haces muy fácilmente las cosas que *yo* no puedo hacer. Me encanta poder ver operando estos pequeños destellos de *tu poder y gloria*. ¡Eres asombroso, Señor!

Mientras sigo viajando por este camino que has planeado para mí, contaré con tu fuerza para continuar. Te ruego que me ayudes a estar alerta y atento a tus milagros. No todo el mundo puede ver tus milagros. Solo aquellos que creen y confían en ti son capaces de ver con claridad esas cosas maravillosas que haces. *Vivir por fe, no solo por vista*, me mantiene cerca de ti. ¡Y cuando estoy cerca de ti, tengo la mejor visión de todas las cosas increíbles que haces!

En tu glorioso nombre, Jesús, *Amén*

LEE POR TU CUENTA

SALMOS 63:2 (NTV); 2 CORINTIOS 12:9; 2 CORINTIOS 5:7; JUAN 11:40

NUNCA ME DEJAS

«Yo no te olvidaré».
—Isaías 49:15

Querido Jesús:

Me encanta oírte susurrar estas reconfortantes palabras a mi corazón: *«Nada podrá separarte de mi amor».* Al sentarme contigo, relajándome en tu presencia, esta santa promesa penetra en mi mente, mi corazón y mi alma. Cuando comience a sentirme preocupado o asustado, te ruego que me recuerdes que vuelva a orarte esta promesa: «Nada puede separarme de tu amor, Jesús. ¡Nada!».

Pienso que mis momentos más tristes (y tal vez los de todo el mundo) vienen por no sentirme amado. En esos días en los que todo parece ir mal a mi alrededor, a veces siento como si me hubieras retirado tu amor y te hubieras olvidado de mí. ¡*Ese* sentimiento es aún peor que cualquier problema con el que esté lidiando! Así que estoy agradecido de que hayas prometido que *jamás* dejarás de amarme (ni a ninguno de tus hijos), ni siquiera por un segundo. En la Biblia me dices: *No te dejaré ni te olvidaré. He escrito tu nombre en las palmas de mis manos.* Estas promesas me dan esperanza y ánimo.

Señor, me siento protegido, seguro y amado cuando recuerdo que tú siempre estás *velando por mí.* ¡Gracias!

En tu nombre cariñoso, Jesús, *Amén*

LEE POR TU CUENTA

ROMANOS 8:38-39; DEUTERONOMIO 31:6 (PDT); ISAÍAS
49:15-16 (NTV); SALMOS 121:3 (NTV)

EL BUEN PASTOR

Yo soy el buen pastor, y conozco Mis ovejas y ellas me conocen.
—Juan 10:14

Querido Jesús:

La Biblia me dice que eres *un escudo para los que confían en ti.* Así que vengo hoy a ti, Señor, pidiéndote que me protejas con tu presencia, como un paraguas que me mantiene seco cuando llueve con fuerza. Tú eres quien me mantiene a salvo.

A veces siento que *no* estoy seguro y protegido. Me siento así cuando salgo de debajo del «paraguas» de tu presencia y trato de enfrentarme al mundo sin tu ayuda. No lo hago a propósito. Lo hago incluso sin pensarlo. Me olvido de lo mucho que te necesito en cada momento. Cuando comience a sentir miedo, te ruego que uses esos sentimientos para ayudarme a ver que me he alejado de ti. Y recuérdame regresar corriendo a ti, a la seguridad de tu presencia.

¡Estoy tan agradecido de que seas *mi pastor*! Siempre estás atento al peligro. Además, sabes lo que va a pasar en el futuro con exactitud, así que eres capaz de prepararme perfectamente para ello. ¡Porque eres el *Buen Pastor,* puedes protegerme muy bien del peligro que ni siquiera sabía que estaba ahí! Jesús, ayúdame a seguirte y a vivir del modo que quieres que viva. Gracias por protegerme del peligro y el temor.

En tu nombre protector, Jesús, *Amén*

LEE POR TU CUENTA

2 SAMUEL 22:31; SALMOS 23:1, 4; JUAN 10:11, 14

CONFIAR NO ES FÁCIL

Señor de los ejércitos, ¡dichosos los que en ti confían!
—Salmos 84:12 (NVI)

Querido Jesús:

Por favor, enséñame a confiar en ti día a día. Esto me mantendrá cerca de ti y preparado para hacer todas las cosas que quieres que haga.

En mi mente, sé que puedo confiar completamente en ti. Sin embargo, admito que tengo problemas para confiar en ti con mi corazón. De hecho, a veces es realmente difícil hacerlo. Pero no importa cómo me sienta, sé que siempre puedo contar contigo para ayudarme. ¡Estoy tan agradecido de que enviaras a tu Espíritu Santo para vivir dentro de mí! Él me enseña lecciones que son difíciles de aprender, y lo hace con un toque muy amable. Quiero llegar a «sintonizarme» cada vez más con tu Espíritu Santo para poder oír todo lo que susurra en mi corazón.

Señor, enséñame a confiar en ti con todo lo que está sucediendo en mi vida. Lo cierto es que quiero comprender lo que está pasando, pero eso no siempre es posible. Por favor, no permitas que mi deseo de comprender entorpezca el hecho de recordar que tú estás aquí conmigo. Mientras transcurre este día, ayúdame a estar animado y seguir confiando en ti a cada paso del camino.

En tu Palabra me dices: *No te preocupes por mañana. El mañana tendrá sus propias preocupaciones.* Así que en lugar de permitir que mis pensamientos se enreden en las preocupaciones por lo que podría suceder mañana, voy a confiar en ti hoy, ¡un momento a la vez!

En tu nombre guía, Jesús, *Amén*

LEE POR TU CUENTA

SALMOS 84:12 (NVI); 1 CORINTIOS 6:19; JEREMÍAS 17:7; MATEO 6:34 (PDT)

UN MISTERIO PARA MÍ

Este mensaje se mantuvo en secreto durante siglos y generaciones, pero ahora se dio a conocer al pueblo de Dios.
—Colosenses 1:26 (NTV)

Querido Jesús:

Nadie puede comprender tus caminos. Así que, por favor, ayúdame a acercarme a ti y descansar simplemente en tu presencia. Perdóname por pedir entender a veces todo lo que estás haciendo en mi vida. Algunas cosas son demasiado grandes para saberlas. Tú eres infinitamente sabio, y yo solo soy humano. Debido a que mi mente no puede comprender todo lo que haces, muchas de las cosas que suceden en mi vida y en este mundo no tienen sentido para mí. Por favor, enséñame a aceptar estos misterios.

Y gracias por mostrarme muchas cosas que solían ser misterios: *verdades secretas que estuvieron ocultas durante siglos y generaciones* . El Nuevo Testamento está lleno de estas verdades acerca de que viniste a vivir a la tierra, de cómo moriste para salvarme y cómo resucitaste de nuevo. ¡Tu plan de rescatar a los que te aman ya no es un misterio! ¡Estoy enormemente bendecido por tener estas «joyas» invaluables de conocimiento que has colocado en la Biblia!

Cuando no comprendo cómo estás obrando, tengo una elección que hacer: puedo cuestionar tus caminos o puedo adorarte maravillado. ¡Señor, elijo adorarte y admirarte! Porque estoy asombrado por *las riquezas de tu sabiduría y conocimiento.*

En tu nombre sabio, Jesús, *Amén*

LEE POR TU CUENTA

ROMANOS 11:33 (DHH); PROVERBIOS 3:5; COLOSENSES 1:26 (NTV)

EL QUE ME VE

Pues él sabe lo débiles que somos; se acuerda
de que somos tan solo polvo.
—Salmos 103:14 (NTV)

Querido Jesús:

Tú eres el Viviente que me ve. Eres más asombroso y glorioso de lo que podría imaginar. Cuando algún día te vea cara a cara en toda tu gloria, ¡sé que estaré completamente admirado de ti! Ese día comprenderé totalmente lo que en realidad significa la palabra «asombroso», ¡porque así de increíble eres! Eres mucho más increíble que cualquier persona o cosa de este mundo. Sin embargo, por ahora *solo veo un tenue retrato de ti.* Mi condición pecadora me impide verte con claridad.

De todos modos, sé que *tú ves* clara y perfectamente. Sabes todo sobre mí, incluso los pensamientos y sentimientos más secretos. Honestamente, Señor, eso da un poco de miedo. Al menos hasta que recuerdo que tú también comprendes lo débil que soy. Comprendes que *soy polvo,* solo soy humano. A pesar de que me equivoque mucho, me sigues amando con un amor que nunca acabará.

Ayúdame a recordar que pagaste un enorme y horrible precio por ese amor. Sufriste y moriste en la cruz para salvarme de mis pecados. *Te convertiste en pecador para que yo pudiera convertirme en justo con Dios.* Me encanta pensar en esta maravillosa verdad: me ha sido dada tu perfecta bondad, ¡y es mía para siempre! Este regalo de valor incalculable ha sido mío desde que te pedí que fueras mi Salvador. ¡Estoy muy agradecido de que *el Viviente que me ve* sea además el que me ama para siempre!

En tu nombre salvador, Jesús, *Amén*

LEE POR TU CUENTA

GÉNESIS 16:14 (NVI); 1 CORINTIOS 13:12;
SALMOS 103:14 (NTV); 2 CORINTIOS 5:21

LA ADORACIÓN ES LA FORMA DE GANAR

¡Gracias a Dios por este don que es tan maravilloso
que no puede describirse con palabras!
—2 Corintios 9:15 (NTV)

Querido Jesús:

He estado descubriendo algo nuevo últimamente. He estado descubriendo que agradecerte a menudo despierta mi corazón a la verdad de que estás conmigo. Agradecerte también agudiza mi mente y me ayuda a ver mi vida con más claridad.

Cuando siento que estás lejos, es el momento justo en que necesito darte las gracias por *algo*. Siempre hay cosas por las que agradecerte: tu amor, además de los dones del perdón, la salvación y la fe, son bendiciones eternas. Y luego están las bendiciones cotidianas que derramas en mi vida, como la familia, los amigos, un hogar y la comida.

Me has estado entrenando para revisar las últimas veinticuatro horas y ver todas las cosas buenas que has traído a mi camino. Me gusta escribirlas en una libreta o diario para no olvidarlas. Escribir esas bendiciones me anima y me muestra cuánto estás haciendo en mi vida.

La Biblia me enseña que *el diablo, mi enemigo, anda alrededor como un león rugiente buscando a quién devorar*. Así que es importante *controlarme y tener cuidado*. Es más fácil que el diablo ataque si permito que mis pensamientos se desvíen de ti. Cuando eso ocurra, por favor, adviérteme que estoy en peligro. Ayúdame a ahuyentar al enemigo dándote las gracias y alabándote. ¡La adoración es la forma de ganar esta guerra!

En tu asombroso nombre, Jesús, *Amén*

LEE POR TU CUENTA

EFESIOS 2:8-9; 1 PEDRO 5:8; 2 CORINTIOS 9:15 (NTV)

VIVIR DE FORMA
*SOBRE*NATURAL

Deléitate en el Señor.

—Salmos 37:4 (NTV)

Querido Jesús:

Te ofreceré un sacrificio de acción de gracias. No quiero dar por sentado ninguno de tus buenos regalos, ni siquiera la salida del sol cada mañana. Admito que darte las gracias no es siempre algo que hago de forma natural, pero estás enseñándome a vivir de forma *sobre*natural.

La Biblia indica que es importante tener una actitud agradecida. Antes de que ese sigiloso diablo se arrastrara y tentara a Eva en el jardín del Edén, ser agradecido era algo que las personas hacían de forma natural. Siempre se sentían agradecidas por tus bendiciones sin tener que recordárselo. Pero entonces, un día, el diablo señaló una fruta que Eva no tenía permitida comer. Y a pesar de que el jardín estaba lleno de otras frutas que *podía* comer, lo único en lo que ella podía pensar era en la que no podía tener. Sus pensamientos se oscurecieron más y se rindió. Comió de la fruta que Dios le había dicho a ella y a Adán que *no* comieran, y luego Adán también comió.

Cuando paso tiempo pensando en las cosas que no puedo tener, mis pensamientos también se oscurecen. Me olvido de las bendiciones como la luz del sol y la luna, mi familia y los amigos, y mi iglesia. En cambio, solo sigo enfocándome en las cosas que no tengo. Pero tan pronto vengo a ti con un corazón agradecido, la luz de tu presencia se derrama en mí y me transforma. Ayúdame a *vivir en la luz* contigo, Señor. ¡Quiero *disfrutar de ti* y aprender a darte las gracias más y más!

En tu nombre maravilloso, Jesús, *Amén*

LEE POR TU CUENTA

SALMOS 116:17; GÉNESIS 3:6; 1 JUAN 1:7; SALMOS 37:4 (NTV)

MÁS CERCA DE TI

Acérquense a Dios, y Él se acercará a ustedes.
—Santiago 4:8

Querido Jesús:

Estoy aprendiendo que el agradecimiento y la confianza son como los mejores amigos que siempre están preparados para ayudarme. Necesito depender de estos amigos, especialmente cuando tengo un día duro o cuando el mundo parece aterrador. Señor, me estás enseñando a detenerme en esos momentos y mirar alrededor, buscando cosas como la belleza del cielo y las bendiciones de los que me aman. Cuando pienso en las cosas buenas de mi vida y te doy las gracias por ellas, soy capaz de conectar contigo de una forma maravillosa. No importa cómo me haya estado sintiendo. Si continúo agradeciéndote por mis bendiciones, comienzo a sentirme cada vez mejor.

Estoy agradecido de que seas totalmente digno de confianza. ¡Siempre puedo contar contigo! Todo lo que tengo que hacer es decir: «Señor, confío en ti», y recuerdo que estás conmigo, cuidando de mí. Sé que no siempre confío en ti como debería. Por favor, enséñame a ver los problemas y los días difíciles como una oportunidad para «ejercitar» mis músculos de la confianza y fortalecerlos. Por favor, ayúdame a aprender a *vivir por fe*, en los días buenos *y* los días malos. En lugar de preocuparme y luchar a través de los momentos complicados, quiero usarlos para *acercarme a ti*, Jesús. Tú siempre me das la bienvenida con los brazos abiertos, ¡y eso es algo por lo que realmente puedo estar agradecido!

En tu nombre amoroso, Jesús, *Amén*

LEE POR TU CUENTA

SALMOS 92:1-2; SALMOS 118:28; 2 CORINTIOS 5:7; SANTIAGO 4:8

CUANTO MÁS BUSCO, MÁS ENCUENTRO

Entonces el Señor Dios formó al hombre del polvo de la tierra, y soplò en su nariz el aliento de vida, y fue el hombre un ser viviente.
—Génesis 2:7

Querido Jesús:

¡Gracias por todas tus bendiciones! Todo lo que tengo es un regalo tuyo, incluido cada aliento que respiro. Rara vez pienso en la maravilla de inhalar constantemente tu vida en mi vida. Pero solo cuando tú *soplaste aliento de vida* en Adán *se convirtió en un ser viviente.*

A veces me gusta sentarme tranquilamente en tu presencia y darte las gracias por cada bendición en la que puedo pensar, incluso por aquellas de las que normalmente me olvido. Como todos los colores que has creado. Y la comida que como. Y el agua caliente para mi baño o ducha. Y tener un abrigo para llevarlo en los días fríos. Y tener un paraguas para mantenerme seco en los días de lluvia. ¡La lista podría continuar y continuar! Cuanto más busco las cosas buenas en mi vida, más encuentro. ¡Señor, ayúdame a recordar buscar tus bendiciones cada día!

Por supuesto, por lo que *más* agradecido estoy es por la *vida eterna*, ¡por poder vivir contigo para siempre! Ese es tu increíble regalo para mí simplemente porque *creo en ti*. ¡Este regalo es un tesoro invaluable que me bendice y *me llena de gozo*!

En tu nombre precioso, Jesús, *Amén*

LEE POR TU CUENTA

GÉNESIS 2:7; JUAN 3:16; SALMOS 16:11

UN CORAZÓN AGRADECIDO

Estén siempre gozosos.
—1 Tesalonicenses 5:16

Querido Jesús:

¿Me mostrarías cómo ser más agradecido? Estoy aprendiendo que ser más agradecido no solo ilumina mi día, sino que además te abre mi corazón más y más. Quiero disfrutar de tu presencia conmigo en medio de cada situación que enfrente. Así que estaré atento a las señales de tu presencia mientras camino por *la senda de la vida* contigo.

Una actitud de agradecimiento abre mi corazón y mis ojos. Entonces puedo verte en los detalles más minúsculos de mi vida, así como en las cosas más grandes. Ayúdame a reducir la velocidad y ver todas tus bendiciones. Quiero asegurarme de darte las gracias por los muchos regalos que me das. ¡Hay tantos que no puedo contarlos todos!

Por favor, enséñame también a confiar en ti. Una fe fuerte y sólida me ayuda a caminar incluso a través de los momentos más duros sin tambalearme. Cuanto más difícil es mi día, más necesito decirte: «Señor, *confío en tu fiel amor*». ¡Esta breve oración me recuerda que estás conmigo, me estás cuidando y me amas para siempre!

Jesús, tú eres aquel en quien puedo confiar plenamente. Tú eres también el que me das muchas bendiciones por las que estar agradecido. ¡Y esas son dos razones por las que *siempre puedo estar alegre*!

En tu gran nombre, Jesús, *Amén*

LEE POR TU CUENTA

1 TESALONICENSES 5:16-18; COLOSENSES 4:2;
SALMOS 16:11; SALMOS 52:8 (PDT)

AFERRARSE
AL AGRADECIMIENTO

*Pero a Dios gracias, que nos da la victoria por
medio de nuestro Señor Jesucristo.*

—1 Corintios 15:57

Querido Jesús:

Por favor, llena mi mente de pensamientos de agradecimiento y luego ayúdame a pasar tiempo enfocado en ellos sin tener prisa. Sentarme contigo cuando mi corazón está lleno de gratitud es el lugar más maravilloso en donde estar. El gozo de tu presencia brilla sobre mí y me calienta, por dentro y por fuera.

Muchas veces oro intensamente por algo, esperando obtener lo que quiero. Si me das lo que he pedido, me tomaré un minuto para alabarte y darte las gracias. Pero entonces suelo avanzar para pedirte la próxima cosa que quiero, olvidando aquello que acabas de darme. Lo lamento mucho, Dios. En lugar de pedir siempre más cosas, quiero aferrarme a una actitud de agradecimiento. Necesito pensar en cómo acabas de responder mi oración... y seguir pensando en ello hoy y mañana, ¡e incluso algunos días después! Una forma es contar a los demás acerca de las bendiciones que me has dado. Otra forma es escribir tus respuestas en un diario o agenda. Entonces podré volver a mirarlo y ver cómo has cuidado de mí.

Señor, enséñame a recordar *las cosas maravillosas que has hecho* y a estar agradecido por ellas. Ser agradecido me bendice doblemente: por un lado, cuando te doy las gracias con gozo, y luego cuando vuelvo a recordar cómo respondiste mis oraciones.

En tu nombre gozoso, Jesús, *Amén*

LEE POR TU CUENTA

SALMOS 95:2; 1 CORINTIOS 15:57; 1 CRÓNICAS 16:12

CONFIAR Y AGRADECER

Todos deben estar listos para escuchar.
—Santiago 1:19 (NVI)

Querido Jesús:

Quiero vivir cerca de ti para poder ver todo lo que te gustaría mostrarme. Te pido que abras mi corazón, mente y espíritu a tu amor y presencia. ¡No quiero perderme nada de lo que me tienes preparado!

Por favor, ayúdame a ser consciente de ti mientras sigo mi camino a través de este día. Eso me ayuda a saber que estás conmigo en todo momento, en cada uno de los pasos. Y no solo estás *conmigo*. Estás velando por mí. ¡Ese hecho me da mucho consuelo! Quiero estar alerta y escucharte cuidadosamente a ti y a las personas que traes a mi vida. Estoy aprendiendo que prestar minuciosa atención a los demás y escuchar todo lo que dicen los bendice a ellos *y* a mí. También estoy aprendiendo que puedo escuchar mejor cuando oro y le pido a tu Espíritu Santo que me ayude.

La Biblia me dice una y otra vez que necesito confiar en ti y agradecerte, independientemente de lo que esté ocurriendo en mi vida. Confiar en ti y creer tus promesas me ayuda a estar fuerte y preparado en este mundo. Estoy agradecido de que comprendas mi debilidad y *ayudes a fortalecer mi débil fe.*

Me has estado enseñando lo importante que es darte las gracias a lo largo del día. ¡Un corazón agradecido me bendice llenándome de gozo y manteniéndome cerca de ti!

En tu nombre atento, Jesús, *Amén*

LEE POR TU CUENTA

APOCALIPSIS 1:18; SANTIAGO 1:19 (NVI); MARCOS 9:24; SALMOS 28:7

CIEN POR CIEN BUENO

Jesús contestó: «Les digo la verdad, ¡aun antes
de que Abraham naciera, Yo Soy!».
—Juan 8:58 (NTV)

Querido Jesús:

Quiero tomarme tiempo para pensar en todas las diferentes bendiciones que me das. Así que me detengo ahora mismo para decir: *«Gracias, Señor, porque eres bueno. Tu amor es para siempre»*. Gracias por el regalo de la vida; cada aliento que respiro es una bendición tuya. También estoy agradecido por las bendiciones cotidianas, como la comida y el agua, un hogar, ropa y las personas que me aman. Pero el mayor regalo de todos es el que me das porque confío en ti como mi Salvador. ¡Ese regalo es la vida eterna contigo!

Cuando pienso en lo mucho que has hecho por mí, encuentro gozo al saber quién eres: ¡el gran *Yo Soy*! Tú eres cien por cien bueno. En ti no hay ni una minúscula mota de oscuridad. Eres la *luz del mundo*. Y tu amor nunca acaba. ¡Continúa eternamente!

Porque te pertenezco, sé que nunca estoy separado de tu amor y presencia. Pero a veces me *siento* como si estuviera lejos de ti, Jesús. En vez de pensar demasiado en esos sentimientos y preocuparme por *si* estás cerca, ayúdame a confiar simplemente en que tú *estás* aquí mismo conmigo. Gracias por tu fiel presencia y *tu amor que nunca falla*.

En tu bendito nombre, Jesús, *Amén*

LEE POR TU CUENTA

SALMOS 107:1 (NVI); JUAN 8:58 (NTV); JUAN 8:12; SALMOS 107:8 (NVI)

ELIMINAR EL AGUIJÓN DE LA ADVERSIDAD

Tu nombre los hace felices, alaban tu justicia.

—Salmos 89:16 (PDT)

Querido Jesús:

Los problemas no son divertidos; pueden herir como el aguijón de una abeja. Me has estado enseñando que el agradecimiento puede eliminar el «aguijón» de la adversidad. De hecho, la Biblia me dice que *dé gracias en todo.* Me suena un poco a locura, en especial cuando me siento realmente molesto por algo. Pero estoy aprendiendo que cuando te doy las gracias sin importar cómo me sienta, tú me das gozo. Incluso en los momentos difíciles.

Es como una especie de intercambio, aunque realmente no tenga sentido para mí. Es un misterio que ni siquiera puedo empezar a comprender cómo funciona. Pero cuando te obedezco dándote las gracias en medio de mis momentos más duros, soy bendecido, incluso si sigo teniendo mis problemas.

Ser agradecido abre mi corazón a tu presencia y abre mi mente a tus pensamientos. Puedo estar en el mismo lugar, enfrentando los mismos problemas antiguos, pero es como una luz que se enciende en una habitación oscura. Comienzo a ver las cosas del modo en que tú las ves. *La luz de tu presencia* me ayuda a ver con más claridad y saca el aguijón de mis problemas. Señor, ¡ayúdame a *vivir en la luz* contigo cada vez más!

En tu nombre brillante y resplandeciente, Jesús, *Amén*

LEE POR TU CUENTA

EFESIOS 5:20; SALMOS 118:1; SALMOS 89:15-16 (PDT)

357

EL ÚNICO DIOS
REAL Y VERDADERO

No adorarás a ningún otro dios [...] el Señor [...] es Dios celoso.

—Éxodo 34:14

Querido Jesús:

¡Ayúdame a adorarte *solo* a ti! Quiero que seas más importante que cualquier otra cosa en mi vida. La Biblia dice que tú eres un *Dios celoso*. Eres el *único* Dios real y verdadero. Tu Palabra también enseña que adorar a otros dioses falsos ha sido siempre un gran problema para tu pueblo.

Esos dioses falsos (esos ídolos) pueden ser todo tipo de cosas. Pueden ser otras personas, como las que veo en mis programas favoritos de la tele o un chico de la escuela realmente bueno en los deportes. Un ídolo puede ser el dinero, la ropa bonita, ser popular, o cualquier cosa que llegue a ser más importante que tú, Jesús. No quiero adorar a ninguna de esas cosas, así que necesito *tener cuidado y controlarme.*

Me has estado ayudando a ver que esos dioses falsos jamás me harán feliz. Ellos solo quieren más y más de mí. Cuando te busco a ti, encuentro algo que es mucho mejor: tu *gozo y paz.* No puedo ver o tocar esos regalos, pero son más preciosos que el oro, ¡son invaluables! Esto se debe a que llenan los lugares vacíos de mi corazón y mi alma.

Las cosas brillantes de este mundo no duran, pero la luz de tu presencia sigue brillando eternamente. No se puede apagar, no importa lo mucho que la gente se esfuerce. Quiero caminar durante toda mi vida *en esa luz* contigo. ¡Ayúdame a brillar con tu luz para que los demás quieran encontrarte también!

En tu nombre invaluable, Jesús, *Amén*

LEE POR TU CUENTA

ÉXODO 34:14; 1 PEDRO 5:8 (PDT); ROMANOS 15:13; 1 JUAN 1:7

NECESITARTE ME BENDICE

Busquen al Señor y Su fortaleza; busquen Su rostro continuamente.

—1 Crónicas 16:11

Querido Jesús:

Este día de vida es un precioso regalo tuyo, y te doy las gracias por él. Por favor, guíame para tratarlo como un gran tesoro, *buscándote* en cada momento. Mientras miro mi día, te pido que me muestres lo que es más importante. Estoy confiando en ti para que me ayudes a tomar buenas decisiones sobre cómo usar mi tiempo y energía. Entonces, cuando llego al final del día, puedo sentirme en paz por las cosas que he hecho y también por las cosas que *no* he hecho.

Estoy aprendiendo que incluso las pequeñas oraciones más rápidas te invitan a lo que estoy haciendo. Solo decir tu nombre puede ser una forma de decirte que te amo, Jesús. Y orar por todo me recuerda que te *necesito* en todo momento, cada segundo de cada día. Incluso estoy aprendiendo a estar feliz de necesitarte, porque esa necesidad es como una cadena superfuerte que me conecta a *tu gloriosa presencia.*

A este mundo le gusta decir que no debería necesitar a nadie, pero estoy descubriendo que necesitarte a *ti* es la mejor manera de vivir. Encuentro mucho gozo y paz en la forma en que siempre cuidas de mí. Señor, ¡gracias por *tu amor que nunca falla* y nunca se acaba!

En tu nombre maravilloso, Jesús, *Amén*

LEE POR TU CUENTA

SALMOS 118:24; 1 CRÓNICAS 16:10-11;
JUDAS 24 (NTV); SALMOS 33:22 (NTV)

DICIEMBRE

Pero el ángel les dijo: «No teman, porque les traigo buenas nuevas de gran gozo que serán para todo el pueblo».

—Lucas 2:10

LO QUE VIERON LOS PASTORES

Esa noche había unos pastores en los campos cercanos,
que estaban cuidando sus rebaños de ovejas.

—Lucas 2:8 (NTV)

Querido Jesús:

Se acerca la Navidad, Señor, y quiero estar preparado. Por favor, prepara mi corazón para esta celebración de tu nacimiento y el milagro de tu vida aquí en la tierra. Tú eres *el Verbo*, tú eres Dios, y te *hiciste humano y viviste entre nosotros.* Dejaste el cielo e hiciste tu casa en este planeta, ¡como yo! Tú eres el regalo más grande que cualquier otro regalo, y cuando realmente pienso en ello, me *lleno de gozo* por ti.

Aunque en este momento del año oigo muy a menudo la historia bíblica de la Navidad, es fácil olvidar el milagro que es. Una forma maravillosa de abrirte mi corazón es pensar en la noche en que naciste. Me gusta imaginar lo que vieron los *pastores* cuando *estaban fuera en los campos* cerca de Belén, *vigilando a sus ovejas aquella noche.* En primer lugar, apareció un ángel y luego *un gran grupo de ángeles desde el cielo* iluminando el cielo. *Todos los ángeles estaban alabando a Dios, diciendo: «Gloria a Dios en los cielos, y en la tierra paz para los que agradan a Dios».*

Ayúdame a pasar tiempo pensando en la gloria de tu nacimiento, viéndolo como lo hicieron los pastores. ¡Y ayúdame a adorarte con admiración!

En tu nombre maravilloso, Jesús, *Amén*

LEE POR TU CUENTA

MARCOS 1:3; JUAN 1:14; FILIPENSES 4:4; LUCAS 2:8, 13-14 (NTV)

TU PRESENCIA ESTÁ EN EL PRESENTE

Bendito sea el Señor, que cada día lleva nuestra carga, el Dios que es nuestra salvación.
—Salmos 68:19

Querido Jesús:

Estoy esforzándome mucho para mantener mis ojos en ti, pero olas de problemas me inundan como esas olas gigantes del océano. Me siento tentado a rendirme, Señor. Estos problemas siguen consumiendo cada vez más mi tiempo y atención. ¡Tengo miedo de que, después de un tiempo, no sea capaz de verte en absoluto! Entonces, en el momento preciso, me recuerdas tus promesas: *siempre estás conmigo. Estás sosteniendo mi mano.* Sabes todo lo que está ocurriendo *y no permitirás que sea tentado más de lo que pueda resistir.*

Me estás enseñando que preocuparme por mañana *no* es lo que quieres que haga. Pero admito que esto es exactamente lo que he estado haciendo. He estado tratando de llevar hoy los problemas de mañana, ¡y esa carga de problemas es demasiado pesada para mí! Si sigo así, terminaré cayéndome de bruces. Estoy muy agradecido de seas *Dios, mi salvación,* quien me ayuda. Tú llevas mis cargas pesadas por mí. Todo lo que tengo que hacer es entregártelas.

Ayúdame a vivir en el *hoy,* no en el mañana, prestando atención a tu presencia en el momento presente. Por favor, sigue recordándome que *el presente* es donde puedo caminar contigo. Puedo apoyarme en tu fuerza y confiar en que me guías hoy y cada día.

En tu nombre fuerte y guiador, Jesús, *Amén*

LEE POR TU CUENTA

SALMOS 73:23; 1 CORINTIOS 10:13 (NBV); SALMOS 68:19; HEBREOS 3:13

PONER EN ORDEN MIS PENSAMIENTOS

Guíame y enséñame tu verdad, porque tú eres mi Dios y Salvador, y en ti pongo siempre toda mi esperanza.

—Salmos 25:5 (PDT)

Querido Jesús:

No quiero estar abrumado por todas las cosas que tengo que hacer. Hay muchas tareas aguardándome; ni siquiera sé por dónde empezar. Tal vez no ahora mismo, pero *en algún momento* muy pronto, necesito limpiar mi habitación, vaciar el lavaplatos y sacar la basura. Y prometí que ayudaría este fin de semana a decorar para la Navidad.

No importa cuándo tengan que hacerse esas cosas, pero están ocupando demasiado espacio en mi cerebro. ¡Y la lista de tareas ni siquiera contabiliza mis deberes escolares y ensayos! Señor, te ruego que me ayudes a averiguar qué debería hacer *hoy*. Entonces puedo dejar que el resto de las cosas de mi lista salgan de mi mente hasta mañana, cuando me ayudarás *de nuevo* a decidir lo que necesito hacer. Sin todos estos pensamientos adicionales bloqueando mi mente, debería resultarme más fácil mantenerte a *ti* en el centro de mis pensamientos.

Ese es mi mayor y mejor objetivo, Jesús: vivir cerca de ti y estar preparado para cualquier cosa que me pidas. Es más fácil hablarte y conocer tu voluntad cuando mi mente no está llena de un montón de cosas diferentes. Mientras te miro y *busco tu rostro* hoy, te pido que abras mi corazón a tu presencia. Por favor, pon en orden mis pensamientos y lléname de tu paz.

En tu nombre salvador, Jesús, *Amén*

LEE POR TU CUENTA

PROVERBIOS 16:3; SALMOS 25:5 (PDT); SALMOS 27:8; ISAÍAS 26:3

UN CORAZÓN BIEN ABIERTO

Con tu amor vas dirigiendo a este pueblo que salvaste.
—Éxodo 15:13 (DHH)

Querido Jesús:

Me produce un profundo gozo escucharte decirme: «*Con amor eterno te he amado*». Honestamente, no entiendo ese tipo de amor en realidad. Se debe a que mi mente y mis pensamientos son muy humanos. Mis sentimientos cambian una y otra vez mientras paso por los altibajos de mi día. Incluso es fácil para mí dejar que mis sentimientos por *ti* también cambien a veces. Y entonces me pierdo las bendiciones de *tu amor y bondad*.

Por favor, ayúdame a ver más allá de lo que está sucediendo ahora mismo y a mantener mis ojos en ti. Ayúdame a «ver» la manera maravillosa en que me miras: siempre me miras con mucho amor en tu corazón. Saber que estás conmigo cada día, cuidándome tanto, me fortalece. *Y* me ayuda a aceptar tu amor como un gran abrazo y luego a darte de nuevo mi amor.

Gracias por no cambiar nunca, Jesús. *Tú eres el mismo ayer y hoy y por los siglos.* Quiero que mi corazón esté bien abierto para ti, con tu amor derramándose sobre mí cada minuto de mi vida. Mi necesidad de ti es interminable, Señor. ¡Estoy muy agradecido de que tu amor por mí también sea inagotable!

En tu nombre siempre amoroso, Jesús, *Amén*

LEE POR TU CUENTA

JEREMÍAS 31:3; ÉXODO 15:13 (DHH); HEBREOS 13:8

LAS RIQUEZAS DE TU GOZO

Jesucristo es el mismo ayer y hoy y por los siglos.
—Hebreos 13:8

Querido Jesús:

Tú eres el gozo que nadie me puede quitar. Mientras descanso en tu presencia, experimento las maravillas de este regalo. ¡Tú y tu gozo son míos eternamente!

Esa palabra «eternamente» es importante para mí. Existen muchas cosas en este mundo que me hacen feliz por un tiempo, pero ninguna de ellas dura eternamente. Estoy agradecido de que *tú*, Jesús, seas mi gozo inagotable y mi tesoro inestimable. Todo lo demás cambia, pero tú nunca cambias; tú eres *el mismo ayer y hoy y por los siglos.*

Cada vez que siento que he perdido mi gozo, sé que el problema no eres tú... soy yo. Tú nunca dejas de ofrecerme tu gozo. Simplemente no lo estoy recibiendo. A veces es porque me quedo atrapado en otras cosas: estoy pensando demasiado en los problemas que existen en mi vida ahora mismo. O estoy mirando demasiado lejos desde la distancia los planes emocionantes de mi futuro. Olvido pasar tiempo contigo y hablarte. Ayúdame a recordar ponerte a ti en primer lugar cada día.

Quiero *amarte como lo hacía cuando comencé a amarte por primera vez.* Te ruego que sigas recordándome que siempre estás a mi lado, Señor. ¡Y cuando *encuentro mi deleite en ti*, es cuando *realmente* soy capaz de recibir todas las maravillas de tu gozo!

En tu nombre jubiloso, Jesús, *Amén*

LEE POR TU CUENTA

JUAN 16:22; HEBREOS 13:8; APOCALIPSIS 2:4; SALMOS 37:4 (NVI)

LUZ DEL CIELO

Gracias a la tierna misericordia de Dios, la luz matinal
del cielo está a punto de brillar entre nosotros,
para dar luz a los que están en oscuridad.
—Lucas 1:78-79 (NTV)

Querido Jesús:

Tú eres *la Luz del cielo* que brilla sobre nosotros. *Tú das luz a los que están en tinieblas.* A veces me enredo en situaciones que son tan difíciles y confusas que me siento como si estuviera rodeado de oscuridad. A mi mente se le ocurren todo tipo de formas diferentes de deshacerme de los problemas. Pero cuando ninguna de mis ideas parece funcionar, me molesto y me pregunto qué hacer después. Cada vez que me siento impotente y frustrado, necesito mirar hacia arriba y ver tu luz brillando sobre mí. Tan pronto como recuerdo que estás conmigo, puedo hallar esperanza y descansar en tu presencia.

La Biblia me enseña a *estar quieto y conocer que tú eres Dios.* Por favor, ayúdame a dejar de esforzarme tanto para solucionarlo todo por mí mismo. Necesito relajarme contigo y recordar que tú eres *el Príncipe de Paz.* Mientras estoy descansando en tu presencia, a veces me gusta pasar unos cuantos minutos respirando profundamente, inhalando tu paz y exhalando mis preocupaciones. Eso me reconforta y me ayuda a relajarme aún más. Cuanto más tiempo me siento en silencio contigo, más calma viene a mí. Después de un tiempo, estoy preparado *para contarte todos mis problemas.*

Señor, confío en que me mostrarás el camino que debo seguir. Te ruego que *me guíes por el camino de la paz.*

En tu digno nombre, Jesús, *Amén*

LEE POR TU CUENTA

LUCAS 1:78-79 (NTV); SALMOS 46:10; ISAÍAS 9:6; SALMOS 62:8 (PDT)

UN SANTO SUSURRO

«Sin embargo, los que el Padre me ha dado
vendrán a mí, y jamás los rechazaré».
—Juan 6:37 (NTV)

Querido Jesús:

Cuando mi mente y mi corazón están quietos, puedo escuchar cómo me invitas a acercarme. Me encanta esa preciosa invitación tuya. Es como si estuviera oyendo un santo susurro: *«Ven a mí. Ven a mí. Ven a mí».* Acercarme a ti no es algo difícil de hacer. No es como trabajar, en absoluto. Es más bien como abrirte mi corazón y mis manos, dejando ir el miedo y las preocupaciones, permitiendo que se alejen como globos llenos de helio. Cuando mis preocupaciones flotan, puedo sentir tu amor empujándome cerca de ti, Señor.

Te ruego que me ayudes a abrir mi corazón a tu amor y presencia a través de *tu Espíritu Santo*. Quiero *ser lleno cada vez más de ti*. Por favor, dame el *poder de comprender lo ancho, largo, alto y profundo que es tu amor*, Jesús. Quiero sentir este amor que es mucho más grande de lo que puedo entender. Tu amor es como el océano más grande y hermoso: es demasiado enorme para poderlo medir o explicar. Pero puedo saber cómo es tener ese tipo de amor en mi vida, ¡porque así es como me amas!

En tu asombroso nombre, Jesús, *Amén*

LEE POR TU CUENTA

SANTIAGO 4:8 (NTV); MATEO 11:28; JUAN 6:37 (NVI); EFESIOS 3:16-19

BRILLAS A TRAVÉS DE LA OSCURIDAD

Dios decidió adoptarnos como hijos suyos a través de Jesucristo.

—Efesios 1:5 (PDT)

Querido Jesús:

Tú eres la Luz del mundo. Y el Adviento es el momento en que celebramos tu venida a este mundo como bebé. Una forma en que me gusta celebrar tu nacimiento es mirando las luces de un árbol de Navidad. Esas luces me recuerdan por qué viniste a este mundo, Jesús. Tú eres la luz que brilla eternamente, rompiendo la oscuridad y abriendo el camino al cielo para todo el que te ama.

Señor, gracias porque nada puede cambiar tu plan de salvar a tu pueblo. Prometes que todo el que confía en ti para ser su Salvador es adoptado en tu familia real. ¡Viviremos contigo para siempre!

La Biblia indica que *tu luz brilla en la oscuridad. Y la oscuridad no tiene dominio sobre la luz.* ¡Tu luz es *mucho* más poderosa que la oscuridad! No importa cuánto mal haya en este mundo, y tampoco importa cuántas personas se rehúsen a creer en ti, tu luz seguirá brillando resplandeciente. Por eso necesito *mantener mis ojos en ti,* Jesús. Tú me das la ayuda y la esperanza que necesito. Por favor, enséñame a seguir pensando en ti, independientemente de lo que esté sucediendo en mi vida. Me reconfortas con esta maravillosa promesa: *«El que me sigue no andará en tinieblas, sino que tendrá la Luz de la vida».*

En tu nombre brillante, Jesús, *Amén*

LEE POR TU CUENTA

JUAN 8:12; EFESIOS 1:5 (PDT); JUAN 1:5 (PDT); HEBREOS 12:2 (NTV)

VIGILAR LO QUE PIENSO

Te daré gracias, porque asombrosa y maravillosamente
he sido hecho.
—Salmos 139:14

Querido Jesús:

La Biblia me dice que *asombrosa y maravillosamente he sido hecho.* Una de esas formas asombrosas y maravillosas es que has construido mi cerebro para poder considerar mis propios pensamientos. Así que es posible para mí «observar» los pensamientos que corren a través de mi mente, casi como si estuvieran en la tele, y escoger los que quiero seguir considerando.

Estoy aprendiendo que la preocupación a menudo es el resultado de pensar en cosas en el momento equivocado. Si pienso en mis problemas cuando estoy tumbado en mi cama, es fácil que empiece a preocuparme. Pero cuando tengo cuidado vigilando mis pensamientos, puedo detenerlos tan pronto como se deslicen a mi mente, *antes* de empezar a preocuparme.

Enséñame la manera de entrenar mi mente para enfocarse más en adorarte y menos en preocuparme. Y, por favor, alértame cuando esté prestando atención a algo en el momento equivocado: como pensar en un problema en un momento en que no puedo hacer nada. Ayúdame a conducir mis pensamientos *lejos* de esa preocupación y a dirigirlos *hacia* ti, Jesús.

Me siento feliz cuando te oro versículos de los salmos, adorándote al decirte que te amo y confío en ti. Algunos de mis versículos favoritos son: «*Te amo, Señor, fortaleza mía. Confío en ti, Señor. Tú eres mi Dios*». Me siento mucho más cerca de ti cuando te adoro así.

En tu poderoso nombre, Jesús, *Amén*

LEE POR TU CUENTA

SALMOS 139:14; LUCAS 12:22, 25-26; SALMOS 18:1; SALMOS 31:14

LO ÚNICO

«No acumulen para sí tesoros en la tierra».
—Mateo 6:19

Querido Jesús:

¡Tú eres mi tesoro! Eres mucho más valioso que cualquier cosa que pudiera ver, oír o tocar en este mundo. *Conocerte* es *el premio* más grande que todos los demás premios. ¡Incluso ganar una medalla de oro en los juegos olímpicos no se puede comparar con este asombroso regalo!

Los tesoros de esta tierra a menudo se guardan en bancos o se esconden para mantenerlos a salvo de los ladrones. Pero las riquezas que tengo en ti jamás se pueden perder ni me las pueden robar. Tus riquezas son cosas como el amor, la paz y el gozo. Estoy aprendiendo que cuanto más comparto estos tesoros con los demás, más pones en mi corazón.

En este mundo, a menudo me siento como si tiraran de mí en diez direcciones, ¡todas al mismo tiempo! Mi familia quiere esto, mis amigos dicen aquello, tengo que hacer los deberes escolares, el perro necesita pasear; muchas cosas están demandando mi atención. Si no tengo cuidado, toda esa ocupación puede interponerse en el camino que recorro pasando tiempo contigo. Al igual que Marta en la Biblia, admito que *me preocupo y me molesto por muchas cosas.* Pero tú has dicho que *solo una cosa es importante.* Cuando hago de ti esa *sola cosa,* escojo *lo correcto, y jamás me será quitado.*

¡Jesús, tú eres el tesoro que puede hacer brillar todos mis momentos!

En tu nombre inestimable, Jesús, *Amén*

LEE POR TU CUENTA

FILIPENSES 3:14; MATEO 6:19; LUCAS 10:41-42

TODO LO QUE SE PRESENTE

«Permanezcan en Mí, y Yo en ustedes».

—Juan 15:4

Querido Jesús:

Me haces poderoso al *darme tu fuerza*. Con tu ayuda puedo manejar todo lo que se presenta en mi camino, porque estoy conectado contigo como una rama a un árbol. Cuando dependo así de ti, prometes darme las fuerzas que necesito. Al mantener mi atención en ti, Jesús, me fortaleces en el momento justo. Tu promesa es un arma poderosa contra mis miedos. Especialmente mi miedo a los problemas que podrían acechar en el futuro. No importa lo oscuras, o difíciles, o espantosas que puedan parecer las cosas, puedo confiar en que te asegurarás de que estoy preparado para todo lo que traigas a mi vida.

Señor, estoy agradecido por la manera tan cuidadosa en que controlas todo lo que me pasa. Me proteges de los peligros constantemente. Soy consciente de algunos, pero de muchos de ellos no. También me estás ayudando a ver que muchas de las cosas futuras por las que me preocupo en realidad nunca sucederán. Y cuando lleguen los momentos difíciles, puedo confiar en que tú estarás justo ahí para guiarme a través de los problemas, dándome todo lo que necesito. Así que la próxima vez que la preocupación ataque, la acción inteligente es orar a ti y recordarme: *«Todo lo puedo en Cristo que me fortalece».*

En tu nombre fuerte, Jesús, *Amén*

LEE POR TU CUENTA

FILIPENSES 4:13; JUAN 15:4; MATEO 6:34

LA PERSONA QUE DISEÑASTE QUE FUERA

Tú sabes todo de mí. Tú viste mis huesos crecer mientras mi cuerpo se formaba en el vientre de mi madre.

—Salmos 139:15 (PDT)

Querido Jesús:

Me creaste para vivir una vida que esté conectada a ti. Me alegra que vivir de este modo no signifique que tengo que dejar de ser como soy. De hecho, ¡estar conectado a ti es lo que me hace ser *más* yo mismo! Vivir tan cerca de ti me ayuda a convertirme en la persona que me predestinaste a ser cuando me creaste.

En esos días en que me alejo de ti, incluso por un momento, me he dado cuenta de que empiezo a sentirme vacío y triste por dentro. ¡Pero cuando *camino en la luz de tu presencia,* me bendices con el mayor de los gozos! ¡Mi corazón rebosa de tanta felicidad que no puedo dejar de alabarte, celebrando *tu justicia* y bondad!

Ayúdame a encontrar cada vez más gozo en vivir así, cerca de ti, Jesús. Y enséñame a querer las cosas que tú quieres. A veces parece que estás guiándome a lugares y situaciones extraños. Es entonces cuando necesito aferrarme aún más fuerte a tu mano y confiar en que tú sabes lo que estás haciendo. Cuando te sigo, confiando en ti con todo mi corazón, ¡aprendo que puedo hacer cosas que jamás pensé que podría!

Señor, me conoces por dentro y por fuera, mucho mejor que yo mismo. Y siempre haces lo que es mejor para mí. Estoy feliz de que vivir cerca de ti esté transformándome más y más en la persona que tú diseñaste que fuera.

En tu hermoso nombre, Jesús, *Amén*

LEE POR TU CUENTA

SALMOS 89:15-16 (NVI); SALMOS 139:15-16 (PDT); 2 CORINTIOS 3:18

INCLUSO EN LOS LUGARES MÁS RUIDOSOS

«Ustedes me invocarán y vendrán a rogarme, y Yo los escucharé».
—Jeremías 29:12

Querido Jesús:

Me encanta oírte susurrar esta promesa una y otra vez: *«Estoy contigo. Estoy contigo. Estoy contigo».* Es triste que algunas personas nunca oigan tus susurros. Sus pensamientos están demasiado llenos de las cosas de este mundo, y sus corazones están cerrados para ti. Otras solo pueden oírlo una o dos veces en toda su vida. Esto se debe a que rara vez *te buscan con todo su corazón.* Pero sé que tú eres el *Buen Pastor* que siempre está cerca, vigilándome constantemente. Y quiero ser una oveja que en todo momento te está prestando atención, *escuchando tu voz.*

Cada vez que quiero oír tu voz, necesito hallar un lugar tranquilo en el cual poder pasar tiempo enfocado en ti; un lugar en el que no me distraigan otras voces. Ese lugar tranquilo es mi «clase». Es ahí donde estoy aprendiendo a oírte mejor, Señor. Algún día, con mucha práctica y con tu ayuda, sabré cómo tener ese lugar tranquilo en mi corazón. Entonces podré llevarlo conmigo adondequiera que vaya, incluso a los lugares más ruidosos.

A pesar de que sigo siendo nuevo en lo que respecta a escucharte, a veces puedo oírte susurrar tu promesa mientras camino a través de mi ruidoso día: *«Estoy contigo. Estoy contigo. Estoy contigo».*

En tu maravilloso nombre, Jesús, *Amén*

LEE POR TU CUENTA

ISAÍAS 41:10; JEREMÍAS 29:12-13; JUAN 10:14, 27-28

TU INCREÍBLE AMOR

En paz me acostaré y dormiré, porque solo tú,
oh Señor, me mantendrás a salvo.
—Salmos 4:8 (NTV)

Querido Jesús:

Es bueno anunciar por la mañana tu bondad y tu fidelidad por las noches.

Cuando te alabo por las maravillas de tu amorosa presencia en mi vida, me das fuerzas. Me animas a seguir intentado hacer lo que es bueno y justo. Y cuando te alabo en voz alta, ¡derramas incluso más bendiciones dentro de mí! Mientras te doy las gracias y te alabo por tu amor, te ruego que me llenes de gozo de pies a cabeza. La Biblia me dice que me *llenas con un gozo que no se puede explicar, un gozo que está lleno de gloria.*

Por tu increíble amor renunciaste a todo para salvarme. Tu amor nunca fallará. Es inestimable y no tiene límites; *llega hasta los cielos.* Brilla con tanto resplandor que puede hacerme superar incluso mi día más difícil.

Cuando me acuesto a dormir por la noche, me gusta mirar atrás en mi día y ver lo cuidadosamente que me has guiado. Puedo ver cómo me has abierto el camino. Mientras más problemas encontré, más fuerzas me diste. Gracias por darme todo lo que necesito para superar cada día.

Es bueno alabarte por tu fiel ayuda, especialmente por la noche. Entonces *puedo irme a la cama y dormir en paz.*

En tu nombre pacificador, Jesús, *Amén*

LEE POR TU CUENTA

SALMOS 92:1-2; 1 PEDRO 1:8 (DHH); SALMOS 36:5 (NVI); SALMOS 4:8 (NTV)

¡EL TESORO MÁS MARAVILLOSO!

Él creó todo el universo por medio de su Hijo.

—Hebreos 1:2 (PDT)

Querido Jesús:

Antes de que el mundo comenzara, era el Verbo. Eras tú, Jesús. *El Verbo era con Dios, y el Verbo era Dios.* Eso significa que tú siempre has sido y siempre serás. No tienes principio ni final. Cuando celebre tu nacimiento esta Navidad, ayúdame a recordar que tú eres Dios.

La Biblia también indica que *aquel Verbo fue hecho carne y habitó entre nosotros.* ¡Tú eres el Salvador, que es el Dios Todopoderoso! Si solo fueras humano, tu vida y tu muerte no hubieran sido suficientes para salvarme de mis pecados. Pero como también eres Dios, tienes el poder de salvarme. ¡Qué gran verdad para celebrar! Es tan increíble que tú, aquel que nació en esta tierra como un bebé desamparado, ¡seas el mismo que creó todo este mundo!

A pesar de que eras rico, te hiciste pobre para ayudarme. Te hiciste pobre para que yo pudiera ser rico. Ningún regalo de Navidad en todo el mundo podría ser tan maravilloso como el tesoro que tengo en ti, Jesús. Por ti, mis pecados pueden ser *llevados tan lejos como el este está del oeste.* ¡Me has dado una vida gloriosa que jamás se acabará, lo que es mucho mejor que nada de lo que pudiera imaginar! ¡Señor, gracias por este asombroso regalo!

En tu nombre admirable, Jesús, *Amén*

LEE POR TU CUENTA

JUAN 1:1, 14 (RVR1960); HEBREOS 1:2 (PDT);
2 CORINTIOS 8:9; SALMOS 103:12

SABES LO QUE ESTÁS HACIENDO

Sean fuertes y valientes, y esperen que el SEÑOR les ayudará.
—Salmos 27:14 (PDT)

Querido Jesús:

Te necesito mucho, Señor. Te pido que alumbres mi vida con tu amor. Sé que no debería lloriquear o comportarme mal cuando las cosas se complican. En cambio, quiero poder darte las gracias durante mis momentos difíciles. Así que vengo a ti y te pido que me des el valor y la fuerza para superar los momentos duros. Has prometido cuidarme y ayudarme a hacer lo que necesito. ¡Cuento contigo, Jesús!

Realmente quiero estar cerca de ti y sentir tu paz, pero mi atención se sigue desviando. Me pregunto si podré hacer todo lo que se supone que debo hacer hoy. Mi mente empieza a enumerar todas las cosas que necesito hacer, rumiando una y otra vez las mismas cosas en mis pensamientos.

Es como si estuviera ensayando para un papel en una obra. Ayúdame a mantener mi mente en ti mientras me muestras el paso que debo dar después. Cuanto más duro es mi día, más necesito apoyarme en ti y confiar en ti para fortalecerme.

Enséñame a ver estos momentos difíciles como una bendición. Los momentos complicados me despiertan y me recuerdan que no puedo hacerlo todo por mi cuenta. ¡Te necesito, Jesús! Quiero estar preparado para seguirte adondequiera que me guíes, confiando en que tú sabes lo que estás haciendo. Gracias por tu maravillosa promesa de *darme fuerzas y bendecirme con tu paz.*

En tu nombre poderoso, Jesús, *Amén*

LEE POR TU CUENTA

EFESIOS 5:20; DEUTERONOMIO 33:25; SALMOS 27:14 (PDT); SALMOS 29:11

MIS PALABRAS IMPORTAN

Mi corazón te ha oído decir: «Ven y conversa conmigo».
Y mi corazón responde: «Aquí vengo, Señor».
—Salmos 27:8 (NTV)

Querido Jesús:

Ayúdame a *aferrarme firmemente a la esperanza que proclamo tener* y a seguir confiando en que *eres fiel y cumplirás lo que prometiste.*

A veces todo lo que puedo hacer es aferrarme a ti. Especialmente cuando muchas cosas están yendo mal al mismo tiempo. Desearía averiguar las respuestas a mis problemas por mí mismo, pero a menudo es imposible. Cuando no sé lo que hacer, lo que realmente necesito es *venir y hablar contigo* y *decirte que tú eres mi esperanza.* Eso significa confiar en ti y creer que tú eres la respuesta a todo.

Estoy aprendiendo que mis palabras importan mucho, no solo a las personas que me rodean, sino también a mí. Me he dado cuenta de que cuando lloriqueo y me quejo, comienzo a sentirme peor y peor. Y las personas que me oyen quejarme también se desaniman. Pero cuando sigo diciendo que confío en ti, empiezo a sentirme más seguro, confiando en que tú me mostrarás lo que debo hacer con mis problemas.

Puedo estar lleno de esperanza porque tú guardas tus promesas. Y una de mis promesas favoritas es que *no permitirás que sea tentado más de lo que pueda soportar.* Me darás *una salida.* A veces esa salida viene de mis propias palabras de fe. Palabras como: «Confío en ti, Jesús. Tú eres mi esperanza». Usar mis palabras de este modo me ayuda a seguir aferrado a ti. ¡Señor, ayúdame a no soltarte jamás!

En tu nombre lleno de esperanza, Jesús, *Amén*

LEE POR TU CUENTA

HEBREOS 10:23 (NVI); SALMOS 27:7-8 (NTV); 1 CORINTIOS 10:13

TÚ ERES EL SEÑOR DE PAZ

*Que el mismo Señor de paz siempre les conceda paz en
todas las circunstancias. El Señor sea con todos ustedes.*
—2 Tesalonicenses 3:16

Querido Jesús:

A veces desearía poder comprenderlo todo. Pero me has estado ense-ñando que aun si pudiera leer todos los libros del mundo, seguiría sin hallar paz. La única manera de tener paz es *confiar en ti con todo mi corazón en lugar de depender de mi propio entendimiento.*

¡Pero eso no es fácil para mí! Me encanta resolver cosas. Eso hace que sienta que tengo el control de mi vida. El inconveniente es que este mundo sigue lanzándome problemas, como una de esas máquinas que continúa lanzando pelotas de tenis. Tan pronto como resuelvo un pro-blema, otro viene volando a mí. Pronto mi mente está corriendo una vez más, intentando averiguar la respuesta a este nuevo problema. Pero lo que realmente necesito estar haciendo es buscándote a *ti,* el único que com-prende todo y que siempre está al control. Por favor, perdóname, Señor. Ayúdame a *buscarte con todo mi corazón y encontrarte.*

Estoy agradecido de que tu paz *no* sea difícil de hallar. ¡Ni tampoco tú! Porque te pertenezco, me envuelves en una manta de paz que proviene de vivir cerca de ti. Estoy muy agradecido de tenerte siempre conmigo, Jesús. ¡Y cuanto más confío en ti, más de tu preciosa paz me das!

En tu nombre perfecto, Jesús, *Amén*

LEE POR TU CUENTA

PROVERBIOS 3:5; JEREMÍAS 29:13; ROMANOS 5:1; 2 TESALONICENSES 3:16

CON TU AYUDA

Él ha hecho mis pies como los de las ciervas,
y por las alturas me hace caminar.
—Habacuc 3:19

Querido Jesús:

¡Me encanta caminar contigo! Sin embargo, estoy aprendiendo que el camino que estamos siguiendo a veces es empinado y otras veces tiene descensos. Si miro a la distancia, parece que casi pudiera ver el cielo brillando con la luz del sol. Pero sé que, por ahora, mi trabajo es *seguirte* y confiar en que guías mis pasos aquí en la tierra. Mientras caminamos, seguiré pensando en el cielo e intentaré estar cerca de ti, Jesús.

Uno de los momentos más difíciles para confiar en ti es cuando muchas cosas van mal. Si mi día se convierte en una confusión y un desastre, empiezo a sentirme realmente estresado. Pero me has demostrado que esos problemas son buenos para mí. Me he dado cuenta de que cada vez que confío en que me saques de los momentos difíciles, ¡tú me estás esperando allí con bendiciones que son *mucho mayores que los problemas*! Cuando camino por mi senda, aferrado a tu mano, también me agarro a la verdad de que tienes cuidadosa y amorosamente planeado cada paso del camino.

Por favor, fortalece mi fe cuando el camino sea empinado y haya montañas rocosas. Ayúdame a sujetarme fuerte de tu mano y respirar profundamente, sabiendo que estoy a salvo en tu presencia. Si escucho con cuidado, a veces puedo oír tus reconfortantes palabras: «No temas. ¡Puedes hacerlo con mi ayuda!».

En tu nombre reconfortante, Jesús, *Amén*

LEE POR TU CUENTA

JUAN 21:22; 2 CORINTIOS 4:17; HABACUC 3:19

NUEVAS FUERZAS

*Volarán alto, como con alas de águila. Correrán y no
se cansarán; caminarán y no desmayarán.*
—Isaías 40:31 (NTV)

Querido Jesús:

La Biblia promete que *los que confían en ti tendrán nuevas fuerzas*. Me encanta pasar tiempo contigo simplemente sentado en tu presencia. Las personas están muy ocupadas en este mundo. Y durante la época navideña, hay incluso *más* cosas para hacer que de costumbre: actividades especiales del colegio y la iglesia, comprar regalos, hacer repostería, decorar la casa, viajar para visitar a la familia. En esta ocupadísima temporada, te ruego que me recuerdes hacer tiempo para ti. De esa forma, cuando *te busque,* y hable contigo, y disfrute de tu presencia, no olvidaré que toda la Navidad realmente tiene que ver *contigo*, Jesús.

Pasar tiempo contigo y esperar tu respuesta a mis oraciones demuestra que mi fe en ellas es real. Significa que confío en que la oración marca de verdad la diferencia. Así que *vengo a ti, cansado y llevando una pesada carga.* Mientras descanso en tu presencia y te cuento todos mis problemas, tú quitas esa pesada carga de mis hombros. Estoy agradecido de que *puedas hacer mucho más de lo que yo podría pedir o imaginar.*

Me encanta oírte susurrar: «Estoy contigo», durante nuestros momentos de tranquilidad juntos. Y te alabo por la forma en que me das *nuevas fuerzas* cuando paso tiempo contigo. ¡Gracias, Señor!

En tu nombre fuerte, Jesús, *Amén*

LEE POR TU CUENTA

ISAÍAS 40:31 (NTV); SALMOS 105:4; MATEO 11:28; EFESIOS 3:20 (NVI)

PEQUEÑAS MUESTRAS DEL CIELO

Sino que se despojó a sí mismo tomando forma de siervo, haciéndose semejante a los hombres.
—Filipenses 2:7

Querido Jesús:

Cuando me siento en tu presencia, *tu luz brilla en mi corazón, permitiéndome conocer un poco de tu gloria.* Incluso ese poco es demasiado grande para que pueda comprenderlo, pero me cambia de muchas maneras. Mi mente funciona mejor, mi corazón está más limpio y mi cuerpo se fortalece. ¡Por favor, ayúdame a abrirme aún más a la gloria de tu maravillosa presencia!

No puedo imaginar a cuánto renunciaste cuando dejaste el cielo y viniste a la tierra como un bebé desamparado. ¡Ningún otro rey hubiera renunciado a su castillo! Pero lo hiciste para poder comprender lo que es ser humano, ¡lo que es ser como *yo*! Jesús, *te hiciste pobre para ayudarme, para que yo pudiera hacerme rico.* Moriste en la cruz para darme las riquezas del cielo.

Y por si eso no fuera suficiente, elegiste nacer en un establo con un pesebre como cuna, a pesar de que eres Dios. ¡No había nada glorioso o hermoso en todo eso! Aun así, los ángeles iluminaron los cielos cuando anunciaron «¡Gloria!» a los asombrados pastores que estaban en los campos.

Jesús, dejaste el cielo para venir a la tierra. Y cuando me siento contigo, experimento solo un diminuto pedazo del cielo. ¡Mientras más cerca estoy de ti, más me bendices con pequeñas muestras de lo maravilloso que será el cielo! ¡Señor, alabo tu santo nombre!

En tu santo nombre, Jesús, *Amén*

LEE POR TU CUENTA

2 CORINTIOS 4:6 (NVI); LUCAS 2:13-14; FILIPENSES 2:6-7; 2 CORINTIOS 8:9

LA LUZ QUE BRILLA EN MI CORAZÓN

Pues todos ustedes son hijos de la luz y del día; no pertenecemos a la oscuridad y a la noche.
—1 Tesalonicenses 5:5 (NTV)

Querido Jesús:

Viniste al mundo como una Luz para que nadie que crea en ti permanezca en tinieblas. No solo *trajiste* luz al mundo. Tú *eres* la *luz que brilla en la oscuridad. Y la oscuridad no puede vencer a las tinieblas.* ¡Nada puede apagar tu luz porque tú eres todopoderoso!

Cuando creí en ti, Jesús, me convertí en *un hijo de luz.* Tu brillo penetra dentro de mí. Me ayuda a ver las cosas del modo en que tú las ves, las cosas del mundo *y* las cosas de mi corazón. Cada vez que tu Espíritu ilumina lo que hay dentro de mí, me muestra lo que te agrada y lo que no te agrada. Ayúdame a deshacerme de las cosas que no te gustan, Señor. Realmente quiero hacer las cosas que te hacen sonreír.

Estoy agradecido por tu luz que me llena de gozo y me ayuda a ver todo con más claridad. *El diablo que gobierna este mundo ha cegado las mentes de los que no creen. Ellos no pueden ver la luz de las buenas nuevas, las buenas nuevas sobre tu gloria.* Pero, como te pertenezco, ¡tengo *tu luz brillando en mi corazón*! Jesús, ¡gracias!

En tu brillante nombre, Jesús, *Amén*

LEE POR TU CUENTA

JUAN 12:46; JUAN 1:5 (PDT); 1 TESALONICENSES 5:5 (NTV);
2 CORINTIOS 4:4, 6 (NTV)

TÚ ERES EMMANUEL

Él mismo ha dicho: «Nunca te dejaré ni te desampararé».
—Hebreos 13:5

Querido Jesús:

Te fue dado el nombre de *Emmanuel. Significa «Dios con nosotros»,* y es un nombre perfecto para ti porque siempre estás conmigo. Esta increíble promesa de la Biblia me da algo por lo que estar feliz cada día.

A veces trato de encontrar mi felicidad en las cosas de este mundo. Es una tontería, lo sé, porque ninguna de esas cosas dura. Sin embargo, tu presencia es una bendición que continuará para siempre, dándome un gozo eterno. Estoy muy contento de que hayas prometido que *nunca me dejarás.*

Puede que suene un poco extraño, pero incluso en los días en que todo parece perfecto, no siempre disfruto de mi vida tanto como debería. Creo que es porque sé que las cosas no *siempre* serán tan perfectas. Aun el mejor día (o las mejores vacaciones) tienen un final. A veces desearía simplemente «parar el reloj» y dejar las cosas como están, pero no puedo.

Ayúdame a recordar que tus mejores bendiciones son de las que nunca acaban. Sé que tú también me das regalos de este mundo, como mis amigos, la ropa y las cosas divertidas que hago. Estoy muy agradecido por estas bendiciones, pero no son las que más necesito. Si quiero el tipo de gozo que nunca se marcha, necesito estar cerca de ti, Jesús. Porque *estar contigo es lo que me llena con tu gozo eterno.*

En tu nombre lleno de gozo, Jesús, *Amén*

LEE POR TU CUENTA

MATEO 1:23; HEBREOS 13:5; SALMOS 16:11

COMO LOS SABIOS

Cuando [los sabios] vieron la estrella, se regocijaron mucho con gran alegría. Entrando en la casa, vieron al Niño con Su madre María, y postrándose lo adoraron.

—Mateo 2:10-11

Querido Jesús:

Tú eres el *Rey de reyes* y el *Señor de señores*. ¡Habitas en una luz tan brillante que nadie se puede acercar! Estoy agradecido de que también seas mi pastor y amigo, el que nunca suelta mi mano. ¡Te adoro por lo grande y glorioso que eres! Y vengo a ti, hallando descanso en tu amorosa presencia.

Eres Dios y Hombre, la única persona que vivió en este mundo sin pecar. ¡Te necesito de verdad, Jesús! Porque solo tu nacimiento aquella primera y lejana Navidad pudo salvarme de mis pecados.

En lugar de intentar comprender cómo tú, Dios, pudiste nacer como un bebé humano, quiero aprender de estos hombres sabios de la Biblia. Ellos siguieron aquella estrella brillante durante mucho tiempo. Fueron detrás de ella todo el camino hasta *ti*. Y entonces *se postraron y te adoraron*. ¡Yo quiero postrarme en adoración, igual que aquellos sabios, mientras reflexiono en el asombroso milagro de tu nacimiento!

Te ruego que me ayudes a crecer en mi adoración a ti. Quiero aprender a adorarte más y más. Tú eres mi Salvador, mi Señor y mi Rey. Lo diste *todo* para cuidar de mí. ¡Te alabo por todo lo que eres y por todo lo que has hecho!

Señor, tú eres *la luz que brilla desde el cielo y me guía hacia el camino de paz.*

En tu grande y majestuoso nombre, Jesús, *Amén*

LEE POR TU CUENTA

1 TIMOTEO 6:15-16; MATEO 2:10-11 (DHH); LUCAS 1:78-79 (NTV)

EL MENSAJE
DEL ÁNGEL

Pero el ángel les dijo: «No teman, porque les traigo buenas
nuevas de gran gozo que serán para todo el pueblo».
—Lucas 2:10

Querido Jesús:

Cuando un ángel se apareció a los *pastores que estaban en los campos*
cerca de Belén, les anunció tu nacimiento. Dijo: *«No teman, porque les traigo*
buenas nuevas de gran gozo que serán para todo el pueblo».

La Biblia dice «¡No teman!» una y otra vez. Gracias, Jesús, por este
reconfortante mandamiento. Sabes que aún me asusto. *Mucho.* Pero tú no
me juzgas ni me castigas por tener miedo. En cambio, me ofreces el gozo
de tu presencia.

Estoy aprendiendo que el gozo es una poderosa cura para el miedo.
Cuanto más grande e increíble es el gozo, más puedo alejar mi temor. ¡El
anuncio del ángel a los pastores fue de *gran* gozo! ¡Ayúdame a no olvidar
lo asombrosas que son las buenas nuevas de la historia de la Navidad!

En el momento en que confié en ti como mi Salvador, perdonaste todos
mis pecados. Jesús, ¡gracias por perdonar mis pecados del pasado, los de
hoy e incluso lo que aún no he cometido! El inestimable regalo de la gracia
significa que el cielo será mi hogar un día. Hasta entonces, tengo el regalo
de tu presencia, el regalo de *ti mismo*, ¡y ese es el mayor regalo de todos!

Derramas tu amor sobre mí y prometes estar conmigo para siempre.
Cuando pienso en el maravilloso mensaje del ángel a los pastores, mi
corazón se *llena de gozo*, ¡por ti, mi Salvador!

En tu nombre maravilloso, Jesús, *Amén*

LEE POR TU CUENTA

LUCAS 2:8-10, EFESIOS 2:8, FILIPENSES 4:4

YO ESTOY EN TI
Y TÚ ESTÁS EN MÍ

El amor de Cristo es tan grande que supera todo conocimiento.
Pero a pesar de eso, pido a Dios que lo puedan conocer, de
manera que se llenen completamente de todo lo que Dios es.

—Efesios 3:19 (PDT)

Querido Jesús:

Tu Palabra me dice que *yo estoy en ti y tú estás en mí*. ¡Este es un misterio asombroso para mí! Quiero decir, yo solo soy un niño y cometo muchos errores. ¡Pero tú eres el Creador del universo! Mantienes la tierra girando, el sol brillando y todas las estrellas en el lugar correcto, sin cometer jamás ninguna equivocación. Pero debido a que confío en ti, Jesús, tú y yo no solo vivimos el uno *con* el otro; también vivimos el uno *en* el otro. La Biblia me enseña que estoy *completamente lleno de ti*. ¡Qué maravilloso es aprender que estoy lleno de *ti*! Solo puedo comprender un poco de esta enseñanza, ¡pero es suficiente para hacerme querer bailar de gozo!

Vivo, me muevo y existo en ti, Señor. Eso significa que cada paso que doy, cada palabra que digo, cada aliento que respiro, *todo* está hecho en tu presencia. Siempre estás velando por mí, cuidándome. ¡Toda mi vida se sumerge en tu presencia invisible, pero muy real! Sabes todo acerca de mí, desde mis pensamientos y sentimientos más secretos hasta lo que comí hoy en el almuerzo. No puedo estar tan cerca de nadie como lo estoy de ti.

Mientras más cuenta me doy de que tú estás en mí, más vivo me siento. ¡Jamás tendré que volver a estar solo! Por favor, mantenme alerta de tu amorosa presencia en mi caminar, paso a paso, a través de este día.

En tu nombre amoroso, Jesús, *Amén*

LEE POR TU CUENTA

JUAN 14:20; COLOSENSES 1:27; EFESIOS 3:19 (PDT); HECHOS 17:28 (NTV)

CONECTADO A TI

*«Así como ninguna rama puede dar fruto por sí misma,
sino que tiene que permanecer en la vid, así tampoco
ustedes pueden dar fruto si no permanecen en mí».*

—Juan 15:4 (NVI)

Querido Jesús:

Te ruego que me ayudes a encontrar gozo aun en mis días más complicados. Es más difícil para mí estar alegre cuando hago malabares con un montón de problemas al mismo tiempo. A veces todavía estoy trabajando en un problema cuando surge otro. ¡Y luego otro! ¡Y otro! Mi mente da vueltas y más vueltas, tratando de arreglar todos los problemas. Me canso y me confundo mucho. *Cuando tenga muchos tipos de problemas,* te pido que me recuerdes que tú estás conmigo y que ya estás trabajando en ellos. Y como tú eres Dios, puedes incluso sacar cosas buenas de todos esos problemas.

Cada vez que esté luchando con montones de problemas, ayúdame a buscarte a *ti,* recordando que estás aquí mismo conmigo. Necesito dejar de pensar en toda la preocupación y la frustración que siento. En cambio, debo llegar a ti y conectarme contigo en oración. Es como «desconectar» mis pensamientos y sentimientos de mis problemas y «conectarlos» a tu presencia. Cuando lo hago, mi estado de ánimo oscurecido se vuelve más claro y brillante. Y cuando *permanezco unido a ti* de este modo, me ayudas a ver mis problemas de la forma en que tú los ves.

Puedo estar alegre incluso en medio de mis problemas al estar conectado («enchufado») a ti, Señor. *¡Estar contigo me llena de gozo!*

En tu nombre gozoso, Jesús, *Amén*

LEE POR TU CUENTA

SANTIAGO 1:2-3; ROMANOS 11:33; JUAN 15:4 (NVI); SALMOS 16:11

ESCUCHARTE

Y una voz salió de la nube, diciendo: «Este es Mi Hijo amado en quien Yo estoy complacido; óiganlo a Él».

—Mateo 17:5

Querido Jesús:

Me encanta escuchar las canciones que siempre me cantas mientras leo mi Biblia: «*Estoy contento contigo. Puedes descansar en mi amor. Cantaré y estaré alegre por ti*».

Las voces de este mundo cantan una canción muy diferente, ¡y no suena bien en absoluto! Me dicen un montón de cosas diferentes, y muchas de ellas son mentira. Ayúdame a no escuchar esas voces. Enséñame a luchar contra las mentiras con la verdad de tu Palabra. Recuérdame apartarme del ruido del mundo y encontrar un lugar tranquilo y silencioso contigo. Porque es en los lugares tranquilos y silenciosos que puedo oír mejor tu voz.

¡Cuando te escucho, descubro todo tipo de tesoros maravillosos! Me encanta cuando me muestras algo nuevo sobre ti a través de tu Palabra, o de tu pueblo, o de las maravillas de este mundo que creaste. Pero si quiero hallar tus brillantes y más ricos tesoros, tengo que buscarlos. La Biblia me indica cómo quieres que te busque a ti y todas tus bendiciones: «*Sigue pidiendo y recibirás lo que pides. Sigue buscando y encontrarás. Sigue llamando, y la puerta se te abrirá*».

En tu bendito nombre, Jesús, *Amén*

LEE POR TU CUENTA

SOFONÍAS 3:17 (NTV); MATEO 17:5; MATEO 7:7 (NTV)

ESTÁS PENSANDO EN MÍ

¡Cuán preciosos son los pensamientos que tienes de mí, oh Dios!
—Salmos 139:17 (NBV)

Querido Jesús:

Vengo a ti cansado y exhausto, y solo quiero descansar en tu presencia. ¡Me reconforta *darme cuenta de que estás pensando en mí* constantemente! ¡Señor, eso es tan asombroso y maravilloso! Te ruego que me ayudes a aprender a pensar cada vez más en *ti*. Incluso cuando estoy muy ocupado, solo recordar que estás conmigo *me da descanso,* descanso de las preocupaciones, los miedos y el estrés. Tu paz se derrama dentro de mí cuando pienso en tu promesa de *estar siempre conmigo.*

Reconozco que a veces me enredo mucho en todos mis problemas. Me preocupo por cosas que están sucediendo ahora y por las dificultades futuras que *podrían* ocurrir tarde o temprano. Si continúo preocupándome, mi gozo se desinfla como una rueda con un agujero. Toda esa preocupación y temor echa fuera de mí todo el gozo. Cuando esto ocurra, por favor, recuérdame traerte a ti esos pensamientos temerosos. Necesito hablar contigo acerca de cada uno, pedirte ayuda y confiar en ti para guiarme. Cuando paso tiempo contigo, Jesús, me vuelves a llenar de tu gozo.

Cada vez que te entrego mis problemas, comienzo a sentirme mucho mejor. En vez de sentirme cansado o agotado, empiezo a sentirme feliz y lleno de alegría. Estoy aprendiendo que una de las mejores formas de mantener fuerte tu gozo en mi vida es cantarte alabanzas a ti, ¡*el Rey de la gloria*!

En tu precioso nombre, Jesús, *Amén*

LEE POR TU CUENTA

MATEO 11:28; SALMOS 139:17 (NBV); MATEO 28:20; SALMOS 24:7

EL MAYOR MANDAMIENTO

Jesús contestó: «"Ama al Señor tu Dios con todo tu corazón, con toda tu alma y con toda tu mente". Este es el primer mandamiento y el más importante».

—Mateo 22:37-38 (NTV)

Querido Jesús:

Conoces mi corazón. Quiero pensar cada vez más en ti. Pero eso no es siempre lo que hago. Pienso demasiado a menudo en lo que necesito, en mi apariencia, en lo que las personas creen de mí y otras cosas por el estilo. No quiero pensar así. ¡Y sé que tú tampoco quieres que piense así! Necesito tu ayuda para cambiar las cosas a las que mi cerebro presta más atención.

Me he dado cuenta de que cuanto más quiero a alguien, más tiempo paso pensando en esa persona. De modo que aprender a amarte a *ti* por completo —*con todo mi corazón, toda mi alma y toda mi mente*— es la mejor forma de controlar mis pensamientos y permanecer centrado en ti. La Biblia lo llama *el mandamiento más importante*, ¡y es el mayor objetivo que podría tener en mi vida! Mientras más aprendo sobre tu maravilloso amor y cómo nunca me *falla*, más puedo amarte, Señor.

Ayúdame a abrir mi corazón para poder recibir más de tu amor, creyendo que es tan alto, profundo, ancho y largo como has prometido. Y enséñame cómo amarte más y más, Jesús. Esto me *liberará* de mi egoísmo y me dará poder para seguir pensando en ti, aun cuando esté realmente cansado y superocupado. ¡*Entonces seré verdaderamente libre!*

En tu nombre asombroso, Jesús, *Amén*

LEE POR TU CUENTA

MATEO 22:37-38 (NTV); SALMOS 52:8 (NTV); 1 JUAN 4:19; JUAN 8:36 (NTV)

HACIA ATRÁS
Y HACIA ADELANTE

[Jesús les habló diciendo:] «El que me sigue no andará
en tinieblas, sino que tendrá la Luz de la vida».

—Juan 8:12

Querido Jesús:

Al llegar al final de este año, necesito tomarme un tiempo para mirar hacia atrás. Y también necesito mirar hacia adelante. Por favor, guía mis pensamientos mientras pienso en este último año. Recuérdame los buenos momentos, así como los momentos difíciles. Ayúdame a ver las formas en que trabajaste en cada uno de esos recuerdos. Porque sé que has estado a mi lado a cada paso del camino.

Mientras estuve en medio de mis momentos duros, aferrado fuerte a tu mano para que me ayudaras, me consolaste con tu amor y presencia. Cuando las cosas fueron bien en mi vida, también estuviste ahí, llenándome de tu gozo. Estuviste conmigo en las cimas de las montañas, en mis momentos más felices, y en los valles oscuros, cuando me sentía triste. ¡Y estuviste conmigo en cada momento intermedio!

Mi camino se extiende delante de mí, hasta el cielo. Jesús, tú eres mi amigo, que siempre está a mi lado. También eres mi guía, que me dirige cuidadosamente. Conoces cada paso del camino y lo recorres conmigo paso a paso. ¡El gozo que me aguarda en el cielo es *un gozo que no se puede explicar y está lleno de tu gloria*! Mientras me preparo para entrar en un nuevo año, te ruego que hagas brillar tu luz sobre mí e ilumines el camino que quieres que siga.

En tu glorioso nombre, Jesús, *Amén*

LEE POR TU CUENTA
ISAÍAS 41.13; SALMOS 48:14; 1 PEDRO 1:8-9; JUAN 8:12

SOBRE LA AUTORA

Sarah Young, autora de los devocionales para 365 días *Jesús te llama*® y *Jesús siempre,* ha vendido más de cuarenta millones de libros en todo el mundo. *Jesús te llama*® apareció en todas las listas principales de superventas. Los escritos de Sarah, en español, incluyen: *Jesús te llama*®, *Jesús escucha, Jesús siempre, Jesús hoy, Jesús vive, Jesús te llama: 365 devocionales para niños, Jesús te llama para pequeñitos* y más, cada uno animando a los lectores en su viaje hacia la intimidad con Cristo. Sarah y su esposo fueron misioneros en Japón y Australia durante muchos años. En la actualidad viven en Estados Unidos.

SI TE HA GUSTADO ESTE LIBRO, PUEDE QUE DISFRUTES DE ESTOS DEVOCIONALES DE SARAH YOUNG

Jesús te llama: 365 lecturas devocionales para niños

Jesús te llama, devocional para la familia

Encuentra paz y esperanza en Jesús

Jesús escucha

Oraciones devocionales diarias de paz, gozo y esperanza

SARAH YOUNG

AUTORA DE *JESÚS TE LLAMA*®

En este libro de oraciones devocionales de 365 días de la autora de *Jesús te llama*® encontrarás la confianza para acudir a Dios en cualquier circunstancia con oraciones breves y sinceras basadas en las Escrituras.

OTROS LIBROS PARA NIÑOS
de Sarah Young

*Jesús te llama®
para pequeñitos - Bilingüe*

Jesús te llama®: La historia de Navidad